高等学校经济管理类主干课程教材·人力资源管理系列

职业生涯开发与管理

杜林致——编著

中国人民大学出版社
·北京·

兰州大学教材建设基金资助

目　录

第 1 章

导　论

| 本章要点 |

- 为什么提出职业生涯管理
- 职业生涯管理理论流派
- 职业生涯管理的发展历程
- 本书的结构体系

职业生涯管理是伴随着现代人力资源管理的新思潮而发展起来的，起源于科学管理时代的人事管理，随后在欧美得到不断发展，并于 20 世纪 90 年代在中国学术界开始传播。作为开篇，本章系统梳理职业生涯管理的理论流派，详细介绍职业生涯管理的发展历程以及本书的结构体系。

1.1　为什么提出职业生涯管理

职业生涯管理可以追溯到近代科学管理时代的人事管理。那时的管理者深信，只要能根据工作的性质找到最合适的人选，做到人机协调、人事匹配，就可以创造出精确的社会物理学，轻易地计算出投入产出比。然而，随着社会的发展，科技进步极大地提高了生产能力，始终维持着产品市场供过于求的压力，这种压力导致产品更新加快、市场多变、企业之间竞争加剧，从而使企业发展对员工素质和积极性的依赖程度越来越高，体力劳动越来越多地为脑力劳动所取代。20 世纪 60 年代，美国白领工人数量首次超过蓝领工人。劳动者受教育程度不断提高，收入水平不断提高，这两个趋势共同促成了劳动者工作动机的高层化和多样化。相对而言，脑力劳动者更注重个人的成长。人们参与生产劳动，更多的是为了获得成就感、扩大社会交往、提高社会地位、实现个人全面发展的理想。他们希望在工作中有独立性和自我决策性，希望参与管理，对自己上司的有关决策有越来越大的影响力。他们希望工作能激发人的兴趣并富有挑战，要求在工作中能不断地有成长和发展的机会，并能在工作中不断地提高自己的满意程度。有些员工甚至希望企业安排工作时能照顾到家庭（如年轻妇女需照顾幼儿）。因此，企业雇主和管理者必须寻找新的激励手段。20 世纪中叶，特别是七八十年代以来，以人本管理思想为指导、以人力资本理论为依据、以人力资源开发管理为核心的企业管理革命浪潮席卷全球，人力资源开发管理成为企业的生命线，受到了企业的空前重视。

在上述背景下，欧美国家越来越多的企业管理者形成了关于人力资源管理的一个基本理念：企业既有义务最大限度地利用员工的能力，又要为每一位员工提供不断成长的机会，挖掘他们的最大潜能，使他们实现职业成功。在很多情况下，企业能否激发员工的献身精神，关键在于能否为自己的员工创造条件，使他们有机会拥有一个有成就感和自我实现感的职业。如果能做到这一点，就可以达到企业和员工双赢的效果：企业能从更具有献身精神的员工所带来的绩效提升中获利，而员工则能从工作内容更为丰富、更具有挑战性的职业中获益。他们希望建立一套机制，使得员工可以在企业内部实现他们的个人目标，职业生涯管理由此应运而生。

职业生涯管理产生后，在美国得到不断发展，也在西欧得到传播。现在，职业生涯管理已成为国外人力资源管理的一项重要内容，世界 500 强企业，如 IBM、富士施乐、惠普、迪士尼等，都相继实施了组织职业生涯管理，而且取得了比较理想的效果，成为许多企业纷纷仿效的榜样。

20 世纪 90 年代开始，职业生涯管理在中国学术界开始传播，并在少数中外合资企业和外商独资企业中实施。到 2000 年，北京、上海和广东三地的企业出现引入职业生涯管理的小高潮。职业生涯管理从一开始就受到了人们的关注，其发挥的非凡效用得到了人们的高度评价。《中外管理》杂志社、中国青年报社相继举办过职业生涯开发与管理培训班；另有多家知名企业将职业生涯开发与管理作为企业战略管理的重要内容引进并实施。有人形象地以“美”字来描述和赞誉职业生涯开发与管理这门学科的理论体系（见图 1-1）。在我国，职业生涯管理还是一项方兴未艾的事业。

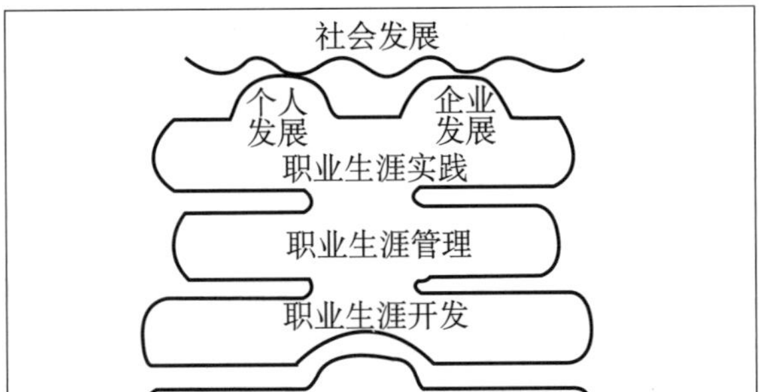

图 1-1　职业生涯开发与管理的理论体系

资料来源：程社明，卜欣欣，戴洁．人生发展与职业生涯规划．北京：团结出版社，2003.

1.2 职业生涯管理理论流派

职业生涯管理学说起始于20世纪60年代，由于社会经济形势的变化，经过了60多年，职业生涯管理的内容和应用方法有了较大的发展，其内涵也发生了很大的变化。目前各国学者也是仁者见仁、智者见智。职业生涯管理理论可以分为两个大的方面：职业选择理论和职业生涯阶段理论。下面分别介绍这两方面的主要观点。

1.2.1 职业选择理论

1. 人职匹配理论

人职匹配理论也称特质因素理论，最早由美国波士顿大学教授帕森斯（Parsons）提出，由威廉姆森（Williamson）发展成型，这一理论的核心是人与职业的匹配，其理论前提是：每个人都有一系列特质，它们是可以客观而有效地进行测量的；每个人的特质又与特定的职业相关联；选择职业是个人和职位相匹配的过程，而且人职匹配是可能的。个体特质与工作要求之间匹配得越紧密，职业成功（工作效率和满意度）的可能性就越大。

1909年，帕森斯撰写的《职业的选择》一书出版，其中首次提出了职业指导（vocational guidance）这一专业术语，标志着职业指导活动的历史性开端。该理论认为，每个人都有自己独特的人格特征与能力特点，并与社会的某种职业相关联。职业指导就是要帮助个人寻找与其特质一致的职业，以达到个人与职业之间的合理匹配。帕森斯通过研究指出，人职匹配的过程具体包括以下三个步骤：

（1）个体特质的评价。他认为应清楚地了解个体的智力、能力、兴趣、态度和其他特质，即评价被指导者的生理和心理特质，了解被指导者的家庭文化背景、父母职业、经济收入、学业成绩、闲暇兴趣等，通过职业能力测验、职业兴趣评价、人格测验等手段，获得关于被指导者的全面信息，进而做出综合评价。

（2）职业因素分析。指分析构成职业的各种因素，包括职业内容、特点，提出对从业人员的具体要求，即不同工作岗位所需的个体条件及知识，包括个体的优势、劣势，面临的挑战、机遇和工作前景预测等。

（3）将个体特质与职业因素进行匹配，从而选择某种职业。根据对被指导者个体特质的评价与职业因素分析结果，对个人提供职业咨询与指导，从而实现个人与职业的合理匹配。

人职匹配主要分为两种类型：一是因素匹配，即根据职业因素选择适宜的个体特质，将需要专门技术和专业知识的职业与掌握该种专门技术和专业知识的择业者相匹配。二是特质匹配，即根据个体特质选择适宜的职业。例如，具有敏感、易动感情、不守常规、个性强、理想主义等人格特质的人，宜于从事审美性强、可以实现自我情感表达的艺术创作类型的职业。

人职匹配理论由著名职业咨询专家威廉姆森等人进一步发展和完善。1939 年，在明尼苏达大学从事学生指导工作的威廉姆森研究和总结了各种测验量表，概括了心理测量学和工业心理学的研究成果，出版了《怎样咨询学生》一书，承袭和拓展了帕森斯的指导模式，按照理性的方法，将职业指导具体分成六步：

（1）分析。通过各种途径，借助各种主观与客观的工具收集学生的兴趣、能力倾向、态度、家庭背景、教育程度及社会经济地位等方面的资料。

（2）整理。用测验量表、剖析图展示学生个人的资料，在此基础上综合利用学习生涯辅导中常用的理论与方法，来研究其差异性和独特性。

（3）诊断。描述学生个人的特质或问题所在，探讨问题的成因。

（4）指导。根据各项资料预测学生个人职业选择及成功的可能性，或针对问题来判别其可能产生的后果及调适的可能性，作为学生选择职业及未来调适的依据。

（5）咨询。协助学生了解、利用个人与职业匹配方面的资料，进而与学生交流有关职业选择和个人调整的计划。

（6）追踪。协助学生执行职业发展计划。若有新问题产生，则再重复上述步骤。

威廉姆森的人职匹配理论在 1930 年至 1940 年间十分盛行。自 20 世纪 50 年代开始，针对个人的职业指导经历了由指导向辅导的观念转变，即将教导式的职业指导方式变成更加人性化的、强调发挥被指导者作用的职业辅导。导致这种转变的核心人物是人本主义心理学家罗杰斯（Rogers）。1942 年，罗杰斯出版了《咨询和心理治疗》。1951 年他又出版了《咨询者中心治疗》。在这两本著作中，他系统地阐述了其人本主义思想。首先，罗杰斯主张无条件尊重咨询者，这使传统的指导实践，如被咨询者在与咨询者的关系中的权威主义态度和家长式作风、过分依赖测验、过多的直接指导等受到了严峻的挑战。其次，罗杰斯的心理治疗使咨询帮助的范围扩大了。1985 年，美国全国职业指导协会（National Vocational Guidance Association）更名为国际职业发展协会（National Career Development Association），强调以人为中心的辅导，辅导员的职责是协助来访者将自我概念转变为相应的职业角色，了解职业自我，认识职业世界，通过职业辅导，调动被辅导者的积极性和能动性，以利于被辅导者择业技能的发展。

2. 职业动机理论

美国心理学家佛隆（Vroom，又译弗罗姆）通过对个体择业行为的研究认为，个体行为动机强度取决于效价的大小和期望值的高低，动机强度与效价和期望值成正比，即

$$F = V \cdot E$$

式中，F 为动机强度，指积极性的激发程度，表明个体为达到一定目标而努力的程度；V 为效价，指个体对一定目标重要性的主观评价；E 为期望值，指个体估计的目标实现概率。员工个体行为动机强度取决于效价大小和期望值的高低。效价越大，期望值越高，员工行为动机强度就越高，就是说，为达到一定目标，他将付出极大努力。如果效价为零甚至负值，则表明目标的实现对个人毫无意义，甚至会给个人带来负担。这种情况下，目标实现的可能性再大，个人也不会产生追逐目标的动机，不会为此有任何积极性、付出任何的努力。如果目标实现的概率为零，那么无论目标实现的意义多么重大，个人也

同样不会产生追求目标的动机。

按照上述观点，择业动机取决于职业效价和职业概率，即

择业动机＝f(职业效价，职业概率)

式中，职业效价是择业者对某种职业价值的主观评价，它取决于以下两个因素：

● 择业者的职业价值观；

● 择业者对某种具体职业要素如兴趣、劳动条件、报酬、职业声望等的评估。

由此可以得到

职业效价＝职业价值观×职业要素评估

职业概率指择业者认为从事某种职业的可能性大小，它通常取决于以下四个因素：

● 某种职业的社会需求量。职业概率与社会需求量正相关。

● 择业者的竞争能力，即择业者自身的工作能力和求职就业能力。职业概率与择业者的竞争能力正相关。

● 竞争系数，即谋求同一种职业的竞争者人数的多少。职业概率与竞争系数负相关。

● 其他随机因素，可以用随机系数加以刻画。

由此可以得到

职业概率＝某种职业的社会需求量×择业者的竞争能力×竞争系数×随机系数

一般而言，择业者对其视野内的几种目标职业进行职业效价评估和职业概率评价之后，将进行横向择业动机比较。择业动机是对职业和自身的全面评估，是对多种择业影响因素的全面考虑和得失权衡。因此，择业者多以择业动机强度高的职业作为自己的最终目标。

3. 职业性向理论

美国心理学教授霍兰德（Holland）认为，职业性向，包括价值观、动机和需要等，是决定一个人职业选择的重要因素。他基于自己对职业性向测试（VPT）的研究，提出了个性—工作适应性理论（personality-job fit theory），将个人的职业性向划分为现实型（R）、研究型（I）、艺术型（A）、社会型（S）、企业型（E）和常规型（C）六种；同时，他将职业类型也相应地分为上述六种类型，如图 1－2 所示。

图 1－2　霍兰德职业性向类型

图 1－2 中的六个角分别代表六种职业类型和六种劳动者类型。每种类型的劳动者（职业）都与六种类型的职业（劳动者）相关联，在图形上以连线表示。连线距离越短，两类型人职相关系数就越大，相互适应程度也就越高。连线距离为零，即劳动者类型与职业类型高度相关，统一在一个点上（如图中六个角所示），表明某种类型劳动者从事相应类型职业，或者某类型职业由相应类型劳动者来从事。此种情况下，人职配置最相适

宜，是最好的职业选择。除此之外，图中，连线最短、相关系数最高的，当属每种类型劳动者（职业）同其左右相邻的两种类型职业（劳动者）。例如，常规型分别与现实型、企业型相邻，艺术型分别同研究型、社会型相邻；其余类推。这些类型之间连线短，人职相互适应程度高。连线距离越长，表明两类型人职相关系数越小，相互适应程度越低。图中，常规型与艺术型、研究型与企业型、现实型与社会型之间的连线最长，人职相互适应程度最低。此外，一个人的多种职业性向越相似（指职业性向按 R—I—A—S—E—C—R 循序相邻)，其在职业选择时的心理冲突就越少。

图 1－2 中六种职业性向的含义如下：

（1）现实型：喜欢做使用工具、实物、机器或与物有关的工作。具有手工、机械、农业、电子方面的技能。爱好与建筑、维修有关的职业。脚踏实地，实事求是。

（2）研究型：喜欢各种与生物科学、物理科学有关的活动。具有极强的数学和科学研究能力。爱好科学领域里的职业。生性好奇，勤奋自立。

（3）艺术型：喜欢不受常规约束，以便利用时间从事创造性的活动。具有语言、美术、音乐、戏剧、写作等方面的技能。爱好能发挥创造才能的职业。天资聪慧，创造性强，不拘小节，自由放任。

（4）社会型：喜欢参加咨询、培训、教学和各种理解、帮助他人的活动。具有与他人相处共事的能力。爱好教师、护士、律师等职业。乐于助人，友好热情。

（5）企业型：喜欢领导和左右他人。具有领导能力、说服能力及其他一些与人打交道所必需的重要技能。爱好商业或与管理人有关的职业。雄心勃勃，友好大方，精力充沛，信心十足。

（6）常规型：喜欢做系统地整理信息资料一类的事情。具有办公室工作和数字方面的能力。爱好记录、整理文件、打字、复印及操作计算机等职业。尽职尽责，忠实可靠。

霍兰德认为，每个人都是这六种类型的不同组合，只是占主导地位的类型不同。他还认为，每种职业的工作环境也是由六种不同的工作条件所组成，其中有一种占主导地位，占主导地位的职业性向在很大程度上影响工作绩效。一个人的职业生涯是否成功，是否稳定，是否顺心如意，在很大程度上取决于其个性类型和工作条件之间的适应情况。霍兰德职业人格能力测验就是通过对被试进行活动兴趣、职业爱好、职业特长以及职业能力等方面的测验，确定被试上述六种类型的组合情况（对 R、I、A、S、E、C 六个方面的得分从大到小排序，排在首位的就是被试占主导地位的类型)，并根据其人格类型寻找适合的职业。表 1－1 列出了每种职业人格类型相应的职业范例。

表 1－1　霍兰德职业人格类型

类型	偏好	个性特点	职业范例
现实型	需要技能、力量、协调性的体力活动	害羞、真诚、持久、稳定、顺从、实际	机械师、钻井操作工、装配线工人、农场主
研究型	需要思考、组织和理解的活动	分析、创造、好奇、独立	生物学家、经济学家、数学家、新闻记者

续表

类型	偏好	个性特点	职业范例
艺术型	需要创造性表达的模糊且无规则可循的活动	富于想象力、无序、杂乱、理想、情绪化、不实际	画家、音乐家、作家、室内装饰家
社会型	能够帮助和提高别人的活动	社会、友好、合作、理解	社会工作者、教师、议员、临床心理学家
企业型	能够影响他人和获得权力的言语活动	自信、进取、精力充沛、盛气凌人	法官、房地产经纪人、公共关系专家、小企业主
常规型	规范、有序、清楚明确的活动	顺从、高效、实际、缺乏想象力、缺乏灵活性	会计、业务经理、银行出纳员、档案管理员

霍兰德编制了霍兰德职业人格能力测验问卷，该测验问卷能帮助被试发现和确定自己的职业兴趣和能力专长，从而科学地做出求职择业的决策。

1.2.2 职业生涯阶段理论

1. 施恩的职业生涯发展阶段说

施恩（Schein）是美国麻省理工学院斯隆管理学院的教授，他立足于人生不同年龄阶段面临的问题和职业工作的主要任务，提出了职业生涯发展九阶段说，如表 1－2 所示。

表 1－2 施恩职业生涯九阶段理论

阶段	角色	主要任务
成长、幻想、探索阶段（0～21 岁）	学生、职业的候选人和申请者	发现和发展自己的需要、兴趣、能力和才干，为进行实际的职业选择打好基础；学习职业方面的知识；做出合理的受教育决策；开发工作领域中需要的知识和技能
进入工作世界阶段（16～25 岁）	应聘者、新学员	开始职业生涯；学会寻找并评估一项工作，做出现实有效的工作选择；个人和雇主之间达成正式可行的契约；个人正式成为一个组织的成员
基础培训阶段（16～25 岁）	实习生、新手	了解、熟悉组织，接受组织文化，克服不安全感；学会与人相处，融入工作群体；适应独立工作，成为一名有用的成员
早期职业的正式成员资格阶段（17～30 岁）	取得组织正式成员资格	承担责任，成功地完成第一次工作任务；发展和展示自己的技能和专长，为纵向或横向职业成长打基础；重新评估现有的职业，理智地进行新的职业决策；寻求良师和保护人
职业中期阶段（30～45 岁）	正式成员、任职者、终生成员、主管、经理等	选定一个专业或进入管理部门；保持技术竞争力，力争成为一名专家或能手；承担较大责任，确定自己的地位；制定个人的长期职业计划；寻求家庭、自我和工作事务间的平衡
职业中期危险阶段（40～55 岁）	正式成员、任职者、终生成员、主管、经理等	现实地评估自己的才干，进一步明确自己的职业抱负及个人前途；就接受现状或者争取看得见的前途做出具体选择；建立与他人的良好的师生关系

续表

阶段	角色	主要任务
职业后期阶段（45～65岁）	骨干成员、管理者、有效贡献者等	成为一名工作指导者，学会影响他人并承担责任；提高才干，以担负更重大的责任；选拔和培养接替人员；如果求安稳，就此停滞，则要接受和正视自己影响力和挑战能力的下降
衰退和离职阶段（55～65岁）		学会接受权力的减少、责任的减轻和地位的下降；学会接受和发展新的角色；培养新的工作以外的兴趣、爱好，寻找新的满足源；评估自己的职业生涯，着手退休
退休阶段（65岁以上）		适应角色、生活方式和生活标准的急剧变化，保持一种认同感；保持一种自我价值观，运用自己积累的经验和智慧，扮演各种资深角色，对他人进行传帮带

2. 金斯伯格的职业生涯发展理论

美国著名职业指导专家金斯伯格（Ginzberg）把人的职业发展分为幻想期、尝试期和现实期三个大的阶段，每一个大的阶段又分为若干个小阶段，如表1-3所示。

表1-3 金斯伯格职业生涯三阶段理论

阶段	年龄	主要心理和活动
幻想期	11岁之前	对外面的信息充满好奇和幻想，在游戏中扮演自己喜爱的角色，此时的职业需求特点是：单纯由自己的兴趣爱好决定，并不考虑自身的条件、能力和水平，也不考虑社会需求和机遇
尝试期	11～17岁	由少年向青年过渡，人的心理和生理均在迅速成长变化，独立的意识、价值观形成，知识和能力显著提升，初步懂得社会生产与生活的经验。开始注意自己的职业兴趣、自身能力和条件、职业的社会地位
兴趣阶段	11～12岁	开始注意并培养对某些职业的兴趣
能力阶段	13～14岁	开始以个人的能力为核心，衡量并测验自己的能力，同时将其表现在各种相关的职业活动上
价值观阶段	15～16岁	逐渐了解自己的职业价值观，并能兼顾个人与社会的需要，以职业的价值性选择职业
综合阶段	17岁	将上述三个阶段的职业相关资料加以综合考虑，以此来了解和判定未来的职业发展方向
现实期	17岁以后	能够客观地把自己的职业愿望或要求同自己的主观条件、能力，以及社会需求密切联系和协调起来，已有具体的、现实的职业目标
试探阶段		根据尝试期的结果，进行各种试探活动，试探各种职业机会和可能的选择
具体化阶段		根据试探阶段的经历做进一步的选择，进入具体化阶段
专业化阶段		依据自我选择的目标，做具体的就业准备

3. 萨柏的职业生涯发展论

萨柏（Super）的职业生涯发展论是综合许多流派而建立起来的。萨柏根据布尔赫勒（Buehler）的生命周期理论和列文基斯特（Lavighurst）的发展阶段论，提出了一个诠释职业发展的概念模式。他提出了十二个基本主张：

● 职业发展是一个连续不断、循序渐进又不可逆转的过程。

● 职业发展是一个有秩序、有固定形态、可以预测的过程。

● 职业发展是一个动态的过程。

● 自我观念在青春期就开始产生和发展，至青春期明朗并于成年期转化为职业概念。

● 自青春期至成年期，随着时间推移及年龄渐长，现实因素如人格特质及社会因素，对个人职业的选择愈加重要。

● 父母的认同会影响个人正确角色的发展和各个角色间的一致及协调，以及个人对职业计划及其结果的解释。

● 职业升迁的方向及速度与个人的聪明才智，父母的社会地位，本人的地位需求、价值观、兴趣、人际技巧，以及经济社会中的供需情况有关。

● 个人的兴趣、价值观、需求、学历，个人所处社会的职业结构与发展趋势，个人对社会资源的利用情况，父母的认同情况等均会影响个人职业的选择。

● 虽然每种职业对个人的能力、兴趣、人格特质均有特定要求，但却颇具弹性，所以允许不同类型的人从事相同的职业，或一个人从事多种不同类型的工作。

● 工作满意度视个人能力、兴趣、价值观及人格特质与工作的适应程度而定。

● 工作满意度的高低与个人在工作中实现自我观念的程度有关。

● 对大部分人而言，工作及职业是个人人生的重心，虽然对少数人而言，工作机会是不重要的。

萨柏认为可以根据年龄将每个人生阶段与职业发展匹配，且每个阶段各有其发展任务。如表 1－4 所示，他把人的职业生涯分为五个阶段：成长阶段、探索阶段、确立阶段、维持阶段、衰退阶段。

表 1－4 萨柏职业生涯五阶段理论

阶段	年龄	主要任务
成长阶段	出生至 14 岁	认同并建立起自我概念，对职业的好奇占主导地位，并逐步有意识地培养职业能力
幻想期	4～10 岁	需求是决定性因素，角色扮演在此阶段很重要
兴趣期	11～12 岁	以兴趣为中心，理解、评价职业，开始做职业选择
能力期	13～14 岁	能力占的比重较大，也会考虑工作要求的条件
探索阶段	15～24 岁	主要通过学校学习进行自我考察、角色鉴定和职业探索，完成择业及初步就业
试探期	15～17 岁	综合认识和考虑自己的兴趣、能力，对未来职业进行尝试性选择
过渡期	18～21 岁	正式进入职业生涯，或者进行专门的职业培训，明确某种职业倾向
尝试期	22～24 岁	已确定一个似乎较适当的领域，找到一份入门的工作后，并尝试将它作为维持生活的工作。此阶段所选择的工作范围较小，只选择可能提供重要机会的工作

续表

阶段	年龄	主要任务
确立阶段	25～44 岁	选择一个合适的工作领域，并谋求发展。主要任务是：通过试错确定前一阶段的职业选择与决定是否正确。若觉得决定正确，就会努力经营，在此领域久留
稳定期	25～30 岁	在所选的职业上安顿下来，重点是寻求职业及生活上的稳定
发展期	31～44 岁	致力于实现职业目标，是富有创造性的时期
维持阶段	45～64 岁	开发新的技能，维护已获得的成就和社会地位，维持家庭和工作两者之间的和谐关系，寻找接替人选
衰退阶段	65 岁至死亡	体力与心理能力逐渐衰退时，工作活动将改变，亦必须发展出新的角色，先是变成选择性的参与者，然后成为完全的观察者
减速	65～70 岁	工作速度变慢，工作责任或性质也发生改变，以适应逐渐衰退的体力与心理。许多人也会找份代替全职的兼职工作
退休	71 岁至死亡	有些人能很愉快地适应完全停止工作的境况，有些则适应困难、郁郁寡欢，有些人则是老迈而死

萨柏用生涯彩虹图形象地展示了人生各个发展阶段和个人在这些阶段所扮演的主要角色（见图 1－3）。

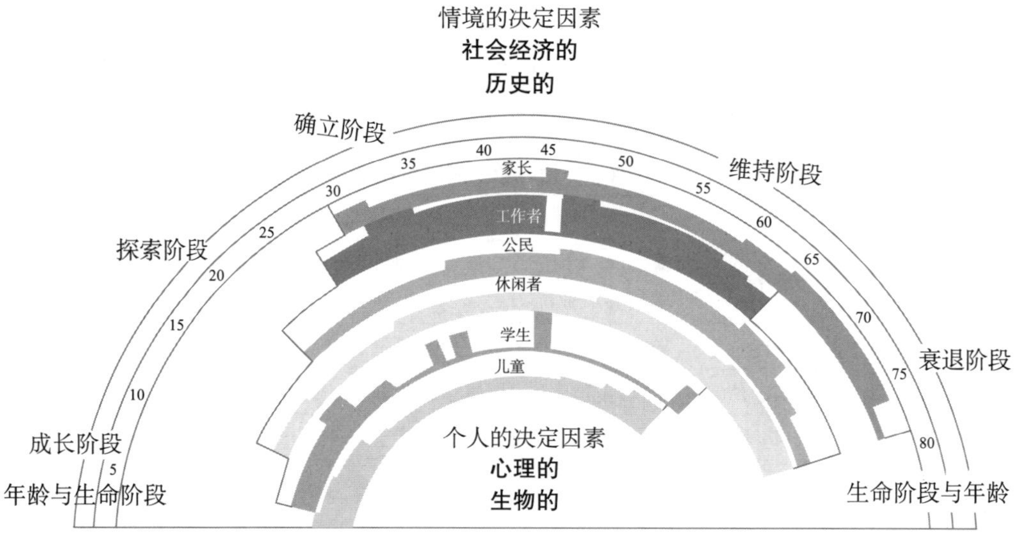

图 1－3　萨柏的生涯彩虹图

4. 格林豪斯的职业生涯阶段理论

萨柏和金斯伯格的研究侧重于不同年龄段对职业的需求与态度，而美国心理学博士格林豪斯（Greenhouse）的研究则侧重于不同年龄段所面临的主要任务，并以此为依据将职业生涯划分为五个阶段：职业准备阶段、进入组织阶段、职业生涯初期、职业生涯中期和职业生涯后期（见表 1－5）。

表1-5 格林豪斯职业生涯五阶段理论

	职业准备阶段（0～18岁）	进入组织阶段（18～25岁）	职业生涯初期（25～40岁）	职业生涯中期（40～55岁）	职业生涯后期（55岁直至退休）
主要任务	发展职业想象力，培养职业兴趣和能力，对职业进行评估和选择，接受必需的职业教育和培训	进入职业生涯，选择一种合适的、较为满意的职业，并在一个理想的组织中获得一个职位	逐步适应职业工作，融入组织，不断学习职业技能、为未来职业生涯成功做好准备	努力工作，并力争有所成就。在重新评价职业生涯中强化或转换职业道路	继续保持已有的职业成就，成为一名工作指导者，维护自尊，准备引退

5. 吉列特的生涯决定论

吉列特（Gelatt）的生涯决定论认为决策是一连串的决定，任何一个决定都会影响以后的决定，也会受先前决定的影响，因此决策是一个发展的过程而非单一的事件（见图1-4）。

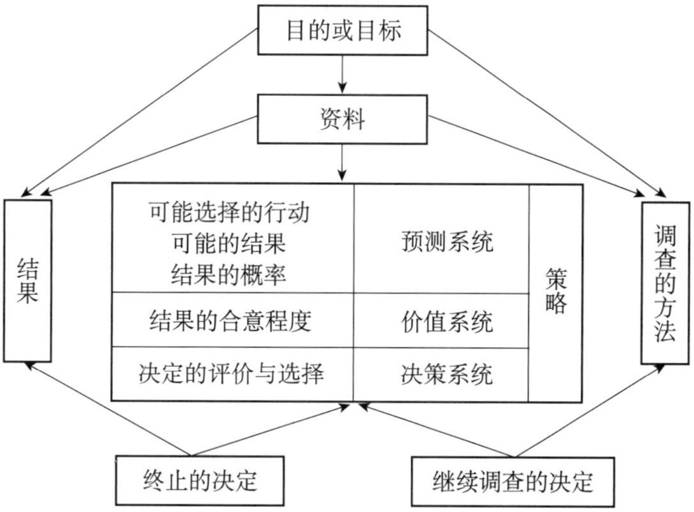

图1-4 吉列特的生涯决定过程

决策的基本准则在于选择有利因素最多而不利因素最少的方案。由于各种测验与职业资料的累积，个人可通过预测各项选择的可能结果以及达成目标的概率，再结合个人价值系统的倾向，绘出决策流程图，作为抉择的依据。

吉列特的决策架构特别强调资料的重要性，他将资料分成三个系统：

（1）预测系统。预测不同选择的行动可能会有的结果以及某行动产出特定结果的概率。例如，根据工作世界与心理测验等方面的客观真实资料，对未来工作（或升学）的成功概率进行预测。

（2）价值系统。个人以内在价值体系、态度等，判断对不同结果的相对偏好。

（3）决策系统。评量判断的法则，通常包括：

- 期望策略，即选择最需要、最希望得到的结果；
- 安全策略，即选择最可能成功、最保险、最安全的途径；

- 逃避策略，即避免选择最差的、最坏结果的方法；
- 综合策略，即选择最需要而又最可能成功、不会产生坏结果的方案。

6. 库伦伯茨的生涯决定社会学论

库伦伯茨（Krumboltz）企图解释个人的教育与职业偏好和技能是如何形成的以及这些偏好和技能如何影响个人对各种课程、职业和工作领域的选择。此理论认为影响生涯选择的因素包括遗传因子与特殊能力、环境情况与特殊事件、学习经验、工作取向和工作技能。

生涯决定社会学论的重点是行为分析或问题界定，是目标导向的，强调根据当事人的问题制定辅导目标。库伦伯茨与其同事列举了七种一般当事人常有的问题类型：

- 将问题归咎于他人；
- 问题情绪化；
- 缺乏目标；
- 被期待的行为不是他所要的；
- 不知道自己的行为是不当的；
- 抉择的冲突；
- 不知道问题在哪儿。

库伦伯茨和贝克（Baker）在 1973 年提出他们的第一个决策模式，步骤如下：

- 界定问题与制定目标；
- 当事人和辅导员协商达成目标；
- 产生可选择的问题解决方法；
- 搜集有关选择的资料；
- 检查选择的结果；
- 重新评估目标、选择和结果；
- 面对新发展和新机会，做一个临时的决定或实验性的选择；
- 推演面对新问题时做决定的过程。

库伦伯茨后来又在 1977 年修正此模式，修正后的模式包括七个步骤：

- 界定问题。描述必须完成的决策，并估计完成该决策所需的时间。
- 拟定行动计划。描述将采取哪些行动或步骤来做决策，并描述如何实施这些步骤，且估计完成每一步骤所需的时间或完成的日期。
- 澄清价值。描述个人将采取哪些标准来评价每一可能的选择。
- 找出可能的选择。
- 评估各种可能的结果。依据所定的评价标准，一一评价每一可能的选择。
- 系统的删除。删除不符合价值标准的选择，从而选择最符合决策者理想的可能的选择。
- 开始行动。描述将采取何种行动达成选出的目标。

7. 职业生涯发展“三三三”理论

我国著名人力资源管理学家廖泉文在总结国外学者职业生涯发展阶段观点的基础上，创造性地提出了职业生涯发展“三三三”理论。她将人的职业生涯分为三大阶段，即输入阶段、输出阶段和淡出阶段；每一阶段又分为三个子阶段，即适应阶段、创新阶段和再适应阶段；而每一子阶段又分为三种情况，即顺利晋升、原地踏步、降到波谷（如表1-6、表1-7、表1-8和图1-5所示）。

表1-6 职业生涯的三大阶段

	输入阶段 （从出生到就业前）	输出阶段 （从就业到退休）	淡出阶段 （退休前后）
主要任务	输入信息、知识、经验、技能，为从业做重要准备；认识环境和社会，锻炼自己的各种能力	输出自己的智慧、知识、服务、才干；进行知识的再输入、经验的再积累、能力的再锻造	精力渐衰，但阅历渐丰、经验渐多，逐步退出职业，适应角色的转换

表1-7 输出阶段的三个子阶段

	个人的工作状态	职业环境状态
适应阶段	订三个契约： 对领导，我要服从你的领导； 对同事，我要与你协同工作； 对自己，我要使自己表现出色	适应工作硬软环境，个体与环境、个体与同事相互接受，进入职业角色
创新阶段	独立承担工作任务，努力做出创造性贡献，提出合理化建议	受到领导和同事认可，进入事业辉煌时期
再适应阶段	因工作出色获得晋升，因发展空间小而原地踏步，因自身骄傲或工作差错而受到批评	个体要调整心态，适应变化了的环境。此时属于职业状态分化时期，领导和同事看法不一

表1-8 再适应阶段的三种情况

	职业状态
顺利晋升	面临新工作环境的挑战、新工作技能的挑战、原同级同事的嫉妒、领导提出的新要求，表面的风光背后隐藏着一定的职业风波
原地踏步	倚老卖老、不求上进的状态出现，挂在口头边的话是“我早就干（想）过”。对同事容易冷嘲热讽，此时如做职业平移或变更更适合
降到波谷	由于个体原因或客观原因，遭受上级批评，或受降级处分，工作状态进入波谷，此时如能重新振奋精神，有希望进入第二次“三三三”发展状态

1.3 职业生涯管理的发展历程

进入21世纪，企业竞争日趋激烈，有些企业由于管理不利，经营困难，面临着破

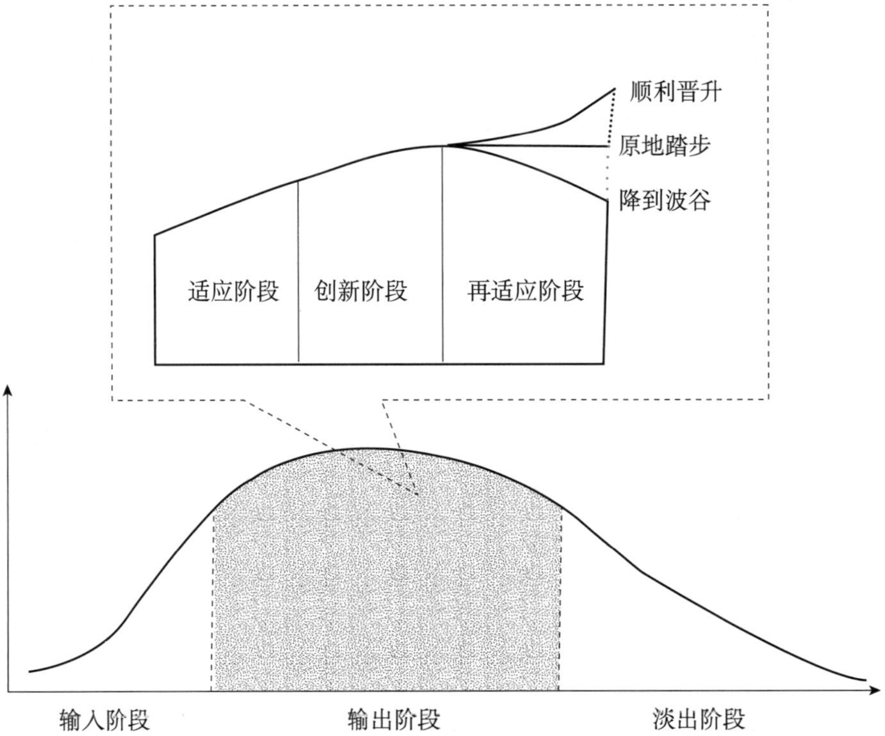

图 1-5 职业生涯发展"三三三"理论

产、被兼并的困境。许多企业在新的经济形势下停滞不前，使企业员工提升的梦想破灭，同时也打破了原来环境稳定、经济增长形势下建立起来的职业生涯规划或管理模式。另外，由于组织趋向于扁平化，为管理者、员工提供的晋升职位减少，也使得组织职业生涯规划变得与过去不同。再者，即使是没有破产或被兼并的企业，为了保持竞争力，也不断地提出要裁员、增效。在这种形势下，出现了持不同观点的人：有支持职业生涯管理的，有怀疑职业生涯管理的，也有折中的，还有修正的。

许多学者仍认为，如果组织要很好地适应社会的变化，应该注重人的职业生涯管理，留住、发展、吸引优秀的人才，应对变化，实现持续发展，许多成功组织的经验恰好说明了这一点，如惠普、富士施乐、Hannaford Brothers。有些心理学家从心理契约（psychological contract）的角度对雇佣双方的心理策略变化进行了研究。过去，组织变更速度较慢，雇佣双方都比较稳定，员工以忠诚、遵从和努力作为条件而换来工作稳定感，组织给个人较多的发展机会，以留住员工。但随着组织的变更加快，组织破产、兼并增多，员工对组织失去信任，对工作缺乏安全感，在这种条件下，员工（包括雇佣管理者）对组织失去了原有的忠诚和信任，他们不再像以前那样努力。另一方面，为了使企业保持竞争力，组织又需要员工更加努力工作，以更充沛的精力帮助企业去竞争、去创新、去发展。这一严峻的现实要求组织行为研究者和实践者不得不对调整中的心理契约问题予以考虑，采用合理的措施来达到各自的目标。如果一个组织要想有长久的竞争力，即使员工倾向于流向好的组织，如果实施旨在发展员工、关心员工的组织职业生涯管理，仍不失为一种双赢的策略。

持怀疑观点的人认为，自20世纪80年代中期以来，各种新技术的迅速发展以及全球经济模式的转变给组织发展带来了巨大的压力。为了保持竞争，迎接挑战，欧美企业特别是英国和美国的企业在经营战略和运作模式上不得不作重大调整，组织合并、重组、裁员、缩减开支、新管理手段运用等进行得如火如荼，这种调整导致劳动力富余，使得组织内雇佣关系发生改变。雇佣双方之间原先形成的平衡被打破了。随着时代的发展，组织变更加快，组织职业生涯管理难度加大，因为组织自己也不知道明天会是什么样子，即使能预测明天，也会很容易地从外部找到合适的人员，不需要对个人作长期的规划；如果进行长期规划后个人离开组织，组织的损失会更大。但是否所有的行业都像IT行业那样变化快是个值得怀疑的问题。另外，一个有竞争力的企业，其员工流动率不可能太高，适当的、小范围的流动是正常的，如果大规模流动，企业就势必会倒闭，因此，不以自己的组织为人才培养的基础，完全从外部引进人才是不现实的。

霍尔（Hall）和莫斯（Moss）持折中的观点。他们一方面强调个人要对自己负责，不要过多依赖组织的职业生涯管理，但另一方面主张组织为了使管理满足人的发展需要，还应采取一些措施，帮助员工实现职业发展，以增加员工的组织承诺，如安排挑战性的工作，提供发展性的雇佣关系，提供发展信息和发展资源等。从某种意义上说，这种思路是组织对人的发展更负责任的表现，因为组织也不是不想留住优秀的员工，只是组织的发展和变更的确比想象的更快，难于对员工有真正长久的承诺。

还有一些学者主张对传统的职业生涯管理予以修改，使之适合当今的形势。丹尼（Dany）主张组织职业生涯管理不是重要不重要的问题，而是这套措施和办法如何适应变化了的形势。他注重对组织职业生涯管理的概念进行修正，认为职业生涯管理并不一定意味着工作岗位的变化，也不一定意味着晋升。例如，职业生涯发展可以通过个人工作岗位自主权的扩大或对其业绩评价的提高表现出来。实际上，我们可以谈论一个医生的职业生涯，谈论一个中小企业领导人的职业生涯，同样也可以谈论一个商业部门工作者的职业生涯，他们要面临各种不断丰富自己知识的职业尝试，其职业生涯与他们和客户关系的发展而非他们的新职务紧密相关。安德森（Adamson）等探讨了职业生涯发展在组织中存在的必要性和可能性问题，主张以修正职业生涯的定义来适合现代组织发展的需要。他们认为组织的扁平化、流动性、变化多端使得组织的职业生涯规划困难，特别是对管理人员的职业生涯规划，因而建议取消传统意义上的组织职业生涯规划。20世纪八九十年代，企业竞争日趋激烈，破产、兼并、裁员相当普遍。员工过去所拥有的职业安全感急剧下降。针对这种情况，员工只有发展自身的能力，不断学习，才能适应组织变革的需要。如果组织效益好，可以保证继续被雇用；如果组织效益不佳，可以跳槽；如果组织倒闭，可以很快找到工作。其实，自我职业生涯管理加强，对于组织也十分有利，如果组织的员工都很有竞争力，就保证了组织的竞争力；而且由个人和组织同时进行职业生涯管理，使员工参加组织职业生涯管理的积极性提高，进而为组织职业生涯管理的有效性提供保证；从消极的方面看，如果组织发生生存困难，裁员的难度也会因个人职业适应性的提高而减小。

职业生涯发展管理有两种模式：一是以个人胜任力和可雇佣性为核心的职业生涯发

展管理；二是以组织结构和组织战略与职业生涯匹配为核心的职业生涯发展管理。下面分别介绍这两种模式。

1.3.1 以个人胜任力和可雇佣性为核心的职业生涯发展管理

职业生涯发展管理的一种新趋势是以个人胜任力和可雇佣性为核心，强调个人在职业生涯发展中承担主要责任，以不断提升个人胜任力、扩大职业领域，从而提高职业发展的可能性，这也成为一种相比传统职业生涯管理模式而言更为灵活的职业生涯管理模式。这方面的研究成果主要包括无边界职业生涯理论和易变性职业生涯理论。

无边界职业生涯有着明确的内涵。国外学者菲利匹（de Fillippi）和亚瑟（Arthur）将无边界职业生涯定义为“超越某一单一雇佣范围设定的一系列工作机会”。1999 年萨利文（Sullivan）比较系统地描述了传统职业生涯与无边界职业生涯之间的区别，见表 1－9。

表 1－9 传统职业生涯与无边界职业生涯的比较

	传统职业生涯	无边界职业生涯
雇佣关系	以稳定工作换取忠诚	以可雇佣性换取绩效和灵活性
职业生涯边界	一两个组织	多个组织
技能要求	与组织相关的特定技能	可以迁移的技能
职业生涯发展阶段	与年龄相关	与学习相关
职业生涯管理责任	组织承担	个人承担
培训	正式培训	在岗、即时培训

资料来源：阮爱君．职业生涯发展管理研究新进展．商场现代化，2006（10）．

无边界职业生涯理论最突出的是强调个人学习和技能发展的重要性，即跨越组织边界，通过即时的学习来提高人们的胜任力，丰富便携式的知识、技能和增长可跨越多个组织的才干，提升在人才市场中的可雇佣性。如有学者针对以能力为基础、以学习为中心的智能型组织提出了智能型职业生涯（intelligent career）的主张，认为无边界职业生涯可以帮助人们提高技术理论、技能知识和人际交往这三种能力。更有人提出了超组织职业生涯（post-corporate career）的概念，认为成功者是那些超越个人和组织边界模式走向职业生涯新模式的人，他们还对组织和个人提出了关于如何提高个人跨组织能力的建议。

易变性职业生涯是指由于个人兴趣、能力、价值观及工作环境的改变而经常发生变化的职业生涯。1996 年，霍尔对易变性职业生涯做了如下描述：“21 世纪的职业生涯是变化多端的，职业生涯的驱动力来自个人而非组织，人们随着自身和环境的变化不时调整各自的职业生涯。”易变性职业生涯与传统职业生涯也存在不同，见表 1－10。

表 1-10 传统职业生涯与易变性职业生涯的比较

维度	传统职业生涯	易变性职业生涯
目标	晋升	心理成就感
	加薪	
心理契约	工作安全感	灵活的受聘能力
运动	垂直运动	水平运动
管理责任	组织承担	员工承担
方式	直线性、专家型	短暂性、螺旋型
专业知识	知道怎么做	学习怎么做
发展	很大程度上依赖正式培训	更依赖人际互助和在职体验

资料来源：朱勇国．国际人力资源管理．北京：中国人事出版社，2006.

易变性职业生涯的目标是心理成就感，它是员工因达到了人生目标而产生的自豪感和成就感。该理论认为传统的心理契约（员工进入一个组织，努力工作取得好的业绩，以员工的忠诚和承诺来换取组织更好的回报和稳定的工作）已经被新的心理契约所取代，新的契约以终身的学习和改变个人的特质为基础，注重个人心理感受上的成功，而不仅仅是组织对其工作的认可。霍尔认为职业生涯应由个人管理，组织需要提供的是有挑战的工作和人际关系。成功的框架包括：从技能知识的掌握到学会如何掌握技能知识；从工作的稳定到可雇佣性的增强。从组织职业生涯转变到易变性职业生涯要求个人全身心投入工作。霍尔强调指出，为了认识新职业生涯的潜力，人们必须开发有关管理自身和职业生涯的能力，即开发自己的洞察能力和对环境的适应能力，同时开发与人沟通和处理差异性的能力。

研究者同时发现，无边界职业生涯理论和易变性职业生涯理论否定了原有的组织职业生涯发展管理模式，认为以组织为主的职业生涯管理和组织提供的职业路径已不符合当前环境和组织的特点。但这些理论还存在一些不足之处，即职业生涯变得更为复杂、模糊，没有清晰的职业路径，成功难度的加大带来更强烈的焦虑感，从而增加员工和组织的不稳定性。

1.3.2 以组织结构和组织战略与职业生涯匹配为核心的职业生涯发展管理

经历了人职匹配的职业选择理论，人们又开始关注组织结构和组织战略与个人职业生涯匹配的相关研究。人—组织匹配理论考虑到环境对人的塑造和组织的作用，更关心就业后个人的职业匹配，成为新的有发展潜力的职业生涯发展理论。

人—组织匹配理论认为：个人对职业和组织的选择与其个性特征相互影响。一方面，个人的个性特征会影响其对职业和组织的选择，不同的个人会加入不同的组织，根据个人的个性特征可以预测其对职业和组织的选择。另一方面，对职业和组织的选择也会影响个人个性发展，组织环境会影响个人的个性特征，个人的个性特征必然受到个人生活于其中的特定环境和个人独特生活经历的深刻影响。

人—组织匹配理论中最具影响力的是1987年由施奈德（Schneider）提出的吸引—选择—磨合（attraction-sellection-attrition）模型，即ASA模型。这个模型认为人在组织中不是随机分布的，组织中的员工都是被组织吸引、选择和留用的人。他们会评估组织的目标、结构和文化等因素与自己的态度、价值观等是否符合。该模型认为人们总是倾向于选择组织发展目标与个人特点相符合的组织，以利于自身的职业发展。所以这一理论主要是从个体的心理层面来解释组织的吸引力和人们接受工作的意愿。

卢梭（Rousseau）等1996年提出，组织和个人既需要改变和发展，也需要一定的稳定和承诺，而原有的组织职业生涯发展管理模式缺乏灵活性，如直线型职业路径只有往上进阶的轨道，横向职业路径虽然比直线型职业路径有更多的发展轨道，但仍然是以组织长期雇用员工为前提的，也有一定的局限性。因此，他们提出了多元化职业生涯发展管理（multiple career management）模式。该模式把原有的职业生涯理念与更为动态的职业生涯理念相结合。根据组织的结构、战略目标等设定多种职业生涯发展管理方式，针对员工的不同需求提供经历不同的职业生涯的机会，同时也使组织可以激励和留住具有不同能力的员工，进而应对不断变化的组织环境。卢梭等提出的多元化职业生涯发展管理模式提供了四种不同的职业生涯发展方式：传统的直线型职业生涯强调纵向向上发展的上进心；专家型职业生涯强调在某一专业领域的稳定；螺旋型职业生涯是从一个部门转移到另一个相关的部门；短暂型职业生涯是从一个领域转移到另一个有很大差异或完全不同的领域。表1-11列出了这四种不同方式的概念、特点及与组织结构和组织战略的关系。

表1-11　四种职业生涯发展方式的概念、特点及与组织结构和组织战略的关系

	直线型	专家型	螺旋型	短暂型
移动方向	向上	很少移动	横向	横向
在一个领域的时间	变量	一生	7～10年	3～5年
主要激励力	权力、成就	专长、安全	个人发展、创造力	多样性、独立
组织结构	金字塔型	扁平型	矩阵型	松散型
组织战略	市场渗透策略	维持策略	多元化策略	新市场开放策略

资料来源：阮爱君．职业生涯发展管理研究新进展．商场现代化，2006（10）．

此外，许多研究者还从多种角度展开研究，包括研究组织结构与职业生涯的相关性、组织战略与职业生涯策略的相互关系，以及组织结构、组织战略和管理人员的职业生涯的关系等。

从职业生涯管理的发展历史中可以发现，20世纪70年代到80年代中期，在西方，组织职业生涯管理是主导的职业生涯管理模式。然而，随着组织稳定性下降，组织倒闭、兼并、裁员增多，员工对组织能否长期提供工作产生了动摇，不得不自己考虑自己的职业前景，逐渐地变成了职业生涯管理的主体，现在是组织和个人均进行职业生涯管理，也许将来有些组织的职业生涯管理会完全由个人来进行。霍尔和莫斯（Moss）在1998年敏感地观察到了这种变化，认为职业管理的主体在发生变化，未来的职业发展将主要由个人而非组织管理；未来的职业发展是连续的学习，是自我导向的，是关系式的，在挑战性的工作中进行；未来的职业发展不一定是正式的培训，不一定是再培训，不一定是向上流动。尽管在新时代，职业生涯管理将获得新的内涵，但职业生涯管理的作用仍然不可忽视。对个人来说，职业的自我管理关系到个人的生存质量和发展机会；对组织来说，保持员工的竞争力，意味着组织在变化莫测的情景中生存和发展的空间也会相应地扩大。

可见，尽管社会变迁加剧、职业流动频繁对组织实施职业生涯管理提出了挑战，但是这并不意味着组织的职业生涯管理就不必要了，这是因为：

第一，人员流动越是频繁，组织对人才的需求越是迫切。组织也许可以通过外部招聘来补充人才，但组织要不断招聘到合格的人才，必须具有相当强的吸引力，单纯的物质待遇吸引到的永远只是短期人才，只有可以施展才能的机会、广阔的发展空间、能够不断提高能力的挑战性工作才具有永久的吸引力。人才培养是全社会共同参与的长期工作，如果每个组织都只是想从外部“挖”别人的人才，而不愿意自己投入去培养人才，那么社会上整体来说专业人才水平都得不到提高，也就不可能有自己需要的高水平人才了。

第二，即使一个人才在组织的服务是短期的，但组织对其实施的职业培训也是很必要的。一方面，可以保证其胜任工作；另一方面，对内部员工是一种激励，有一种示范作用，而对于外部员工来说，也能增强组织的吸引力，使他们看到进入该组织后的长远发展前景。

1.4 本书的结构体系

职业生涯管理是一项需要组织和个人共同配合完成的系统工程，职业生涯管理的流程如图 1－6 所示。

本书以组织如何实施职业生涯管理为主线，从组织职业生涯管理和个人职业生涯管理相结合的角度，分 8 章展开论述，全书结构体系如图 1－7 所示。

第 1 章导论是本书的引题和理论基础，首先提出为什么要进行职业生涯管理，并简要介绍职业生涯管理在国内外的发展历史和现实功用；然后详细介绍职业生涯管理的理论渊源和主要流派，以及发展趋势；最后提出本书的逻辑体系和结构框架，使读者对职业生涯管理的历史和现实有一个清晰的轮廓。

第 2 章是本书的总纲，首先从分析职业、职业生涯、职业生涯管理这些概念入手，使读者对职业生涯管理的对象有一个明确的认识；然后论述职业生涯管理的指导思想、组织职业生涯管理的方法和内容，以及职业生涯管理的意义和作用等，使读者对职业生涯管理的原则、内容、作用等有一个总体认识。

第 3 章论述职业生涯管理的第一步工作——了解员工，用理论、案例和练习相结合的方法，详细地介绍员工的能力、性格、气质、需要、动机、兴趣、理想、信念、价值观等个性心理特征、个性倾向性与职业的关系。

第 4 章讲述职业目标定位——职业生涯管理的基石，主要介绍职业锚的含义、类型、功能及其开发；然后介绍职业发展路径的三种分析方法，即 SWOT 法、“五 WHAT”法和橱窗分析法；接着论述职业生涯路线的三个基本维度和四种职业生涯阶梯模式。

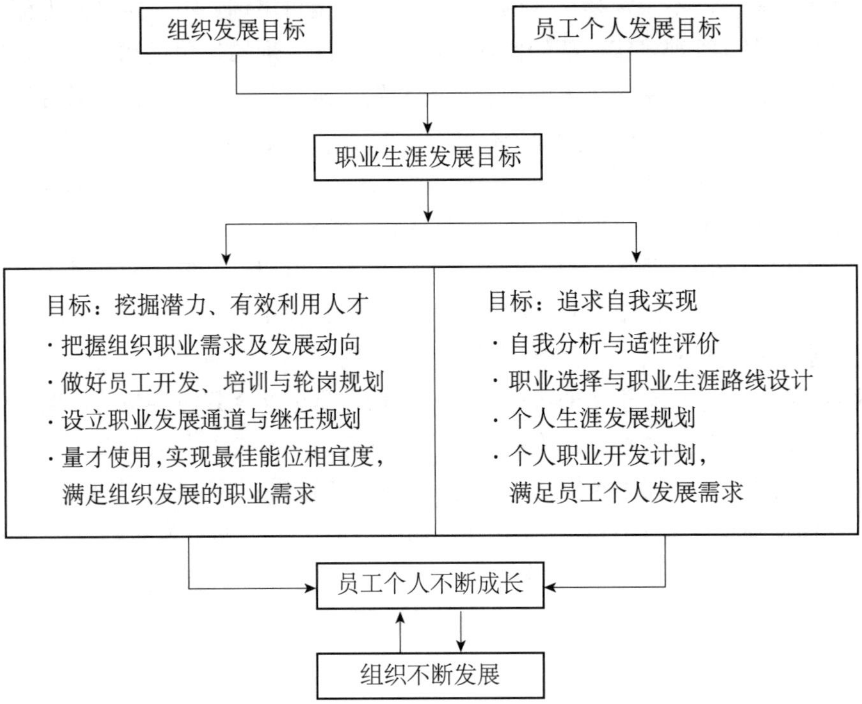

图 1-6　职业生涯管理流程图

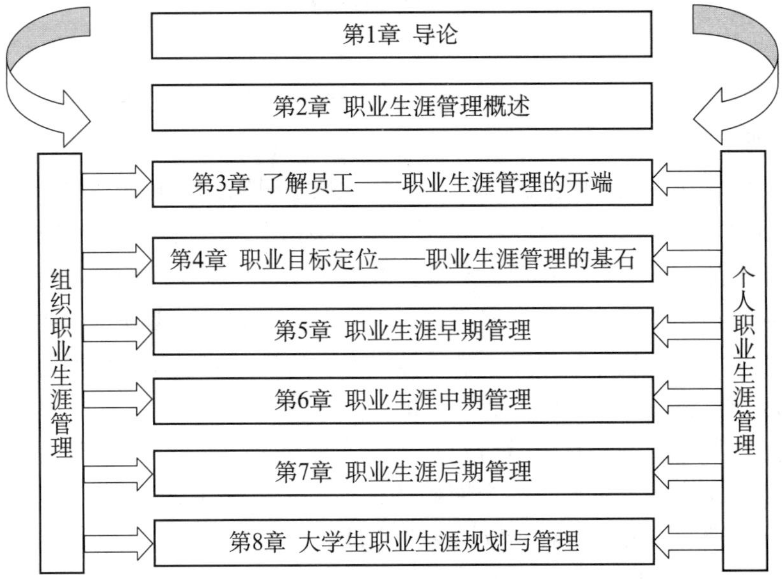

图 1-7　本书结构体系

第 5 章讲述职业生涯早期管理的相关内容。首先，分析员工职业生涯早期的个人特征；其次，分析职业生涯早期的任务；再次，论述员工职业生涯早期发展最为重要的一项任务——个人组织化，分别从个人和组织两个角度来讲述实现个人组织化的具体措施；最后，论述职业生涯早期管理成功的标志——组织和员工的相互接纳——的具体内涵和标志。

第 6 章讲述职业生涯中期管理的相关内容。首先，分析员工职业生涯中期的个人特征；其次，分析职业生涯中期的瓶颈问题，职业生涯中期危机的表现及解决危机的对策，以及职业生涯中期工作家庭冲突的问题；最后，分别论述组织职业生涯中期管理的原则、措施，以及个人职业生涯中期管理的任务和技术。

第 7 章讲述职业生涯后期管理的相关内容。首先，分析员工职业生涯后期的心理特征和职业特征；其次，分析职业生涯后期面临的问题；再次，论述组织职业生涯后期管理的原则，以及几项主要管理任务——退休管理、继任规划、离职管理、裁员下岗管理；最后，讲述个人职业生涯后期管理的任务和措施。

第 8 章主要从个体角度来论述大学生落实职业生涯规划的具体措施。第一步是确立职业目标，论述明确目标的必要性，以及确立职业生涯目标的原则、方法。第二步是对目标进行可行性分析，主要对影响职业生涯的三大类环境因素——社会环境因素、行业环境因素和组织环境因素进行分析。第三步是设计方案，主要讲述两种设计方案的方法——目标分解和目标组合。对目标分解，讲述外职业生涯目标、内职业生涯目标，以及长期目标、中期目标、短期目标的相关内容；对目标组合，讲述时间组合（包括并进与连续）、功能组合（包括因果关系与互补关系）和全方位组合（包括职业生涯、家庭生活和个人事务）三种组合方法。第四步是实施方案，论述实施职业生涯规划的三个步骤：寻找差距，弥补差距，具体实施。

□ 本章小结

1. 20 世纪 70 年代起，职业生涯管理兴起于欧美等国，并得到广泛应用。

2. 职业生涯管理理论分为两大类：职业选择理论和职业生涯阶段理论。

3. 职业选择理论包括人职匹配理论、职业动机理论、职业性向理论。

4. 职业生涯阶段理论包括施恩的职业生涯发展阶段说、金斯伯格的职业生涯发展理论、萨柏的职业生涯发展论、格林豪斯的职业生涯阶段理论、吉列特的生涯决定论、库伦伯茨的生涯决定社会学论、职业生涯发展“三三三”理论等。

5. 20 世纪 70 年代到 80 年代中期，在西方，组织职业生涯管理是主导的职业生涯管理模式。20 世纪 80 年代中期以后，员工逐渐变成了职业生涯管理的主体，现在是组织和个人均进行职业生涯管理。

□ 重要术语、概念

人职匹配理论　职业动机理论　职业性向理论　职业生涯发展理论　生涯彩虹图
职业生涯阶段理论　生涯决定论　生涯决定社会学论　职业生涯发展“三三三”理论
无边界职业生涯　易变性职业生涯　人—组织匹配理论

□ 本章问题

1. 为什么提出职业生涯管理？

2. 职业生涯管理的功能是什么？

3. 职业生涯管理理论有哪些基本流派？

4. 职业生涯管理发展历程是怎样的？

第 2 章

职业生涯管理概述

| 本章要点 |

- 职业的概念及其特征、类型
- 职业生涯的概念及其与人生需求的关系
- 职业生涯管理的概念、特征及其指导思想
- 组织职业生涯管理的方法和内容
- 职业生涯管理的意义和作用

要想理解职业生涯管理，我们需要对“职业”“职业生涯”“职业生涯管理”等概念有个明确的认识。这正是本章的主要内容。

2.1　职业生涯管理的内涵

2.1.1　什么是职业

1. 职业的定义

“长大了我要当出租车司机。”这是喜欢汽车的幼儿园男孩报的第一个职业理想。

“我要成为大学生。”“我要做科学家。”“我要做教师。”“我要做歌星。”“我要做律师。”“我要成为比尔·盖茨那样的大富翁。”……这是小学老师提问学生的理想时，小学生们争先恐后的典型回答。

“这些年你在哪里高就?”“唉，别提了！先做技术员，后做工程师，好不容易熬了个副总经理，可因为贪污公款进监狱成了囚犯，这不刚刚刑满释放，现在给一家私企做推销员。”这是两位久别的朋友见面后的对话。

上述“出租车司机”“大学生”“科学家”“教师”“歌星”“律师”“技术员”“工程师”“副总经理”“囚犯”“推销员”等，我们通常都会认为是职业。但它们都是真正的职业吗？职业的判断标准到底是什么？尽管我们每个人都离不开职业，但真正要把职业的含义说清楚时，很多人不一定能回答上来。

从词义学的角度分析，“职业”一词由“职”与“业”两字构成。所谓“职”，包含着社会职责、天职、权利与义务的意思，如“六卿分职”（《尚书·周书·周官》）、“九日闲民，无常职”（《周礼·天官冢宰·大宰》）等说法；所谓“业”，包含学习的内容或者过程，以及业务、工作、事业和产业等内涵，如《汉书·萧望之传》中有“家世以田为业”的提法。职业在《现代汉语词典》（第 7 版）中被解释为：“个人在社会中所从事的作为主要生活来源的工作。”

不同学者对职业的界定角度不同。美国社会学家萨尔兹（Salz）认为，职业是一个人为了不断取得个人收入而从事的具有市场价值的特殊活动，这种活动决定着从业者的社会地位。他指出，职业范畴的三要点是技术性、经济性和社会性。

日本社会学家尾高邦雄认为，职业是某种社会分工或社会角色的持续实现，因此职业包括工作、工作的场所和地位。他指出：“职业是社会与个人或整体与个体的结合点；通过这一点的相关动态，形成了人类社会共同主体的基本结构；整体靠个体通过职业活动来实现，个体则通过职业活动对整体的存在和发展做出贡献。”

日本劳动问题专家保谷六郎认为，职业是有劳动能力的人为了生活需要而发挥个人能力，向社会做贡献的连续活动。职业具有如下特性：第一，经济性，即人们可从职业中取得收入；第二，技术性，即人们在职业中可发挥个人才能与专长；第三，社会性，即人们要在职业中承担社会的生产任务（社会分工），履行公民义务；第四，伦理性，即人们所从事的职业要符合社会需要，为社会提供有用的服务；第五，连续性，即人们在职业中所从事的劳动相对稳定，是非中断性的。

美国学者泰勒（Taylor）在其著作《职业社会学》一书中指出：“职业的社会学概念，可以解释为一套成为模式的与特殊工作经验有关的人群关系。这种成为模式的工作关系的整合，促进了职业结构的发展和职业意识形态的显现。”

综合以上观点，可以给职业下了这样一个定义：职业是参与社会分工，利用专门的知识和技能，为社会创造物质财富和精神财富，获取合理报酬作为物质生活来源，并满足精神需求的工作。

下面我们通过对几个问题的分析，来看看职业到底是什么。

（1）为什么需要律师？律师可能是现代社会中最受人青睐的职业之一，但它也是一个具有悠久历史的职业。律师最早出现在古罗马时期。在罗马共和制时期（公元前 509 年—公元前 27 年），案件的诉讼必须根据执政官或法务官的告示，按照法定的手续和程序进行。随着法律和告示不断增多，诉讼程序日趋烦琐复杂，这往往使案件的当事人在诉讼中不知所措，因此非常需要熟悉法律的人协助参与诉讼，特别是参与法庭辩论，于是辩护人应运而生。进入帝政时期后，皇帝以诏令形式正式承认诉讼代理，以考试制度选用知法善辩的“辩护士”作为诉讼代理人，允许案件当事人委聘他人代理诉讼行为，并以相当费用作为报酬，这便是律师制度的雏形。至 5 世纪末，辩护人和诉讼代理人均须在主要城市研读法律并且取得辩护人资格。由于这些人谙熟法律，以协助当事人进行诉讼为职业，因而逐渐形成了行业和自己的职业团体，使得律师这类法律专业人员正式产生。

可见，律师的出现是社会分工的产物。由于一个人的时间、精力、知识、能力水平等有限，不可能什么都亲自去做，必须依靠不同的人从事不同的工作，才能满足不同的需求。所以，职业反映了个人和社会的关系：个人参与社会分工。

小辞典

职业的第一个特征：参与社会分工。

（2）大学生是职业吗？人们很容易认为学生是一种职业，但是学生在学习期间不是必须创造物质财富和精神财富的，学生也不因为学习而获得报酬。奖学金只是对成绩优秀学生的奖励，助学金也仅限于对困难学生进行资助。学生时期是进入职业生涯前的准备阶段，学生不创造财富，也不获得报酬，因此学生不是职业。

同理，囚犯也不能成为一种职业，因为囚犯并不是社会分工的产物（如果可能，没有囚犯的社会岂不更好?），囚犯也不需要创造物质财富和精神财富（社会中没有一种物质财富和精神财富必须由囚犯来创造），也就不是必须获得报酬，囚犯只需要认罪伏法、改过自新。

小辞典

职业的第二个特征：能够创造物质财富和精神财富。

（3）优秀的员工一定是优秀的管理者吗？在企业中，有一种很普遍的现象：当某个员工业绩一直很优秀时，作为奖励，往往提拔他做中层管理干部甚至高层管理干部。从职业角度分析，员工是一种职业，管理者属于另一种职业，各自有不同的职责，从而就有不同的专业知识、技能、个性品质的要求。优秀员工只是证明他胜任所承担的岗位，而不表示他必然也具备作为中高层管理者的素质。企业管理是一个职业，需要专门的知识和技能，职务权力并不等于职业能力。当一个人的职务发生变化的时候，一定要考虑在职务变化的背后有没有职业的改变。如果有职业的改变，就需要学习新的知识和技能，因为那些新的知识和技能并不是仅靠职务改变就可以具备的。

小辞典

职业的第三个特征：需要专门的知识和技能。

（4）教师的收入为什么没有流行歌手的高？教师这个职业始创于孔子，自古以来就被视为最高尚的职业之一（如“教师是人类灵魂的工程师”“教师像点燃的蜡烛，照亮了别人，烧毁了自己”等比喻），但教师的名声没有流行歌手的响，教师的收入更远远没有流行歌手的高，这是为什么呢?

职业是人们满足物质生活需要的主要途径，通过职业活动获得合理的报酬是人们从事特定职业的主要动力，但职业与报酬的关联主要受市场供求关系调节，而不一定取决于其内在的贡献价值。流行歌手在社会总人口中所占的比例远远低于教师在社会总人口中所占的比例，而社会大众对流行歌手的需求程度远远超过对教师的需求程度（至少在表面上、短时间内如此），“物以稀为贵”，流行歌手的身价自然而然就提高了，远远超过了其职业本身对社会的贡献价值。

小辞典

职业的第四个特征：职业身价主要受制于市场供求关系。

（5）铅字排版工职业为什么会消亡？活字印刷术是中国古代四大发明之一，曾经为世界文化的传播谱写了无可替代的辉煌篇章。后世改进使用的铅字排版印刷法，在20世纪上半叶之前，一直是世界各国普遍采用的印刷技术，与此相关的铅字排版工更成为印刷厂里必不可少的职业。那时候技术熟练（主要指手疾眼快）的铅字排版工被视为企业的“宝贝”。但进入20世纪下半叶之后，随着计算机排版技术、激光照相制版技术的成熟和普及，铅字排版技术渐渐被淘汰，最终完全退出了印刷行业的历史舞台。那些拥有一身排字绝活、曾经被视为“宝贝”的铅字排版工突然间变得一文不值，不得不改换门庭、另找出路。可见，职业的产生和消亡完全是社会发展和需求变化的结果，不以个人的主观意志为转移。

小辞典

职业的第五个特征：职业的产生和消亡是社会发展和需求变化的结果。

综上所述，我们可以归纳出职业的下述四个特性：

第一，职业根源于社会分工。社会分工形成了生产过程中的许多工种和岗位，这些不同的工种、岗位赋予劳动者不同的工作内容、不同的职责、不同的声誉和社会地位，以及不同的劳动规范和行为模式，劳动者由此获得了特定的社会标识和专门的劳动角色，如工人、农民、教师、军人、科学家、企业家等。

第二，职业的社会性。职业是为社会所需要的，是劳动者所进行的社会生产劳动或社会工作，得到了国家的认可，因此职业是社会的职业。

第三，职业的连续性（或称稳定性）。劳动者长期连续地从事某种社会工作，或者从事某种工作相对稳定，才能称之为职业。

第四，职业的经济性。劳动者通过职业活动来获得经济收入，以此满足自己和家人的生活需要。正因为劳动者能从职业中不断地取得个人收入，他们才能够长期地、稳定地从事某种职业。

2. 职业的类型

从事美国大学测试（ACT）项目的心理学家普雷迪格（Prediger）及其同事按照职业的工作对象类型，把职业分成以数据、观念、人和事物为对象的四种类型，这四种类型构成了ACT职业计划项目的基础，如表2-1所示。

表 2-1 ACT 职业计划工作任务

数据/观念	人/事物
数据（事实、记录、文件、数字、辅助人们对商品和服务进行消费的系统化过程）。 数据活动包括记录、纠错、传播、组织代表商品与服务的事实或数据等“非人过程”。 代理、会计和文秘工作主要与数据打交道。	人（无代替名词）。 人的活动包括帮助、提供信息、服务、劝服、娱乐、激励和指导等“人际过程”，总的目的是使他人的行为发生改变。 老师、售货员和护士的工作属于此类。
观念（抽象、理论、知识、洞见、新的表达方式，如语言、等式或音乐）。 观念活动包括创造、发现、理解和综合抽象或实践抽象等。 科学家、音乐家和哲学家的工作属于此类。	事物（机器、材料、工具、物理和生物过程）。 事物活动包括生产、运输、服务和修葺等“非人过程”。 建筑工人、农夫和工程师主要与此类事物打交道。

普雷迪格还进一步把职业分成六个工作群：商务往来、商务操作、技术、科学、艺术和社会服务，如图 2-1 所示。

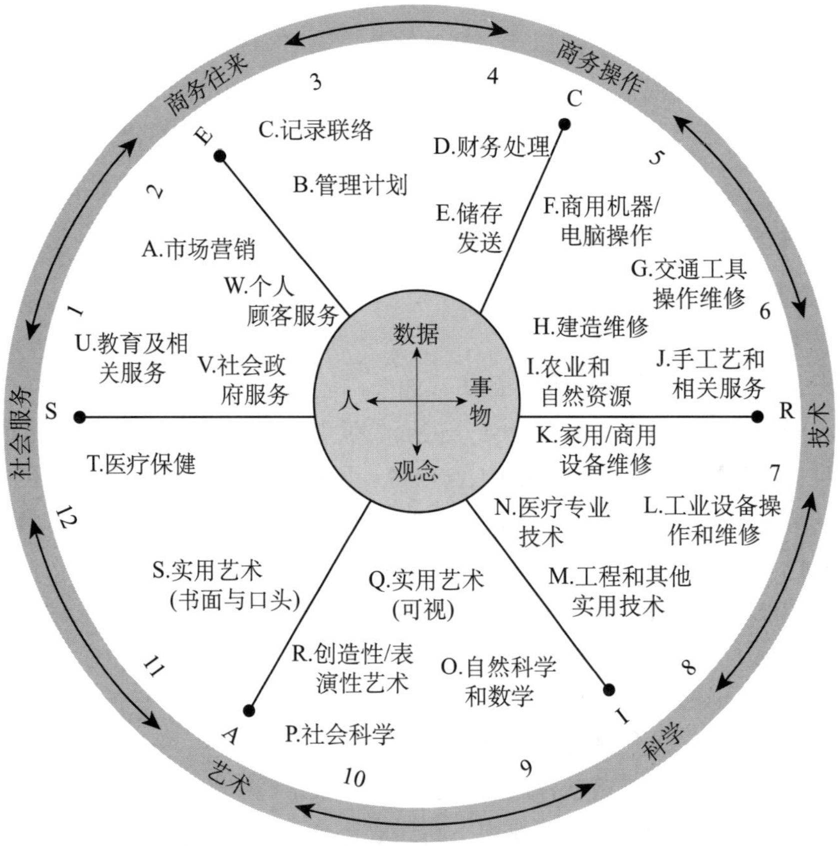

图 2-1 普雷迪格工作世界地图

注：

（1）工作世界地图将所有工作类型分为十二个区域。它们基本覆盖美国的所有工作。

（2）工作类型的坐落点主要取决于它的主要事务——是与事打交道，还是与人、观念或数据打交道。

（3）RIASEC 这几个字母代表霍兰德所划分的职业性向类型。

六个工作群所对应的工作如表 2－2 所示。

表 2－2　普雷迪格的工作群及相应工作

工作群	相应工作
商务往来	A. 市场营销 商店销售人员；路线运输工（送奶）；采购员；旅行代理人；需要探访顾客的销售人员（房地产和保险代理人，股票经纪人，农产品、办公用品和医疗设备销售人员） B. 管理计划 商店、汽车旅馆、饭馆和农业综合企业经理；办公室管理人员；购买代理人；大公司经理；娱乐场所、公园经理；病历卡管理人员；城市规划者
商务操作	C. 记录联络 办公室、图书馆、旅店和邮局职员；招待员；电脑盘片管理员；办公室、医疗和司法部门秘书；法院书记官；病历记录技术人员 D. 财务处理 簿记员；会计；杂货店收账员；银行出纳；售票员；保险商；财务分析员 E. 储存发送 运货和收货职员；邮递员；卡车、出租车和飞机运货工；船运人员；空中航线监控人员 F. 商用机器/电脑操作 电脑控制台、打印机等的操作员；办公设备操作员；打字员；文字处理设备操作员；统计人员
技术	G. 交通工具操作维修 巴士、卡车和出租车司机；汽车和飞机机械师；铲车驾驶员；商务海运人员；飞机驾驶员 H. 建造维修 木匠；电工；油漆匠；保管员（看门人）；砖匠；技工；推土机和起重机操作员；建造监督人员 I. 农业和自然资源 林务官；农场工人；庭园美化师；树木整形专家；植物护养工；农产品商店服务员 J. 手工艺和相关服务 厨师；屠夫；面包师；修鞋匠；钢琴/管风琴调音师；裁缝；珠宝商 K. 家用/商用设备维修 家用电器、打字机、电话、供热系统、复印机等的修理工 L. 工业设备操作和维修 机械工；印刷工；缝纫机操作员；焊接工；工业机器修理工；产品油漆匠；机器操作员；矿工；救火员
科学	M. 工程和其他实用技术 各领域内的工程师和工程技术人员；生物和化学实验室技术人员；电脑编程人员；电脑服务技术人员；起草人；调查人；技术说明者；食物技术人员 N. 医疗专业技术 牙齿清洁师；光学仪器制造商；医务技术人员；牙医；验光师；药剂师；兽医 O. 自然科学和数学 农学家；生物学家；化学家；生态学家；地理学家；地质学家；园艺家；数学家；物理学家 P. 社会科学 市场调查分析家；人类学家；经济学家；政治学家；心理学家；社会学家

续表

工作群	相应工作
艺术	Q. 实用艺术（可视） 植物设计师；商品陈列师；商业艺术家；时尚设计师；摄影师；内部设计师；建筑师；园林师 R. 创造性/表演性艺术 喜剧演员；演员；舞蹈家；音乐家；歌手；作家；艺术、音乐等方面的教师 S. 实用艺术（书面与口头） 广告文案编撰人；唱片播放调音师；法律助手；广告文案管理员；翻译；记者；公关人员；律师；图书管理员
社会服务	T. 医疗保健 勤务员；牙医助手；护士；营养学家；职业临床医学家；外科大夫；语音病理学家 U. 教育及相关服务 教师助手；学前教师；体育教练；大学教师；职业指导顾问；小学教师和技校教师；特殊教育教师 V. 社会政府服务 安全警卫；警察；健康、安全、食品等检察官；儿童福利工作人员；家庭经济顾问；重新安置顾问；社会工作者 W. 个人顾客服务 杂货店装袋工；侍应生；空中服务人员；化妆师（美容师）；理发师；管家和女仆

不同的国家有不同的职业分类。国际劳工组织制定的《国际标准职业分类（2008）》（简称 ISCO－08）把职业分为 10 个大类，包括：（1）管理者；（2）专业人员；（3）技术和辅助专业人员；（4）办事人员；（5）服务与销售人员；（6）农业、林业和渔业技工；（7）工艺与相关行业工人；（8）工厂、机械操作与装配工；（9）初级职业；（10）武装军人职业。

《中华人民共和国职业分类大典》（2022 年版）将我国职业归为 8 个大类，分别是：第一大类“党的机关、国家机关、群众团体和社会组织、企事业单位负责人”，第二大类“专业技术人员”，第三大类“办事人员和有关人员”，第四大类“社会生产服务和生活服务人员”，第五大类“农、林、牧、渔业生产及辅助人员”，第六大类“生产制造及有关人员”，第七大类“军队人员”，第八大类“不便分类的其他从业人员”。

根据国际标准职业分类和我国标准职业分类的内容，可以概括出主要的 16 种行业和 18 种职业人员类型，其中，16 种行业分别是农、林、牧、渔业，采掘业，制造业，电力、煤气及水的生产和供应业，建筑业，地质勘查、水利管理业，交通运输、仓储及邮电通信业，批发和零售贸易、餐饮业，金融、保险业，房地产业，卫生、体育和社会福利业，社会服务业，教育、文化艺术及广播、电影、电视业，科学研究和综合技术服务业，国家机关、政党机关和社会团体以及其他行业；18 种职业人员类型分别是政府官员、一般公务员、军人、警员、教师、专业技术人员、企业家、销售人员、服务人员、办事员、生产人员、艺术工作者、律师、社会工作者、党务工作者、金融工作者、自由职业者、其他。

近年来，人力资源和社会保障部每年都会向社会公布一批新职业。比如：《中华人民共和国职业分类大典》2022 年版比 2015 年版增加了 158 个新职业，首次标识 97 个数字职业，占职业总数的 6%。其中，专业技术人员大类发布了 15 个新职业，包括人工智能、物联网、大数据、云计算、智能制造、工业互联网、虚拟现实、区块链、集成电路、机器人、增材制造、数据安全工程技术人员等。这次修订还增设了密码工程技术人员、碳管理工程技术人员、金融科技师等 29 个新的职业。

新视点

我国最缺乏的十大科技人才

1. 人工智能专家。随着人工智能技术的广泛应用，从智能家居到自动驾驶，从医疗诊断到金融服务，人工智能正在改变我们的生活。然而，我国在人工智能领域的研究和开发人员仍显不足，尤其是在算法优化和模型创新方面。

2. 芯片研发人才。芯片作为现代电子产品的核心，其研发水平直接决定了产品的性能。我国在芯片研发领域仍有较大提升空间，尤其是在高性能计算和嵌入式系统芯片方面。

3. 生物医药人才。随着生物医药产业的快速发展，我国在生物医药领域的人才储备尚显不足，尤其是在新药研发、基因编辑和精准医疗等领域。

4. 新能源技术专家。在环保和可持续发展的背景下，新能源技术的研究和应用显得尤为重要。我国需要更多在太阳能、风能、核能等领域有专长的人才。

5. 网络安全专家。随着信息技术的普及，网络安全问题日益突出。我国对网络安全领域的专业人才需求迫切，尤其是在应对复杂网络攻击和数据保护方面。

6. 先进制造技术专家。制造业是国家的支柱产业，而先进制造技术则是提升制造业竞争力的关键。我国在智能制造、精密制造等领域的人才缺口较大。

7. 航空航天人才。航空航天技术是一个国家科技实力的重要体现。我国在航空航天领域的人才储备不足，尤其是在航空发动机和卫星技术方面。

8. 大数据分析师。在大数据时代，数据分析能力已成为企业和机构的核心竞争力。我国急需大量具备数据挖掘、分析和可视化能力的人才。

9. 5G 通信技术专家。5G 通信技术的推广和应用将为各行各业带来革命性的变化。我国对 5G 技术研发和应用方面的人才需求十分迫切，尤其是在网络优化和设备制造方面。

10. 量子科技人才。量子科技是未来科技的重要方向，我国在量子计算、量子通信等领域的人才储备不足，需要加强相关研究和教育。

2.1.2 职业生涯

1. 职业生涯的定义

生涯指人的一生，那么什么是职业生涯呢？不同学者对职业生涯的理解不同。

萨柏认为，职业生涯是生活中各种事态的连续演进历程，它统合人一生中依次发展的各种职业和生活的角色。

霍尔认为，职业生涯指的是每个人终其一生与其工作或职业相关的生活经验或态度。

也有人指出，生涯这一概念所论及的工作指的是持续地付出心力或劳力，为实现自己或他人目标而进行的劳务活动；为开展上述劳务活动，企业、组织或社会需赋予个人某种职位（position），使其扮演相应的角色，以完成任务和实现目标，这被总称为职业

(occupation)；若上述之职业能结合心智成长、知识增进及权位提升，则有事业或生涯(career) 的含义。职业生涯指以心理开发、生理开发、智力开发、技能开发、伦理开发等人的潜能开发为基础，以工作内容、工作业绩的评价、工资待遇、职称职务的变动为标志，以满足需求为目标的工作经历和内心体验经历。

尽管对职业生涯的认识存在不同角度，但是职业生涯有其基本含义：第一，职业生涯是个体的行为经历，而非群体或组织的行为经历；第二，职业生涯是一个人一生中的工作经历或历程；第三，职业生涯是个时间概念，指职业生涯期；第四，职业生涯蕴含着具体职业内容，它是一个动态的、发展的概念。

综合以上观点，可以给职业生涯下这样一个定义：职业生涯是个体一生的工作历程，它以时间为主线，以工作内容为载体，具有动态性和发展性。

2. 职业生涯的特性

职业生涯具有以下几点特性（见图 2 - 2）：

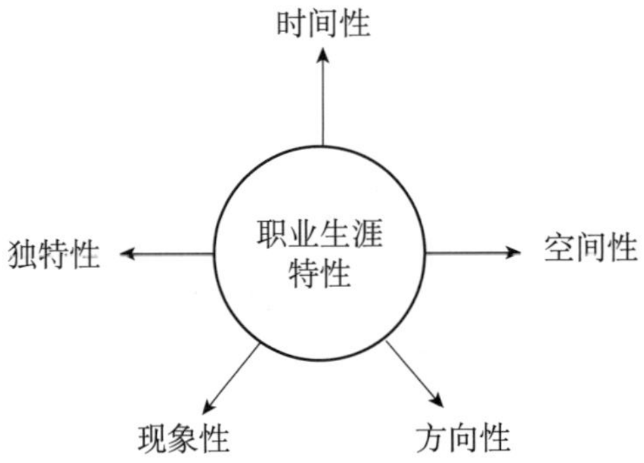

图 2 - 2　职业生涯的特性

方向性：生活里各种事态的连续演进方向。

空间性：职业生涯以事业角色为主轴，也包括其他与工作有关的角色。

时间性：职业生涯发展是一生中连续不断的过程。

独特性：每个人的职业生涯发展都是独一无二的。

现象性：只有个人寻求它时，它才存在。

3. 职业生涯的类型

职业生涯按照其是否稳定，可以分为如下两类：

(1) 传统职业生涯。在一个人的职业生涯中，他的职业可能是持续稳定的，通常称这种职业生涯为传统职业生涯。

比如，一名高校教师在职业生涯之初职称是助教，随着学术水平的提高和工作年限的增长，其可能会逐步晋升为讲师、副教授、教授。

(2) 易变性职业生涯。一个人的职业生涯可能因其兴趣、能力、价值观及工作环境的变化而发生变化，他可能从事多项职业，通常称这种职业生涯为易变性职业生涯。

比如一名教师在职业生涯之初从事教学工作，随后转到行政岗位上从事教学管理工作。

从职业发展对象的角度来考察，职业生涯又可以分为内职业生涯和外职业生涯。

(1) 内职业生涯。内职业生涯是指从事一项职业时所应具备的知识、观念、心理素质、能力、内心感受等因素的组合及其变化过程。内职业生涯就是从业者个人职业发展过程中所经历的通路。内职业生涯的因素包括与职业相关的知识、观念、心理素质、能力、内心感受等，它们的取得可以通过别人的帮助实现，但主要是由自己努力追求来实现，并且一旦取得就永远归自己所有，别人无法收回或剥夺。

（2）外职业生涯。外职业生涯是指对组织而言的职业生涯，是组织努力为员工在组织的职业生命中确立的一条有所依循、可感知的、可行的发展道路。

外职业生涯的因素包括工作单位、工作地点、工作内容、工作职务、工作环境、工资待遇等，这些因素都是由组织决定的，在个人职业生涯初期，它们往往与自己的付出不相符。外职业生涯的发展以内职业生涯的发展为基础，只有二者达到和谐统一，才可能保证职业生涯最终成功。

4. 职业生涯与人生需求

（1）职业生涯在人生中占的时间比例。大多数人的职业生涯从 20～25 岁开始，到 60 多岁结束，也就是说，人一生中真正从事职业活动的时间为 35～40 年，约占一生生命历程的 50%～57%（以平均 70 岁寿命为基数）。一天 24 小时，用于吃、喝、拉、撒、睡等生理活动的时间为 10～12 小时，其余的 12～14 小时称为社会活动时间。目前，我国大部分行业实行的是每天 8 小时工作制，算上通勤时间，一天用于工作的时间一般不少于 10 小时，也就是说平时职业生涯用的时间占可利用的社会活动时间的 71%～83%，这还不算许多人经常在下班后、节假日加班所花费的时间。因此，可以说每个人生命的大部分时间是在职业生涯中度过的。

（2）职业生涯与人生需求的满足。

第一，人的需求层次。人是高等动物，人与其他动物最根本的区别在于：人不仅有维持基本生存的物质需求，而且更看重精神层面的需求。美国心理学家马斯洛（Maslow）把人的需求分为五个层次，如图 2-3 所示。

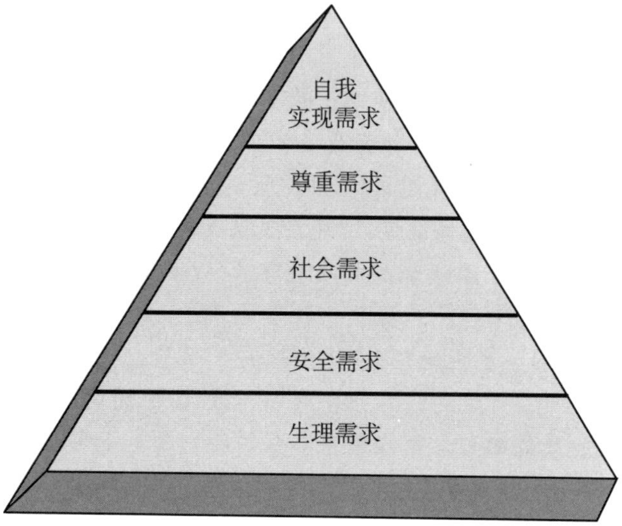

图 2-3　马斯洛的需求层次论

● 生理需求（physiological needs）。包括食物、水、住所、性满足以及其他方面的生理需求。

- 安全需求（safety needs）。保护自己免受身体和情感伤害的需求。
- 社会需求（social needs）。包括友谊、爱情、归属及接纳方面的需求。
- 尊重需求（esteem needs）。内部尊重因素包括自尊、自主和成就感；外部尊重因素包括地位、认可和关注等。
- 自我实现需求（self-actualization needs）。包括成长与发展、发挥自身潜能、实现理想的需求。这是一种追求个人能力极限的内驱力。

马斯洛指出，生理需求、安全需求是低级需求，而社会需求、尊重需求和自我实现需求是高级需求；人的需求一般是从低级向高级发展，在低级需求相对得到满足后，人们更看重高级需求的满足。根据美国管理学家霍奇茨（Hodgetts）的调查，美国人口中约20%的人基本处于生理需求和安全需求层次，约30%的人停留在社会需求层次上，只有不到1%的人处于尊重需求和自我实现需求这两个高级需求层次。

人是作为一种生物存在的，首先必须满足生理需求。当一个人饥肠辘辘的时候，他最大的愿望就是得到一碗饭。乞丐跪地以放弃人格尊严为代价向路人乞讨，就是因为生理需求是他们的第一需求（这里排除那些专门以乞讨致富的骗子）。

安全需求也是人的基本需求。缺乏安全感的人，不管多么富有、社会地位多么高，都是不幸福的。缺乏安全感的社会，不管其社会财富多么丰富、生活水平多么高，也不会成为人人向往的天堂。

社会需求和尊重需求可能是每个人在吃饱穿暖后都极为看重的需求。一个被父母遗弃的孤儿，也许在福利院里衣食住行能得到保障，但他缺失了父爱和母爱，不会有完整的幸福感。失恋的人之所以痛不欲生，甚至做出某些极端行为，就是因为他们被自己所爱的人抛弃而失去了情感归属，找不到自我生存的价值。有的老板对骨干员工的辞职不理解：我已经给他高薪和不少额外的奖金，为什么他还要辞职？我们看看案例2-1，也许会明白其中的缘由。

案例2-1

计算机博士的不辞而别

GH公司是一家计算机制造和软件开发公司，由于业务的需要，急缺计算机高级研发人员。1996年3月，人力资源部的招聘经理W前往浙江大学招聘计算机专业博士。主管分配的老师不无自豪又略带遗憾地说："现在恐怕太晚了，计算机系的学生多年来十分抢手，何况博士，不过，您可以试试，或许还有。"W经理抱着"或许还有"的想法开始在浙江大学校园里搜索起来。他一栋楼一栋楼地找，一个宿舍一个宿舍地问。功夫不负有心人，晚上10点多时，已近绝望的W经理有了希望，一个住着两位计算机博士的宿舍，其中一位已经定下工作，这位博士告诉W经理，他的同屋C博士还没有定下来，但一直在实验室，很晚才能回来。W经理很高兴，一边与C的同屋聊天一边等着C。一直到11点半，C才回来，满脸的疲惫，但当听完同屋的介绍后，C非常感动，不顾疲劳地与W经理聊了起来。那天W经理很晚才回到宾馆，但很高兴。

W经理的求贤若渴的心情和真挚态度感动了C，C很快与GH公司签订了协议，决心献身于GH公司。

但是C博士进入该公司后，接连碰到几件事情，实在伤透了他的心。由于C的导师出国至今未归，C的论文答辩一直没有进行，但是学校同意他先参加工作，导师回来后再通知他回校答辩。这对于博士生来讲，很平常。但GH公司却不同意，甚至怀疑W经理工作的可靠性，尽管W经理让浙江大学有关部门为C出具了有关说明，但是该公司坚持在C拿到博士学位前，其薪资按硕士计发。不过，C表示理解，没有执意反对。更糟糕的是，由于C的身份一时无法定位，关于他的房租，GH公司一开始不予报销，在W经理的努力下，也只报销一半。一直待在实验室很少了解社会的C，为了租房，在陌生的城市里跑来跑去，为了房租报销问题也费尽周折。C曾对W经理说："来到GH，我很狼狈，不仅欠了一笔债，还耽误了这么多时间，什么都做不成。"

现在W经理接到开发部的报告，C博士已经离开公司半个月了。面对这份报告，W经理毫无办法。

资料来源：张德．人力资源开发与管理案例精选．北京：清华大学出版社，2002.

案例中，C博士决定应聘到GH公司工作，并不是因为找不到工作，也不是看重GH公司提供的优厚条件，而主要是为W经理深夜等候的求贤若渴的心情和真挚态度所感动，尊重需求得到极大的满足。而C博士最终决定离开GH公司，恰恰也是因为他进入该公司后，由于一些并非原则性的琐事而处处受到公司内有关部门的刁难，使其狼狈不堪，此时不要说受重视，甚至连基本的尊重也得不到，更不用说发挥才能了。尽管有W经理个人的求贤诚意，但GH公司内部并没有形成一种真正的重视人才、关心人才的氛围，所以即使招聘到了人才，仍然无法留住他们。

练习与测试　你生命中最重要的人和事是什么?

准备两张白纸和一支笔，请你在一张白纸上写下你生命中最重要的五个人，在另一张白纸上写下你生命中最重要的五件事物（可以是具体的，如房子、金钱等；也可以是抽象的，如真诚、自尊等)，然后再开始做下面的练习：

第一步：删除五个人中你认为最不重要的一个人，并写出理由。

第二步：删除剩余四个人中你认为最不重要的一个人，并写出理由。

第三步：删除剩余三个人中你认为最不重要的一个人，并写出理由。

第四步：删除剩余两个人中你认为最不重要的一个人，并写出理由。

上述过程必须依次进行，并且一定要全身心地投入进去，最后只能保留一个人。

根据同样的步骤和要求，请对五件事物做同样的练习。

在人生中，我们经常会面临"鱼与熊掌不可得兼"的选择，每种选择都会有所得也会有所失，那么以什么样的标准来判断该做出何种选择呢？唯一的标准就是你最看重的是什么，也就是说你最重要的需求是什么。当你明确了这种需求的时候，你的每一次选择不管结果如何，都会无怨无悔。这个练习的目的，就是明确你人生中最重要的需求，为你今后的选择提供参考。

第二，人生需求是通过职业生涯来满足的。前面提及的人生的各种需求，大部分是通过我们的职业生涯来满足的，只不过在不同的职业生涯阶段，人生需求的侧重点各有不同罢了。

刚参加工作时，我们可能主要看重物质生活需求的满足；但随着基本生活需求得到基本满足，我们会不断增加高层次需求，更希望获得别人的肯定、尊重，获得荣誉、地位，发挥自我才干，实现自我人生理想，而这一切的获得，都离不开职业生涯的平台。

练习与测试 你的人生需求有多少满足了

			实际感觉值	期望值	相对满意值
自我实现	实现人生价值	0 10 20 30 40 50 60 70 80 90 100	□	□	□
	利用能力	0 10 20 30 40 50 60 70 80 90 100	□	□	□
	开发潜能	0 10 20 30 40 50 60 70 80 90 100	□	□	□
来自他人的需求	赞赏	0 10 20 30 40 50 60 70 80 90 100	□	□	□
	重要性	0 10 20 30 40 50 60 70 80 90 100	□	□	□
	威信	0 10 20 30 40 50 60 70 80 90 100	□	□	□
	地位	0 10 20 30 40 50 60 70 80 90 100	□	□	□
	名誉	0 10 20 30 40 50 60 70 80 90 100	□	□	□
自我需求	自由	0 10 20 30 40 50 60 70 80 90 100	□	□	□
	独立	0 10 20 30 40 50 60 70 80 90 100	□	□	□
	自信	0 10 20 30 40 50 60 70 80 90 100	□	□	□
	胜任	0 10 20 30 40 50 60 70 80 90 100	□	□	□
	优势	0 10 20 30 40 50 60 70 80 90 100	□	□	□
	实力	0 10 20 30 40 50 60 70 80 90 100	□	□	□
归属和爱	归属感	0 10 20 30 40 50 60 70 80 90 100	□	□	□
	感情	0 10 20 30 40 50 60 70 80 90 100	□	□	□
	爱	0 10 20 30 40 50 60 70 80 90 100	□	□	□
生活需求	生活来源	0 10 20 30 40 50 60 70 80 90 100	□	□	□

表中，相对满意值最低的三项，就是你现在最大的需求点。

2.1.3　职业生涯管理

1. 职业生涯管理的概念

职业生涯管理是竭力满足员工、管理者、组织三者需要的一个动态过程，它是组织帮助员工制定职业生涯规划和帮助其实现职业生涯发展的一系列活动。其中，职业生涯规划是指组织与员工共同制定基于个人和组织需要的员工个人发展目标与发展道路的活动；职业生涯发展是职业生涯规划的实施，其本质是组织帮助员工确认自己的职业兴趣以及制定明智的职业发展规划。

小辞典

职业生涯管理就是从组织与员工出发的职业生涯规划和职业生涯发展。

2. 职业生涯管理的特征

（1）职业生涯管理是组织为其员工设计的职业发展、援助计划，有别于员工个人制定的职业计划。员工个人制定的职业计划以个人价值的实现和增值为目的，个人价值的实现和增值并不局限于特定组织内部。职业生涯管理则是从组织角度出发，将员工视为可开发增值而非固定不变的资本，通过员工为实现职业目标的努力，谋求组织的持续发展。职业生涯管理带有一定的引导性和功利性。它帮助员工完成自我定位，克服完成工作目标过程中遇到的困难挫折，鼓励员工将职业目标同组织发展目标紧密相连，尽可能多地给予他们机会。职业生涯管理是由组织发起的，通常由人力资源部门负责，所以具有较强的专业性、系统性。与之相比，职业计划没有那么正规和系统。或者我们可以说，只有在科学的职业生涯管理之下，才可能形成规范的、系统的职业计划。

（2）职业生涯管理必须满足员工个人和组织的双重需要。与组织内部一般的奖惩制度不同，职业管理着眼于帮助员工实现职业计划，即力求满足员工的职业发展需要。因此，要实行有效的职业管理，就必须了解如下问题：员工在实现职业目标过程中会在哪些方面碰到问题？如何解决这些问题？员工的漫长职业生涯是否可以分为有明显特征的若干阶段？每个阶段的典型矛盾和困难是什么？如何加以解决和克服？组织在掌握这些信息之后，才可能制定相应的政策和措施帮助员工找到内部增值的需要。一方面，全体员工的职业技能的提高可以带动组织整体人力资源水平的提升；另一方面，职业管理中心的有意引导可使同组织目标方向一致的员工个人脱颖而出，为培养组织高层经营、管理或技术人员提供人才储备。提高人员整体竞争力和充实储备人才是组织的需要。对职业管理的精力、财力和政策投入可以看成组织为达到上述目的而进行的较长期限的投资。组织需要是职业生涯管理的动力源泉，无法满足组织需要将导致职业生涯管理失去动力源而中止，最终导致职业生涯管理活动的失败。

（3）职业生涯管理形式多样、涉及面广。凡是组织对员工职业活动的帮助，均可列入职业生涯管理之中。其中既包括针对员工个人进行各类培训、咨询、讲座以及为员工自发扩充技能、提高学历的学习给予便利等，同时也包括针对组织的诸多人事政策和措施，如规范职业评议制度，制定实施有效的内部升迁制度等。职业生涯管理在自招聘员工进入组织开始，直至员工流向其他组织或退休而离开组织的全过程中一直存在。职业生涯管理同时涉及职业活动的各个方面。因此，建立一套系统的、有效的职业生涯管理体制是相当有难度的。

新视点

给员工一架梯子

一名人力资源资深咨询顾问师，打了个比方：

一堵墙，代表差距；员工在墙内；墙外是企业对员工的期望，也是员工更好的发展机会。企业怎样帮助员工翻过这堵墙？

递一架梯子给员工，而不是袖手旁观，更不是在一旁抱怨为什么员工不能自己赤手翻过去——梯子代表缩短自身条件与企业需求之间差距的途径。企业向员工描绘墙外世界的美妙精彩的同时，也让他们触摸到可以攀爬的梯子、看到美好愿景与自身的关联，并给予员工相应的支持和扶助，使得他们这一步走出去，下一步不至于落空。

这似乎是人力资源业内人士普遍爱打的比方，企业给员工做职业生涯规划就是在为员工搭建越过墙追求发展、达到愿景的梯子，一架紧紧捆绑了企业发展目标与员工个人职业目标的梯子。

当然，这不过是一个理想状态罢了，现实中搭建这样一架梯子可能面对的麻烦将多得不计其数。但是，无论如何，我们相信，至少就相当一部分企业和群体而言，帮助员工实施职业生涯规划相比坐等员工自学成才是更加有效率的。事实上，除了外企，越来越多的国企和民企也开始倾注更大的精力关注这个问题，并努力做着尝试，有许多已经颇见成效。不过，总体而言，目前国内企业的员工职业生涯规划和管理尚处于起步阶段。

2.2 职业生涯管理的指导思想

职业生涯管理的指导思想来源于职业发展观。职业发展观，即现代组织关于如何帮助其成员开展职业生涯开发与发展、构建工作生命周期的职业通道，使之与组织的职业需求相匹配、相协调、相融合，进而达到满足组织及其成员各自的需要、让彼此受益这样一种目标要求的思想、观点和理念。其基本含义如下：

第一，职业发展观是现代组织职业管理的新视点、新观点、新的指导思想，因此组织是职业发展观的物质承担者，是主导因素。

第二，职业发展观意义上的职业范畴有其特殊含义。就一般职业概念而言，一是强调社会劳动分工，这是职业产生和存在的前提与基础；二是强调职业是劳动者相对稳定地承担的社会具体劳动分工角色。然而，当我们考察现代组织职业发展观及职业有效管理时，职业概念则是向组织和个人描述了如何取得组织成员资格和度过工作生命的通路。因此，有了内职业与外职业之说。

第三，职业发展观的本质或核心内容是内职业与外职业的相互作用、相互融合。内职业是劳动者个人的主观心理和个体行为，不同人有不同的职业要求、相异的职业经历，甚至在相同的职位上可能具有不同生活目标、工作追求。但是，内职业不能脱离外职业，因为个人依靠组织提供工作或就业机会，内职业的追求要考虑组织的需要。此外，员工的职业生涯发展依赖组织设置的职业发展通道，否则，员工将一事无成。与此同时，外职业作为组织的需求和行为，也离不开内职业。在现代经济运行过程中，员工是各个职业岗位的主体，组织各项工作、各项职业任务完成的好坏和组织目标的实现与否，从根本上决定于员工职业能力及其积极性、创造性能否得到充分发挥。显然，员工依靠组织，同时，组织也必须依靠员工。运用集成观、互动观来研究组织实行的外职业系统是如何与员工的内在职业追求相互作用的，便是组织职业生涯管理中新的职业发展观。

第四，职业发展观的着眼点为组织与员工双方的利益和需求，其目的有两个：一是组织与员工各自的职业需求在双方的互动中得到满足。例如，组织方面补充职业岗位空缺或者实现职业调整；员工个人则得到自己满意的、理想的或适宜的职业。二是组织与员工在完成职业任务中均获利益。例如组织取得高水准的工作绩效，获得最大的经济效益，实现组织目标；员工个人的薪资收入，安全，人际交往，尊重，个人价值实现，或者平衡工作与休闲、工作与家庭等某一种或几种利益、需求获得满足。

第五，职业发展观是组织的目标追求，是组织进行职业生涯管理的指导思想。内职业和外职业相互作用，达到有效的结合，出现平衡。随后，由于生产技术水平的提高，或者生产任务的变化，组织方面产生新的职业需求，员工个人也会因为信念、价值观、目标、能力的变化而有新的职业需求，于是，内外职业间的平衡被打破，二者的结合必须做新的安排与调整，以重新有效适应彼此……这种内外职业的不断相互作用、从平衡到不平衡再到平衡的互动过程，无疑可以促进组织和员工的职业发展，推动组织不断前进和员工进步。

职业发展观的基本模式如图 2-4 所示。

第一，无论是组织还是个人，首先要接受社会经济发展所构造的职业结构和劳动力市场需求。组织招聘政策最终将反映社会环境和条件，个人要根据社会职业结构和劳动力市场需求决定自身的职业选择。另外，组织和个人的工作与职业价值观都共同受到社会结构、文化、社会职业价值观、社会认定的成功标准等的影响。组织和个人还直接受到社会政治制度、政府政策法规、经济体制、经济形势等的影响。组织和个人面对这些社会环境、背景，会产生相应的认识、行为和对策。

第二，在社会环境、背景影响之下，组织和个人均有各自的职业需要、职业愿望与选择。职业供求的真正实现，要经历个人求职应聘、组织招聘挑选、职业岗位前的培训、作业分配的过程。这是组织与个人相互作用、相互结合的过程。

第三，组织和员工有各自的职业发展计划。组织通过提供给员工工作机会，评估员工的工作表现，考察其职业胜任度、职业满意度以及职业潜力，评估其适合从事何种职业，进行工作轮换、调配、升迁等职业变动，实现双方职业发展目标。这一系列的工作，都是组织与个人相互作用和匹配的过程，在此过程中，组织并不拥有实现自身需求的特权。

第四，个人和组织相互作用和匹配的整个过程，使双方形成了一种密切的利益关系，

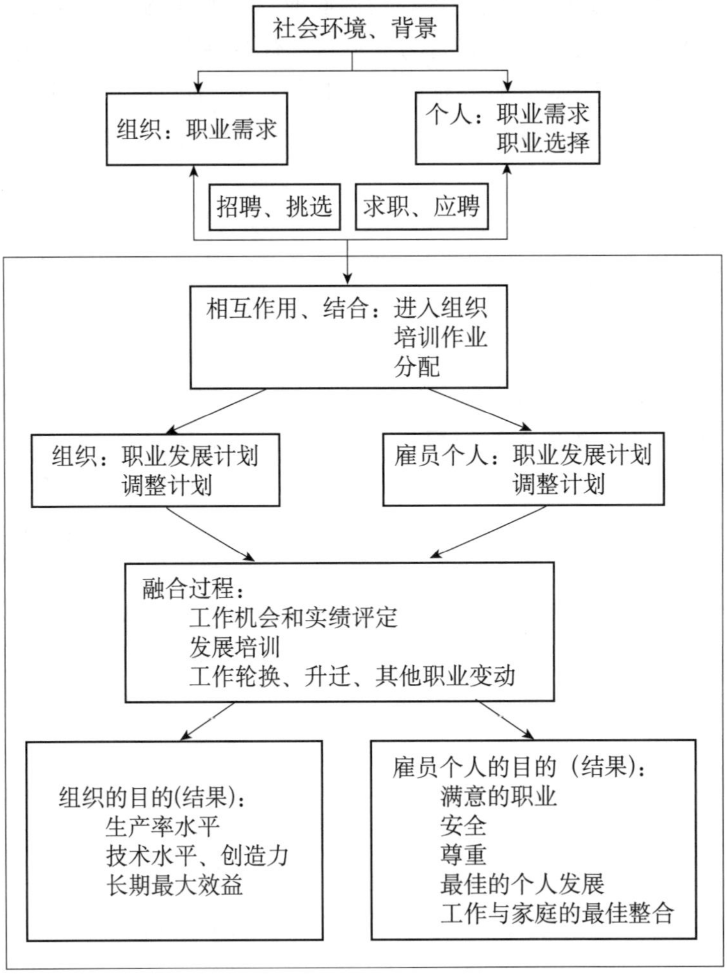

图 2-4　职业发展观：职业生涯管理指导思想

直接关系到双方的长期后果。如果匹配过程运行合理，组织和个人双方将彼此受益。组织方面表现为生产率水平、技术水平、创造力和长期最大效益提高；员工个人则对所从事的职业感到满意，获得安全感，感受到被尊重，实现最佳的个人发展和工作与家庭的最佳整合。

2.3　组织职业生涯管理的方法和内容

职业生涯管理主要包括两种：一是组织职业生涯管理（organizational career management），是指由组织实施的旨在开发员工的潜力、留住员工、使员工能自我实现的一系列管理方法。二是自我职业生涯管理（individual career management），是指社会行动者在职业生命周期（从进入劳动力市场到退出劳动力市场）的全过程中进行的职业生涯管理，由职业发展计划、职业策略、职业进入、职业变动和职业位置的一系列变量构成。由于个人所进行的职业生涯管理都需要通过组织才能最终得以实现，所以组织方面的职业生涯计划和职业生涯发展才是职业生涯管理的重要方面。

2.3.1　组织职业生涯管理的方法

1. 组织对个人的职业生涯管理

（1）给个人提供自我评估工具和机会。具体方法有：

● 职业规划讨论会。员工参与该活动，可了解自己的优缺点、价值观、职业目标及相关信息，为个人发展提供方向，并掌握实现职业目标的策略和方法。

● 提供职业规划手册。有时，员工没有时间或不愿意参加集体活动，为了解决该问题，组织可给员工提供帮助认识自我、学习制定目标和实现目标的手段的文字性资料，使员工学会做职业规划。随着计算机的普及，有些研究者专门设计了结构化的职业规划系统，以帮助员工做自我认识。

● 退休前讨论会。主要是为使退休员工很好地适应退休后的生活而进行的职业辅导活动。

（2）个人咨询。如果通过前面所说的职业自我认识方法，员工还有一些解决不了的问题，那么组织可提供个人咨询。其实施方法有三种：一是通过人事部与员工讨论个人职业规划；二是通过直接上司帮助员工制定个人职业发展规划；三是通过专业咨询员予以帮助。有些组织有正式的咨询员，有些组织在外面聘请咨询员。

2. 组织的职业生涯管理

从组织角度来看，为了使员工能够不断地满足组织的要求，组织需要提供自身的职业需求信息、制定职业晋升路线或策略，了解自己的资源储备，并有针对性地开发内部的人力资源。

（1）提供内部劳动力市场信息。在提供职业信息方面，主要采取的方法是：

● 公布工作空缺信息。

● 介绍职业阶梯或职业通路，既包括垂直方向的，也包括水平方向的。

● 建立职业资源中心（兼资料和信息发布中心）。内容涉及组织情况、政策、职业规划自我学习指南等。为了主动地获取内部人力资源信息，组织还可设立技能档案，主要记录员工的教育史、工作史、任职资格、取得的成就，有时还包括职业目标的信息，如工作喜好、工作目标、个人自我评价、发展机会和目标安排等。

（2）成立潜能评价中心。该方法主要用于专业人员、管理者、技术人员晋升的可能性评价。组织中常用的方法有：

● 评价中心，用于确定管理者候选人，并为其职业发展规划制定和设计培训内容。

● 心理测验，运用心理学测验工具对个人职业潜能、兴趣、价值观等进行考察。

● 替换或继任规划，主要是确定主要管理部门中管理者新老交替人选。

（3）实施发展项目。为了使组织跟上时代发展的步伐，使组织中的人员具有组织所要求具备的竞争力，必须实施一系列的人才培养措施。具体包括：

● 工作轮换，使员工在不同岗位上积累经验，为提升员工能力或工作丰富化打基础。

● 利用组织内外人力资源发展项目对员工进行培训，如提供承担学费的学位教育、给予管理指导和建立师徒指导关系系统等。

- 参加有关学术或非学术研讨会。
- 专门对管理者进行培训或实行双重职业计划（管理方向和专业方向）。

2.3.2 组织职业生涯管理的内容

组织职业生涯管理可分为常规管理和延伸管理两个方面，具体内容包括设定职业生涯目标、帮助适应职业、绩效评估、关注员工健康、帮助员工处理工作与家庭生活的矛盾、帮助再就业等。

1. 职业生涯常规管理

（1）设定职业生涯目标。职业生涯目标是指个人在选定的职业领域内未来时点上所要达到的具体目标，包括短期目标、中期目标和长期目标。职业生涯目标一般都是在进行个人评估、组织评估和环境评估的基础上，由组织里的部门负责人或人力资源部负责人与员工个人共同商量设定。注意，职业生涯目标要具体明确、高低适度、留有余地，并与组织目标相一致。

（2）帮助适应职业。任何一个人从学校毕业从事一个职业，其初始阶段都有一个适应期。为了帮助新人尽快度过适应期，组织要先做一些工作，如招聘时就把有关工作内容和工作环境的描述尽可能多地展现给应聘者，管理人员多给新员工提出希望和给予信任，提供具有挑战性的初始工作，同时进行一些心理疏导等。

（3）绩效评估。人人都希望自己的工作状况能有一个反馈，以便从中看到自己的优势和不足。对于组织来说，通过评估，可以发现员工个人工作绩效好在哪，绩效差的原因是什么，是态度问题还是能力问题，以便有针对性地进行反馈和调整。

（4）轮岗与升迁。轮岗与升迁是职业生涯管理的重要内容，也是促进员工职业发展的一个主要的手段。所以组织要建立和完善员工轮岗与升迁制度，要研究开辟多种升迁渠道，如行政管理系列、技术职务系列、实职领导岗位系列、非领导岗位系列等，促进员工职业生涯目标得到实现，调动员工的工作积极性。

（5）职业培训。随着知识经济时代的到来，终身教育已成为促进每个人职业发展的一把金钥匙。任何员工从一个层次上升到另一个层次，由于知识和能力要求的不同，都需要进行相应的培训。因此，从职业发展的角度来说，制定一个与职业生涯计划相配套的培训计划是一个不错的选择。

（6）修改职业生涯计划。由于环境等各方面因素的不断变化，在职业发展过程中，不适应的情况也是时有发生的。如果遇到这种情况，那么组织要给员工个人提供修改职业生涯计划的机会，让其选择新的发展道路。

2. 职业生涯延伸管理

（1）关注员工健康。健康对于每个人来说，都是非常重要的。没有健康就不会有良好的工作状态。在当今充满竞争和压力的时代，人们都非常关注自己的健康。人的健康包括身体健康和心理健康，从某种程度上说，心理健康比身体健康显得更为重要。有人说，现在完全健康的或完全处于病态的人都只占10%，而另外80%的人都处于亚健康状态，如处理不好或不注意调整就会走向病态。关注员工健康，首先要给员工提供有利于健康的工作环境，关注心理紧张或压力过大可能导致的各种疾病，开展健康教育并帮助员工进行心理调适。只有当员工处于健康的状态，提高其工作效率才会有一个好的基础。

（2）帮助员工处理工作与家庭生活的矛盾。家庭生活是工作非常重要的后勤保障。试想，一个长期对家庭生活不满意的员工，能长久地保持对工作的专心及较高的工作效率吗？因此，对员工进行职业生涯管理时，也要经常了解员工的家庭生活状况，分析员工工作与家庭生活的矛盾，并进行相应的管理。同时也要制定一些政策，帮助员工及时处理家庭生活中的有关问题，并有计划地安排员工的家属在某些特殊日子到组织深入了解员工工作方面的一些情况，使其更加理解员工的工作，进而支持员工的工作。

（3）帮助再就业。组织在发展的过程中，总会因为各种各样的原因裁员，特别是在经济结构大调整和世界经济发展并不十分景气的大背景下，裁员会更多。裁员并不是简单地把员工踢向社会，任何一个以职业生涯管理为导向的组织，都会重视这项工作。在员工离开组织之际，帮助其设计再就业方案，甚至向其提供再就业培训，或和其他有关部门建立合作就业机制等，这对于有效激励在职员工往往会起到较好的效果。

（4）退休管理。随着员工年龄的增长，任何一个组织都会面临员工离退休的问题。所以从职业生涯管理的角度来说，一是要帮助员工进行退休前的准备，诸如提供心理适应辅导、开展老年健康管理讲座和联谊会等；二是也要同时关注已经退休的员工，向他们提供发挥余热的机会或组织慰问活动等。

2.4　职业生涯管理的意义和作用

2.4.1　职业生涯管理的意义

1. 组织实施职业生涯管理的意义

（1）做好职业生涯管理是组织合理配置资源的关键。人力资源是一种可以不断开发并不断增值的资源，因为通过人力资源的开发能不断更新人的知识、技能，提高人的创造力，从而使无生命的物的资源充分得到利用，特别是随着知识经济时代的到来，知识已成为重要的生产要素，而掌握和创造知识的就是人，因此组织更应注重人的智慧、技艺、能力的提高与人的全面发展。因此，加强职业生涯管理，使人尽其才、才尽其用，是组织合理配置资源的重要举措。如果离开人的合理配置，组织资源的合理配置就是一句空话。

（2）职业生涯管理能充分调动人的内在积极性，更好地实现组织目标。职业生涯管理的目的就是帮助员工提高在各个需求层次的满足度，使人的需求满足度从金字塔形向梯形过渡最终接近矩形，既使员工的低层次物质需求的满足度逐步提高，又使他们的自我实现等精神方面的高级需求的满足度逐步提高。因此，职业生涯管理遵循人的需求的发展规律，强调立足人的高级需求，即立足于尊重、自我实现等需求，真正了解员工在个人发展上想要什么，协助其制定规划，帮助其实现职业生涯目标。这样就必然会激起员工强烈的为组织服务的精神力量，进而形成组织发展的巨大推动力，更好地实现组织目标。

（3）职业生涯管理是组织长盛不衰的组织保证。任何成功的组织，其成功的根本原因都是拥有高质量的领导者和高质量的员工。人的才能和潜力能得到充分发挥，人力资源就不会虚耗、浪费，组织的生存成长就有了取之不尽、用之不竭的资源。发达国家的主要资本不是有形的工厂、设备，而是它们所积累的经验、知识和训练有素的人才。通过职业生涯管理等努力为员工提供施展才能的舞台，充分体现员工的自我价值，是留住人才、聚集人才的根本保证，也是组织长盛不衰的保证。

2. 个人参与职业生涯管理的意义

对员工个人而言，参与职业生涯管理的重要性体现在三个方面：

（1）对于增强对工作环境的把握能力和对工作困难的控制能力十分重要。职业生涯计划和职业生涯管理既能使员工了解自身长处和短处，养成对工作环境和工作目标进行分析的习惯，又可以使员工合理计划、分配时间和精力完成任务、提高技能。这些都有利于增强员工的环境把握能力和困难控制能力。

（2）有利于个人过好职业生活，处理好职业生活和生活其他部分的关系。良好的职业生涯计划和职业生涯管理可以帮助个人从更高的角度看待工作中的各种问题和选择，将彼此分离的事件结合和联系起来，服务于职业目标，使职业生活更加充实和富有成效；还可以帮助个人更好地平衡职业生活同个人追求、家庭目标等，避免陷入顾此失彼的困境。

（3）可以实现自我价值的不断提升和超越。工作的最初目的可能仅仅是找一份养家糊口的差事，进而追求的可能是财富、地位和名望。职业生涯计划和职业生涯管理对职业目标的多次提炼可以使员工的工作目的超越财富和地位，使员工追求更高层次的自我价值的实现。

2.4.2 职业生涯管理的作用

1. 职业生涯管理对组织的作用

由于职业生涯管理的内容包括职业目标的选择和有效实现职业目标的途径，所以它不仅能决定个人一生事业成就的大小，也关系到组织目标的成败。组织通过对员工的职业生涯管理，不但能保证未来人才发展的需要，而且能使人力资源得到有效的开发。具体而言，职业生涯管理对组织的作用体现在如下几方面：

（1）保证组织未来人才发展的需要。组织可以根据发展的需要，预测未来的人力资源需求，通过对员工职业生涯的设计，为员工提供发展空间、人员开发的鼓励政策以及与职业发展机会相关的信息，从而使员工发展和组织发展结合起来，有效地保证组织未来人才发展的需要，避免出现职位空缺而找不到合适人选的现象。

（2）使组织留住优秀人才。组织优秀人才的流失可能有多方面原因，如待遇不理想、专长得不到发挥、没有发展机会等，但都可归结为一条，就是组织欠缺对员工职业发展的应有考虑，缺少对员工职业生涯的管理。对优秀人才来说，其最关心的是自己事业的发展，如果自己的才能得到应有的发挥，发展得到应有的重视，他就不会轻易地转换组织。西方大量的实践经验证明，凡是重视了解并开发员工兴趣、不断地给员工提供具有挑战性的工作任务，并为他们的成长和发展以及参与管理创造机会和条件的组织，即重视对员工职业生涯的设计和管理的组织，就能提高员工的满意度，就能留住和吸引优秀人才。

（3）使组织人力资源得到有效的开发。职业生涯管理能使员工的个人兴趣和特长受到组织的重视，使员工的积极性提高、潜能得到合理的挖掘，从而有效地开发组织的人力资源，使组织更适应社会发展和变革的需要。

2. 职业生涯管理对员工个人的作用

为了有效地实现自我价值，以保证在事业上取得更大的成就，任何人都需要对个人要从事的职业、要去工作的组织、要担负的工作职务，以及职业发展道路等进行全面的规划，确立明确的目标，并为实现各阶段的事业目标自觉地进行有关个人的知识、技术和能力的获取和开发活动。因此，职业生涯管理在现代人力资源管理中是强化员工自我管理、有效地开发与利用员工智能的重要手段。具体而言，职业生涯设计和管理对员工个人的作用体现在如下几个方面：

（1）帮助个人确定职业发展目标。职业生涯管理的核心内容之一，就是对个人进行分析。通过分析，认识自己，了解自己，估计自己的能力，评价自己的智慧；确认自己的性格，判断自己的情绪；找出自己的特点，发现自己的兴趣；明确自己的优势，衡量自己与他人的差距；获取组织内部有关工作机会的信息。通过这些分析，我们由此确定符合自己兴趣和特长的职业生涯路线，正确设定自己的职业发展目标，制定行动计划，运用科学的方法，化解人生发展中的危机和避开陷阱，使自己的才能得到充分的发挥，使自己得到恰当的发展，实现自我人生理想。

（2）鞭策个人努力工作。职业生涯计划犹如人生之靶，当它树立在我们的前方时，我们就有了一个奋斗的目标，它会时刻提醒、鞭策我们一步步地向它靠拢。当我们一步步地实现这些计划时，我们就会产生强烈的成就感，我们的思想方式和工作方式也会逐渐发生变化。

（3）有助于个人抓住重点。生命有限，人生苦短，没有职业生涯管理，我们很容易陷于日常生活的琐事而浪费生命的宝贵时光。有人说："智慧就是懂得该忽视什么东西的艺术。"职业生涯管理能够使我们紧紧抓住工作的重点，提高我们成功的可能性。

（4）引导个人发挥潜能。职业生涯管理能帮助我们集中精力，专注于自己的优势和具有高回报率的方面，这样有助于最大限度地发挥自我的潜能。另外，当我们不停地在自己的优势方面努力时，这些优势会得到进一步的发展，最终我们会成为充分实现自我潜力的成功的人。

（5）评估目前的工作成绩。职业生涯管理是进行自我工作评估的重要手段。如果我们的职业生涯计划是具体的，我们就可以根据计划的进展情况评估我们目前所取得的成绩。失败者面临的共同问题，就是他们极少评估自己所取得的进展，他们中的大多数人或者不明白自我评估的重要性，或者无法度量取得的进步。

新视点

拍卖你的生涯

我参加过外籍老师组织的别开生面的讲座，主题是"拍卖你的生涯"。外籍老师发给每人一张纸，其上打印着15行字：

1. 豪宅
2. 巨富
3. 一张取之不尽、用之不竭的信用卡
4. 美貌贤惠的妻子或英俊博学的丈夫
5. 一门精湛的技艺
6. 一个小岛
7. 一座宏大的图书馆
8. 和你的情人浪迹天涯
9. 一个勤劳忠诚的仆人
10. 三五个知心朋友
11. 价值50万美元并且每年可获得25%纯利收入的股票
12. 名垂青史
13. 一张免费旅游世界的机票
14. 和家人共度周末
15. 一往无前的勇敢和直言不讳的真诚

全世界的美事和优良品质差不多都集中在此了。

老师说："我手里是一把旧锤子，但今天它有某种权威——暂且充当拍卖锤。我要拍卖的东西，就是在座诸位的生涯。"

老师又说："你的生涯，就是你人生的追求和事业发展，它可以掌握在你自己手中。生涯从属于你的价值观。通常，人们谈到生涯的时候，总觉得它有太多的不可把握性，埋藏在未知中。其实，它并非想象中那么神秘莫测。今天，我想通过这个游戏，让大家比较清晰地看到自己的爱好，预测自己的生涯。"

大家明白了，都好奇地跃跃欲试。

老师说："我现在象征性地发给每人1 000块钱，代表你一生的时间和精力，我会把这张纸上所列的诸项裁成片，一一举起，这就等于开始了拍卖。你们可以用自己手中的积蓄，购买我手中的这些可能性。100元起叫，欢迎竞价。当我连喊三次，无人再出高价的时候，锤子就会落下，这项生涯就属于你了。注意，我说的是可能性，并非真正的事实。它的意思就是——你用九百九十九元竞得了豪宅，但并不等于你真的拥有了一片仙境般的别墅，只是说你将穷尽一生的精力来为自己争取。相信只要你竭尽全力，把目标当成整个生涯的支撑点，达到的可能性甚大。"

片刻的躁动之后，教室里的气氛有些沉凝。这游戏把我们的人生的繁杂目的，简约形象化了——拼此一生，你到底要什么？老师举起了第一项拍卖品——一个小岛，起价100元。

全场寂静。一个小岛？它在哪里？面积几何？人口多少？有无石油和珊瑚礁？风光怎样？

终于，一个平日最爱探险又充满活力的女生大声地喊出了第一个竞价——200。

一个男生几乎是下意识地报出价格：500！他的心思在那一瞬很简单，买下荒凉岛屿这样的事情，就该是男子汉干的事。

但那名女生志在必得。她涨红着脸，一下子喊出：1 000！

这是天价了。每个人只有 1 000 块钱，也就是说，她已定下以毕生的精力赢得这个小岛的决心。

那个男生有些悻悻地说：“竞价应该一点点攀升，比如她要 600，我喊 700……这样也给别人一个机会。”

老师淡然一笑说：“我们只是象征性地拍卖。大家要记住，生涯也如战场，假如你已坚定地确认了自己的目标，就紧紧锁定它。”

拍卖的第二项是美貌贤惠的妻子或英俊博学的丈夫。

我没想到一时鸦雀无声。好在和美的家庭始终对人有不衰的吸引力，在竞争不激烈的情形下，被一位性情温和的男子以 700 元买去。

拍到取之不尽、用之不竭的信用卡时，出现了空前激烈的争抢。这件拍品成了最具热度的香饽饽。一时群情激昂，最后被一奋勇女将自重围中拍得。

之后的诸项拍卖跌宕起伏。一位众人眼中极内向的男同学，取走了免费旅游世界的机票。一位正在离婚风波中的女子，选择了和情人浪迹天涯，一位手脚麻利助人为乐的同学，居然选了勤快忠诚的仆人，让所有人大跌眼镜。细一琢磨，推测可能他总当一个勤快的人，便生出补偿自己的心理。

一位爱喝酒的同仁，一锤定音买下三五个知心朋友，我方晓得朋友在他的心秤上如此沉重。

同桌悄悄问，你到底打算买何种生涯？我说，没拿定主意啊。我想要那座图书馆。

老师举起了新的一张卡片。他立刻抛开我，大喊一声：“嗨！这个我要定了。1 000！”

我定睛一看，他倾囊购买回来的是一门精湛的技艺。他很认真地说：“我总记着老爸的话，家有千金，不如薄技在身。”

老师举起了图书馆，我也学同桌，破釜沉舟地大喊一声：“1 000！”

当老师说，游戏到此结束，教室一下静得不可思议。老师接着说：“有人也许会在游戏之后，思索和检视自己，不知大家发现没有，有三项生涯，当我开价 100 元后，没人应拍，也就是说不曾成交。这种拍卖不出去的物品，按规矩，是要拍卖行收回的，但我决定还是把它们留下来。也许你们想想之后，还会把它们选作自己的生涯目标。”

这三项是：名垂青史、和家人共度周末、一往无前的勇敢和直言不讳的真诚。

同学们刚才都只专注购买各自的生涯，不曾注意被遗忘的项目。听老师这样一说，就都默然了。

我一一揣摩，在心中回答老师。

和家人共度周末？

不曾购买它作为自己的生涯，原因可能是多方面的。有人以为这是很平淡的事，不必把它定作目标。凡夫俗子们估摸着自己就是不打算和家人共度周末，也没有什么地方可去，一件被迫的几乎命中注定的事，何必要选择？还有的人，是一些不愿归巢的鸟，从心眼里不打算和家人共度周末，现今只有没本事的，才和家人共度周末；有本事的，是专要和外人度周末的。

青史留名？

可叹现代人，对历史概念的认知已如此浅薄，仿佛站在一个修鞋摊子旁边，只在乎立等可取，十分急功近利。

勇敢和真诚？

它固然曾经是人类自豪和骄傲的源泉，但如今怯懦和虚伪已成了安身立命的通行证。我们表面不屑，是因为骨子里的不敢。我们没有承诺勇敢的勇气，我们没有面对真诚的真诚。

游戏结束了，不曾结束的是思考。

在散发着世俗气息的“我”之外，以一个“孩子”的视角，重新剖析自己的价值和生存质量，内心就有了激烈的碰撞和痛苦的反思。

在生活节奏越来越快的现代社会，很难有这种省察自我的机会。这一瞬让我们返璞归真。

人生的重大决定，是由心规划的。如期待改变我们的命运，请首先改变心的轨迹。

资料来源：毕淑敏．拍卖你的生涯．中国青年，2000（24）．有删改。

□本章小结

1. 职业是参与社会分工，利用专门的知识和技能，为社会创造物质财富和精神财富，获取合理报酬作为物质生活来源，并满足精神需求的工作。

2. 职业具有五个特征：参与社会分工；能够创造物质财富和精神财富；需要专门的知识和技能；职业身价主要受制于市场供求关系；职业的产生和消亡是社会发展和需求变化的结果。

3. 职业生涯指以心理开发、生理开发、智力开发、技能开发、伦理开发等人的潜能开发为基础，以工作内容、工作业绩的评价、工资待遇、职称职务的变动为标志，以满足需求为目标的工作经历和内心体验经历。

4. 马斯洛认为人的需求可以分为五个层次，即生理需求、安全需求、社会需求、尊重需求和自我实现需求，而人的这些需求都是通过职业生涯来满足的。

5. 职业生涯管理就是从组织与员工出发的职业生涯规划和职业生涯发展。

6. 组织职业生涯管理的内容包括常规管理和延伸管理两个方面。

□重要术语、概念

职业　职业生涯　需求层次理论　内职业生涯　职业生涯管理　组织职业生涯管理

□本章问题

1. 什么是职业？职业的特征和类型有哪些？

2. 什么是职业生涯？职业生涯与人生需求的关系是怎样的？

3. 什么是职业生涯管理？职业生涯管理有何特点？

4. 职业生涯管理的内容是什么？

5. 职业生涯管理对于组织和个人有何意义和作用？

第3章

了解员工——职业生涯管理的开端

| 本章要点 |

- 员工的个性心理特征（能力、性格、气质等）与职业
- 员工的个性倾向性（需要、动机、兴趣、理想、信念、价值观）与职业

组织人力资源管理者遇到的最头疼的事，恐怕莫过于组织里杰出人才的辞职了。人才辞职有各种各样的原因，但管理者习惯于把辞职原因归结为辞职者个人的道德品行，比如：贪图其他组织的高薪；对培养他们成才的组织“忘恩负义”“过河拆桥”；有了成绩后骄傲自大、目中无人……事实果真如此吗？下面我们先看看两个案例。

案例3-1

HY的辞职风波

AD公司是由国内某科研单位与一家香港公司合资创办的高新技术企业。公司技术力量雄厚，主要从事生化药品、生物制品与中西药的研究、开发和生产。硕士毕业的HY是AD公司重要的技术骨干。她对待工作一向勤勤恳恳、任劳任怨。1998年9月，AD公司进行机构改革，公司领导决定把HY调至质量部，并担任部长之职。但HY不想去质量部，她认为自己更倾向于做技术，做新药的研发工作，当不当部长无所谓。HY对老板谈了她的工作兴趣所在，老板却始终未加理会。

虽然HY并不喜欢这个新岗位，但是她仍然尽职尽责地做好一切她应该做到的，并成功地消除了质量部与生产部之间一直存在的矛盾。可是，她对这份工作越来越没有兴趣。

上任质量部部长仅仅两个月之后，HY突然向公司王总经理提出辞职，并说明她要去国外留学深造。王总经理说：“对你的辞职，我们很感意外。公司员工对你的一贯表现是肯定的，我对你的工作交接不会担心。可是公司刚提拔过你，最近又因为你的新药拿到临床研究的批件而给你发了奖金。你的第二个合同期还未满，对公司的影响不好。”HY听王总这么说，便又提醒了王总调职一事。王总见不能劝阻HY，板起脸来说：“既

然你坚持要走，那我们有两条处理意见：第一，不同意你辞职，我们将通知公安部门收回你的护照；第二，罚款一万元。”这次谈话不欢而散。

一周后，公司再打电话找HY时，她已离开中国了。

资料来源：张德．人力资源开发与管理案例精选．北京：清华大学出版社，2002.

本案例中，不能说HY没有受到重用，但问题出在哪里呢？首先，HY得到的重用——任质量部部长——并不是她所喜欢的，因为“她认为自己更倾向于做技术，做新药的研发工作，当不当部长无所谓”。其次，在HY当面向王总提出辞职后，王总并没有明白问题症结所在，而是采用了威胁利诱的手段，更坚定了HY离开的决心。

案例3-2

提拔错了吗？

朱彬是一家房地产公司负责销售的副总经理，他把公司里最好的推销员李兰提拔起来当销售部经理。李兰在这个职位上干得并不怎么样，她的下属说她待人不耐烦，几乎得不到她的指点。李兰也不满意这份工作：当推销员时，她做成一笔买卖就可立刻拿到奖金，可当了经理后，她干得是好是坏取决于下属的工作，她的奖金也要到年终才能定下来。人们说她是“被高度激励了”，她拥有一幢价格昂贵的市区住房，开着奥迪车，全部收入都用在生活开销上。李兰现在和过去判若两人，朱彬被搞糊涂了。

一位管理咨询专家被请来研究这一情况。他的结论是，对李兰来说，销售部经理一职不是她所希望的，她不会卖力工作以获得成功。

提拔优秀员工做管理工作是现实中许多组织领导人常用的奖励办法，但本案例中李兰被提拔为销售部经理后，反而坐享其成、不求上进了，这是为什么呢？究其原因在于：第一，李兰属于追求个人独立自主、自我奋斗的成就需要者，并不愿意当领导管理别人，所以她并不满意自己担任的经理职位；第二，李兰也不具备作为管理者应该具有的激励下属、合理组织下属完成集体任务的领导才能，所以她的下属对她也不满意。

上面两个案例说明了一个共同的道理：对员工的管理，必须在充分了解员工的能力、性格、兴趣等的基础上，在满足员工的需求的前提下才能奏效，组织管理者一厢情愿进行的“恩赐”，往往会适得其反。

人的一切行为都受到心理特点的影响，职业活动也不例外。在职业生涯管理工作中，首先必须了解员工的个性心理特点，才能够有的放矢。员工的个性心理特点包括两方面内容：个性心理特征和个性倾向性。本章主要介绍员工个性心理特征、个性倾向性与职业的关系。

3.1 员工的个性心理特征与职业

个性心理特征是指一个人身上经常地、稳定地表现出来的心理特点，它主要包括能力、性格和气质，是多种心理特征的独特组合，集中地反映了一个人的心理面貌的类型差异。例如：有的人有数学才能，有的人有写作才能，有的人有音乐才能，因此在各科成绩上就有高低之分，这是能力方面的差异；在行为方面，有的人活泼好动，有的人沉默寡言，有的人热情友善，有的人冷漠无情，这些都是性格和气质方面的差异。

下面分别介绍能力、性格、气质的特点及它们与职业的关系。

3.1.1　能力与职业

小辞典

能力是人们成功地完成某种活动所必须具备的个性心理特征。

能力有两种含义：其一是个人实际“所能为者”（actual ability），即一个人的实际能力；其二是个人将来“可能为者”（potential ability），即一个人的潜在能力。

能力的强弱决定了人们活动效率的高低。任何一种职业都要求从业者具备相应的能力，所以能力是职业适应性首要的和基本的制约因素。我国职业教育奠基者黄炎培先生曾指出：“一个人职业和才能相当和不相当，相差很大。用经济的眼光看起来，要是相当，不晓得增加多少效能；要是不相当，不晓得埋没多少人才。就个人论起来，相当，不晓得有多少快乐；不相当，不晓得有多少怨苦。”

能力分为一般能力和特殊能力，下面分别介绍。

1. 一般能力与职业

一般能力又称普通能力，指大多数活动所共同需要的能力，是人所共有的最基本的能力，适用的活动范围广泛，符合多种活动的要求，并可保证人们比较容易和有效地掌握知识。一般能力和认识活动紧密地联系在一起。观察能力、注意能力、记忆能力、思维能力、想象能力、操作能力都是一般能力。一般能力的综合体就是通常说的智力。

小辞典

智力指人们认识、理解客观事物并运用知识、经验等解决问题的一般能力，它包括观察能力、注意能力、记忆能力、思维能力、想象能力、操作能力等。

心理学中用智商（IQ）来衡量人的智力的高低，通常把人们的智力水平分为如表3-1所示的类别。

表3-1　智力分类

智商	类别
140以上	天才
120～140	上智
110～120	聪颖

续表

智商	类别
90～110	中才
80～90	迟钝
70～80	近愚
50～70	低能
25～50	无能
25 以下	白痴

不同智商的人群在全部人口中所占的比例呈正态分布，即两头小，中间大。美国心理学家推孟指出，智商为 100 左右的人约占 46%；130 以上的人少于 3%；70 以下的也少于 3%。

智力是人在学习、工作、生活中必须具备的、广泛使用的能力，不同的职业对人的智力水平有不同的要求。某些职业需要从业者具有较高的智商，如律师、工程师、大学教师等，研究表明，他们的智商一般在 130 左右，而在科学、文化领域取得杰出成就的人，智商往往在 140 以上；一般的管理人员和行政人员的智商，大多在 110 以上；智商低于 90 的人，只能从事一些简单的工作。

2. 特殊能力与职业

小辞典

特殊能力又称专门能力，指从事某项专门活动所必须具备的能力。

特殊能力只在特殊活动领域内发生作用，是完成有关活动必不可少的能力。一般认为，数学能力、音乐能力、绘画能力、写作能力、动作协调能力、空间判断能力等都是特殊能力。要顺利完成某项工作，除了要具有一定的一般能力外，还要具有该项工作所要求的特殊能力，如从事数学研究需要具有计算能力、空间想象能力和逻辑思维能力，做画家需要具有较强的颜色辨识能力等。每个人只有根据自己的能力来确定自己的职业方向和领域，才可能胜任工作，也才可能取得职业的成功。好高骛远、不切实际的做法，其结果只能是适得其反。

案例 3 - 3

乌鸦学老鹰

鹰从高岩上飞下来，以非常优美的姿势俯冲而下，把一只羊羔抓走了。一只乌鸦看见了，非常羡慕，心想：要是我也能这样抓一只羊，就不用天天吃腐烂的食物了，那该多好呀。于是乌鸦凭借着对鹰的记忆，反复练习俯冲的姿势，也希望像鹰一样去抓一只羊。

一天，它觉得练习得差不多了，呼啦啦地从山崖上俯冲而下，猛扑到一只公羊身上，拼命地想把它带走，然而它的脚爪却被羊毛缠住了，拔也拔不出来。尽管它不断地使劲拍打翅膀，但仍飞不起来。牧羊人看到后，跑过去将它一把抓住，剪去了它翅膀上的羽毛。傍晚，他带着乌鸦回家，交给了他的孩子们。孩子们问这是什么鸟，牧羊人回答说："这确确实实是一只乌鸦，可是自己却要充当老鹰。"

乌鸦的错误在于它并不具备老鹰的实力，却简单地认为自己只要用老鹰的姿势就可以抓到羊。这种脱离自己的实际能力水平而贪求不可企及的目标的做法，必然导致惨败的命运。

因此，组织人力资源管理人员在进行员工的招聘、选拔、安置等工作时，必须首先了解、考察每一个员工的能力特点和水平，然后再根据工作岗位的要求，对他们做出相应的安排，真正实现"人适其岗，人岗匹配"。加拿大的《职业分类辞典》中列举了某些职业对特殊能力的要求（见表 3－2）。

表 3－2　特殊能力类型及其相应职业

能力类型	概念与特点	相应职业
语言表达能力	对词的理解和使用能力，对词、句子、段落、篇章的理解能力，以及善于清楚而正确地表达自己的观点和向别人介绍信息的能力，它包括语言文字的理解能力和口头表达能力	教师、营业员、服务员、护士等
算术能力	迅速而准确地运算的能力	会计、出纳、统计员、建筑师、工业药剂师等
空间判断能力	能看懂几何图形、识别物体在空间运动中的联系、解决几何问题的能力	与图纸、工程、建筑等打交道的工作，牙科医生，内外科医生，裁缝，电工，木工，无线电修理工，机床工等
形态知觉能力	对物体或图像的有关细节的知觉能力，如对图形的明暗、线的宽度和长度做出视觉的区别和比较，能看出其细微的差异	生物学家、建筑师、测量员、制图员、农业技术员、动植物技术员、医生、兽医、药剂师、画家、无线电修理工等
事务能力	对文字或表格式材料细节的知觉能力，发现错字或正确地校对数字的能力等	设计师、经纪人、记账员、出纳、办公室文员、打字员等
动作协调能力	迅速准确和协调地做出精确的动作的能力和敏捷的反应能力	驾驶员、飞行员、牙科医生、外科医生、雕刻家、运动员、舞蹈家等
手指灵巧度	手指迅速准确和谐地操作小物体的能力	纺织工、打字员、裁缝、外科医生、五官科医生、护士、雕刻家、画家等
手腕灵活度	手灵巧而迅速地活动的能力	体育运动员、舞蹈家、画家、兽医等

资料来源：谌新民．职业生涯规划．广州：广东经济出版社，2002.

从能力差异的角度来说，在进行招聘、选拔特别是职业安排时，组织人力资源管理人员应遵循以下原则：

第一，能力类型与职业类型相吻合的原则。人的能力发展方向存在着差异，而职业根据工作的性质、内容、环境划分为不同的类型，每一种类型对人的能力要求不同，所以在进行职业安排时应注意使能力类型和职业类型相匹配。比如，从思维能力来看，有的人擅长形象思维，比较适合从事文学艺术方面的工作，如写作、音乐、绘画、雕塑等；有的人擅长抽象思维，比较适合从事哲学、数学、物理等理论性、逻辑思辨性较强的工作；有的人擅长具体动作思维，适合从事动作技能性质的工作，如体操、机械修理等。

第二，能力水平与职业层次相一致的原则。每一种职业由于承担的责任不同，又可以分为不同的层次，不同层次的职业对能力的要求有所不同。因此，在进行职业安排时，不但要根据员工的能力类型确定职业类型，还要根据每个员工所能达到或可能达到的能力水平来确定相应的职业层次。

第三，充分发挥优势能力的原则。每个人的能力系统中有多种类型的能力，各种能力的发展并不平衡，有的能力占优势，有的能力不太突出。就职业安排而言，应选择最能发挥优势能力的职业。

案例 3-4

兔子能当游泳冠军？

在美国，有一个关于成功的寓言故事，一直在职业经理人中广泛流传。为了和人类一样聪明，森林里的动物们开办了一所学校。开学第一天，来了许多动物，有小鸡、小鸭、小鸟，还有小兔子、小山羊、小松鼠。而学校为它们开设了五门课程：唱歌、跳舞、跑步、爬山和游泳。当老师宣布今天上跑步课时，小兔子兴奋得一下在体育场地跑了一个来回，并自豪地说："我能做好我天生就喜欢做的事！"而再看看其他小动物，有噘着嘴的，有拉着脸的。放学后，小兔子回到家对妈妈说："这个学校真棒！我太喜欢了。"第二天一大早，小兔子蹦蹦跳跳地来到学校。老师宣布今天上游泳课，小鸭也兴奋得一下跳进了水里。天生恐水的小兔子傻了眼，其他小动物更没了招。接下来，第三天是唱歌课，第四天是爬山课……以后发生的情况，便可以猜到了，学校里每一天的课程，小动物们总有喜欢的和不喜欢的。

中国有句古话：只要功夫深，铁杵磨成针。讲的是只要坚持不懈，就一定能成功。然而，铁杵有铁杵的优势，为什么一定要把铁杵磨成针？即便费尽时间与精力将其磨成了针，也绝不可能是一根锋利无比的好针！这正是中国人需要突破的一种思维定式。中国的传统文化理念往往鼓励人们不遗余力地去纠错补缺，以求完美，并以此来定义"进步"。而事实上，当人们把时间和精力用于弥补缺点时，就无暇顾及增强和发挥优势了；更何况任何人的欠缺都比才干多得多，且大部分的欠缺又是无法弥补的。小兔子根本不是学游泳的料，即使再刻苦它也不会成为游泳能手；相反，如果训练得法，那么它也许会成为跑步冠军。

3.1.2 性格与职业

一个人无论做出多少件事来，我们都可以在里面认出同样的性格。

——爱默生（美国）

生活中，我们经常对他人进行评价：“×××热情开朗，为人豪爽。”“×××胆小怕事，对人冷淡。”……我们的这种评价，实际上说的就是人的性格。但是如果问什么是性格，那么要在心理学上给它下个定义，并不是一件容易的事。性格研究的权威奥尔波特（Gordon Allport）曾说：性格的定义几乎同下定义的学者人数一样多。我国心理学者把性格定义为一个人在现实中稳定的态度和习惯化了的行为方式所表现出来的个性心理特征。例如，诚实或虚伪、勇敢或怯懦、谦虚或骄傲、勤劳或懒惰、果断或优柔寡断等，都是人的性格。

小辞典

性格指一个人在现实中稳定的态度和习惯化了的行为方式所表现出来的个性心理特征。

人的性格，表现在生活的许多方面：

1. 性格的态度特征

性格的态度特征，主要是指人在处理各种社会关系方面的性格特征，主要有：（1）对社会、集体和他人的态度特征。属于这方面的特征主要有公而忘私或假公济私，忠心耿耿或三心二意，善于交际或行为孤僻，热爱集体或自私自利，礼貌待人或粗暴，正直或虚伪，富有同情心或冷酷无情，等等。（2）对工作和学习的态度特征。属于这方面的特征主要有勤劳或懒惰，认真或马虎，细致或粗心，创新或墨守成规，节俭或浪费，等等。（3）对自己的态度特征。属于这方面的特征主要有谦虚或骄傲，自信或自卑，严于律己或放任，等等。

2. 性格的意志特征

性格的意志特征，是指人在自觉调节自己行为的方式和水平方面的性格特征。主要有：（1）行为目的明确程度的特征。属于这方面的特征主要有目的明确或盲目盲从，独立自主或易受暗示，纪律性强或散漫放任，等等。（2）自觉控制行为的水平的特征。属于这方面的特征主要有主动性或被动性，拥有自制力或缺乏自制力，等等。（3）在长期工作中表现出来的特征。属于这方面的特征主要有有恒心、坚韧或见异思迁、虎头蛇尾，等等。（4）在紧急或困难情况下表现出来的特征。属于这方面的特征主要有勇敢或怯懦，沉着镇定或惊慌失措，果断或优柔寡断，等等。

3. 性格的情绪特征

性格的情绪特征，是指人在情绪活动的强度、稳定性、持续性和主导心境等方面表现出来的性格特征。主要有：（1）情绪强度特征，表现为个人受情绪影响的程度和情绪受意志控制的程度。例如，有人情绪体验比较微弱，容易用意志控制；有人情绪体验比较强烈，难以用意志控制。（2）情绪稳定性特征，表现为情绪起伏波动的程度。例如，有人不论在成功还是在失败时，情绪都比较平静，对情绪的控制也比较容易；有人成功时沾沾自喜，失败时则垂头丧气，比较难以控制自身情绪。（3）情绪持续性特征，表现为个人受情绪影响的时间的长短。例如，有人遇到愉快的事，当时很高兴，事后很快恢复平静；有人愉快的情绪则持续很久。（4）主导心境特征，表现为不同的主导心境在一个人身上表现的程度。例如，有人经常心情愉快，有人经常暗自忧伤；有人受主导心境支配的时间长（主导心境的稳定性强），有人受主导心境支配的时间短（主导心境的稳定性弱）。

4. 性格的理智特征

性格的理智特征，是指人在认知过程中的性格特征，主要有：（1）感知方面的理智特征。人在感觉和知觉方面的个别差异可以区分出：主动观察型和被动观察型；记录型和解释型；罗列型和概括型；快速型和精确型，等等。（2）记忆方面的理智特征。人在记忆方面的个别差异可以区分出：主动记忆型和被动记忆型，直观形象记忆型和逻辑思维记忆型，识记上的快慢，保持上的长短，等等。（3）想象方面的理智特征。人在想象方面的个别差异可以区分出：主动想象型和被动想象型，幻想型和现实型，敢于想象型和想象受阻型，狭窄想象型和广阔想象型，等等。（4）思维方面的理智特征。人在思维方面的个别差异可以区分出：独立型和依赖型，分析型和综合型，等等。

在以上四个方面的性格特征中，最主要的是性格的态度特征和性格的意志特征，其中又以性格的态度特征更为重要，因为它直接体现了一个人关于事物所特有的、稳定的倾向，也是一个人的本质属性和世界观的反映。性格上述各个方面的特征并不是孤立的，而是相互联系的，在个体身上结合为独特的统一体，从而使得一个人区别于他人。

每一种职业都对性格有特定的要求，要适应某一职业，就必须具备这一职业所要求的性格。没有良好的与职业要求相适应的性格，就很难做好相应的工作。如驾驶员要具备注意力集中、动作敏捷的职业性格，医生要具备耐心细致、热情待人的职业性格。所以，个人在选择职业时，通常应根据自己的性格特征，选择适合个人特征的职业。

案例 3-5

任正非的性格

任正非出生于1944年。2022年，他已是78岁高龄、近耄耋之年的老人了。在很多人的眼中，他是一位传奇式的人物。众人了解他，是源于华为强势崛起，以4G网络占领了140个国家的市场，业务扩张到了全球170个国家的骄人成绩。

据2021年8月2日《财富》公布的世界500强榜单（企业名单），华为排在第44位。华为也是2020年中国民营企业500强第一名。

任正非在近耄耋之年依然带着华为布局全球。华为不负任正非及华为人的期望，突破了一次又一次的商业包围与打压，稳扎稳打，在世界商战中立稳了脚跟。

在众人的心中，任正非的身上有着那个时代所特有的烙印。这些烙印，可归结为五个优点。这五个优点，任正非坚持了一辈子。

（1）遇事不服输。任正非遇事从来不服输，即便是遇到了天大的麻烦，他也总会想办法克服。华为在最初的困顿时期，遭遇过一次大辞职，任正非也挺过来了。他重新招兵买马，总结经验，一步一步带领华为往好的方向前行，慢慢地走出了生存危机，开创出一片新天地。

（2）学习不间断。任正非一生都在坚持学习，他从来不放弃任何一个学习的机会。他重视技术，始终认为技术是企业的命脉。虽然他本身并不懂得手机、电脑的研发技术，但这并不妨碍他学习技术、尊重技术人才，从而使华为拥有了先进的科学技术及顶尖的技术人才。

(3) 从来不抱怨。任正非这一生，没有抱怨过一次。不论是处于人生的低谷还是处于生存的悬崖峭壁，对于他来说，都不值得抱怨。他的这种精神传给了后代及华为人。任正非的大女儿最初进华为时只是前台的一个工作人员，可她从来没有抱怨过父亲不给自己安排一个好的工作岗位，而是认认真真地做好每一件事情。

(4) 天塌下来也乐观。回顾华为的发展历程，可以说经历过九死一生。每隔一段时间，华为就会遇到重大难题与挫折。正是这种挫折让华为人养成了愈挫愈勇、坚韧不屈的性格。任正非从来不怕遇到困难险阻，而是时刻披荆斩棘、奋勇向前。

(5) 满脸阳光、心态年轻。虽然已是接近耄耋之年的老人了，虽然脸上被风霜刻画出了许多皱纹与褶子，但是任正非呈现出的更多的是乐观与幽默。最丑的容颜不是五官不够精致，皮肤不够白皙，而是整天阴沉着一张脸，好像全天下的人都欠他的。一个满脸阳光的人，即使在耄耋之年，心态也依然年轻。

任正非的成功，得益于他坚持了一辈子的这五个优点。有些人的优点或者特质，坚持一段时间后，就被放弃了。对于他们来说，现实中眼前的利益比理想更有诱惑力。而那些把优点坚持了一辈子的人，内心无比坚强、坚韧、阳光。他们从来不曾怀疑理想，哪怕生活困窘潦倒，依然乐观前行。

于是，他们在历经了九九八十一难后，取得了真经。

资料来源：万红云．任正非，这五个优点坚持了一辈子！．(2022-05-01). https://baijiahao.baidu.com/s?id=1731639932786215029.

不同的心理学家的性格分类标准不同，由此有不同的性格类型说法。有一位瑞士心理学家通过多年的研究，按照人在生活中和与人交往中的表现将性格分为四类，这四种性格类型及相应的性格特征和职业分布如表 3-3 所示。

表 3-3　瑞士心理学家划分的性格类型及相应的性格特征和职业分布

性格类型	性格特征	职业分布
感情型	感情丰富，喜怒哀乐溢于言表，别人很容易了解其经历和困难；不喜欢单调的生活，容易激动和感情用事；讲话、写信热情洋溢，在生活中喜欢鲜明的色彩，对新事物很有兴趣；在与人交往中，容易冲动，有时易反复无常、傲慢无礼，所以有时与其他类型的人不易相处。这类人占 25%。	在演员、社会活动家和护理人员中较多
敏感型	精神饱满，好动不好静，办事爱速战速决，但是行为常有盲目性；在与人交往中，往往会拿出全部热情，但受挫折时又容易消沉失望。这类人最多，约占 40%。	在运动员、行政人员和其他各种职业的人中均有
思考型	善于思考，逻辑思维发达，有较成熟的观点；一切以事实为依据，做出决定后，能够持之以恒；生活、工作有规律，爱整洁、时间观念强。但这类人有时思想僵化教条、纠结于细节、缺乏灵活性。这类人约占 25%。	在工程师、教师、财务人员和数据处理人员中较多
想象型	想象力丰富，爱憧憬未来，喜欢思考问题，在生活中不太注重细节。对那些不能立即了解其想法价值的人往往会很不耐烦。有时行为刻板、难以相处，不易合群。这类人约占 10%。	在科学家、发明家、研究人员、艺术家和作家中较多

练习与测试 | 感情型、敏感型、思考型、想象型性格测验

下面的问题可以帮助你判断自己的性格属于感情型、敏感型、思考型、想象型中的哪一类型。每个问题下有四个空格，在最符合你的情况的那一个空格中填入 4，其次填 3，再次填 2，最不符合的那一个空格填 1。

1. 我给别人留下的深刻印象可能是

□ A. 经验丰富　　□ B. 热情

□ C. 有教养　　□ D. 知识丰富

2. 当我按计划工作时，我希望这个计划能

□ A. 取得预期效果，不要浪费时间精力

□ B. 有趣，并能和有关的人一起进行

□ C. 计划性强

□ D. 能产生有价值的新成果

3. 我的时间很宝贵，所以总是首先确定其他的事情

□ A. 有无价值

□ B. 能否使别人感到有趣

□ C. 是否安排得当，按计划进行

□ D. 是否考虑好了下一步计划

4. 对我来说，最满意的情况是

□ A. 比原计划做得多

□ B. 对别人有帮助

□ C. 通过思考解决了一个问题

□ D. 把一个想法和另一个想法联系起来

5. 我喜欢别人把我看成一个

□ A. 能完成工作任务的人　　□ B. 充满热情和活力的人

□ C. 办事胸有成竹的人　　□ D. 有远见卓识的人

6. 当别人对我无礼时，我往往

□ A. 立即表现出不快　　□ B. 心情不快，但能很快消除

□ C. 谴责对方　　□ D. 原谅对方

结果解释：填好以后，把六个问题中 A、B、C、D 四项的分数分别相加，得出四个总分。分数最高的一项，就是你的性格的基本类型：A 为敏感型；B 为感情型；C 为思考型；D 为想象型。

还有研究者把人的性格分为行动型与思考型。在行动型的人群中，乐天派和开朗的人占多数。他们在为人处世上灵活多变、八面玲珑，但做事马虎、松散、有始无终、容易急躁。思考型的人严谨、有计划、求稳妥、讲信誉和守规则。专心致志、持之以恒是思考型的长处。但是，这类人处事犹豫不决，行动迟缓。他们的想法同信奉现实优先主义的行动型相对立，由于墨守成规，很难同现实妥协。所以，思考型往往是纸上谈兵，在他们身上见不到行动型所具有的那种决断力和雷厉风行的精神。他们在处理人际关系

时，也没有行动型的那种爽快、平易近人。他们没有行动型的洒脱劲儿，从面部表情上根本体察不出他们的内心活动。

此外，卡特尔（R. B. Cartell）区分出 16 种个性因素：乐群性、聪慧性、稳定性、恃强性、兴奋性、有恒性、敢为性、敏感性、怀疑性、幻想性、世故性、忧虑性、实验性、独立性、自律性、紧张性。艾森克把人的性格分为精神质、外倾性、神经质 3 个基本维度。

我国的教育学和心理学研究人员根据我国的实际情况，将职业性格分为九种基本类型（见表 3－4）。

表 3－4　职业性格的九种基本类型

性格类型	性格特征	典型职业
变化型	在新的和意外的活动或工作情境中感到愉快，喜欢有变化的和多样化的工作，善于转移注意力	记者、推销员、演员等
重复型	适合连续从事同样的工作，按固定的计划或进度办事，喜欢重复的、有规律的、有标准的工种	纺织工、机床工、印刷工、电影放映员等
服从型	愿意配合别人或按别人指示办事，而不愿意自己独立做出决策，担负责任	办公室职员、秘书、翻译人员等
独立型	喜欢计划自己的活动和指导别人的活动或对未来的事情做出决定，在独立负责的工作情境中感到愉快	管理人员、律师、警察、侦察人员等
协作型	在与人协同工作时感到愉快，善于引导别人，并想得到同事们的喜欢	社会工作者、咨询人员等
劝服型	通过谈话或写作等使别人同意自己的观点，对别人的反应有较强的判断力，并善于影响别人的态度和观点	辅导员、行政人员、宣传工作者、作家等
机智型	在紧张和危险的情况下能自我控制、沉着应付，发生意外和差错时不慌不乱地出色完成任务	驾驶员、飞行员、消防员、救生员等
自我表现型	喜欢表现自己的爱好和个性，根据自己的感情做出选择，通过自己的工作来表达自己的思想	演员、诗人、音乐家、画家等
严谨型	注重工作过程中各个环节、细节的精确性，愿意按既定的规划和步骤将工作尽可能做得完美，倾向于严格、努力地工作以看到自己出色完成工作的效果	会计、出纳员、统计员、校对员、图书档案管理员、打字员等

案例 3－6

性格与职业不适应的悲剧

1993 年，我国某著名汽车制造企业总经理 A 坠楼自杀了！

A 的死使许多人百思不得其解，因为 A 走得很平静，他的家人没有发现一点异样，他的秘书也丝毫没有觉察到，他们很难将他生前的行为与他的自杀联系起来。

在中国的工业界，尤其是在汽车行业，毫无疑问，A 是一个出色的企业家。在出任总经理之前，A 曾任该企业的董事会秘书长兼大项目协调部经理。在企业发展进程中，他付出了巨大的心血，因此，有人称 A 是“中国的艾柯卡”。A 在汽车制造专业理论方面有很高的造诣，被国内某知名大学聘为名誉教授。他建立了振兴中国足球基金会，并出资聘请洋教练，在中国足球史上留下了具有历史意义的一笔。

然而，随着事业的成功和地位的上升，A 面临的压力越来越大，其心理负担也日益加重，这使他显得有些力不从心，几乎每天晚上都要靠安眠药帮助才能入睡。特别是 1993 年，该企业制定了汽车年产量从 1992 年底的 6.5 万辆提高到 10 万辆的目标；振兴中国足球基金会原宣布筹资 1 000 万元，却有 240 万元没有到位；与他感情笃深的夫人此时偏偏又患了癌症、动了大手术。如此等等，几乎使他心力交瘁。

终于有一天，A 将文件交给秘书时说：“我想安静一会儿，请你们别来打扰。”16 分钟后，他从五楼总经理室的窗口跳下，轰然坠地，就这样平静地走了。

A 之死，看起来是外在压力过大所致，实际上是他的性格与其工作性质不相适应造成的。无疑，他才干出众，正直、勤勉、认真，这对他事业的成功起了极大的作用。但他内向、少言，过于追求完美，对自己近乎苛刻，使他背上了沉重的心理包袱。他平素做事极为认真、一丝不苟，这使本来就很沉重的工作压力变得更加沉重起来。夫人的病给重压之下的他带来了更为致命的打击，但他却克制着内心的痛苦和不安，安静地安排着工作，细心地照顾着手术后的夫人。在夫人住院的 20 多天里，A 一天不落地探望，他服侍夫人的那份细心，别人想也想不到。这种细心使他对人对事对物往往有着更为深刻的情感体验，同时也加重了他的心理负担。

长期的内心矛盾和冲突，长期的自我压抑，以及心理超负荷运转，终有到了极限的时候。最后，A 选择了这样一种完全解脱的方式。

A 内向、谦和、谨慎、认真、细致、守信、富有同情心，如果他仅仅做一个研究者或一个项目负责人，或许还不至于走到这一步。作为一家现代大型企业的总经理，他工作兢兢业业、恪尽职守，但他并不具备现代企业家所应当具备的另外一些品质，如外向、爱冒险、喜交际、自信乐观、开朗豁达等，特别是面对工作压力和生活压力时，他缺乏有效的应对方式，由此走上了绝路。

3.1.3 气质与职业

小辞典

气质主要是由生物特性决定的相当稳定而持久的心理特征，是行为的表现方式，体现了行为的速度、强度、灵活性等特点。

气质很大程度上受先天和遗传因素的影响，具有相对稳定性，但受环境的影响可发生某些改变。

心理学中一般把人的气质分为四种：胆汁质、多血质、粘液质、抑郁质。这四种不同的气质类型的心理特征如表 3－5 所示。

表3-5　四种气质类型的心理特征

气质类型	心理特征
胆汁质	兴奋而热烈型。表现为有理想有抱负，有独立见解，反应迅速，行为果断，表里如一。在言语上、面部表情和神态上都给人以热情直爽、善于交际的印象。不愿受人指挥而喜欢指挥别人。一旦认准目标，就希望尽快实现。遇到困难也不折不挠，有魄力，敢负责，但往往比较粗心，自制力较差，容易感情用事，有时有刚愎自用、鲁莽的表现。由于神经过程不平衡，工作带有明显的周期性，能以极大的热情投身于事业，一旦精疲力竭，情绪顿时转为沮丧而心灰意冷
多血质	活泼而好动型。由于神经过程平衡且灵活性强，这种人更容易适应环境的变化，性情开朗、热情，能言善辩，善于交际。在群体中精神愉快，相处自然，常能机智地摆脱窘境。在工作和学习上肯动脑筋，常表现出较强的工作能力和较高的办事效率。对外界事务有广泛的兴趣，不安于循规蹈矩的工作。情绪不够稳定，容易浮躁。时有轻诺寡信、见异思迁的表现
粘液质	缄默而安静型。由于神经过程平衡且灵活性低，反应迟缓，无论环境如何变化，都能基本保持心理平衡。凡事力求稳妥、深思熟虑，一般不做无把握的事，具有很强的自我克制能力。外柔内刚，沉静多思，很少流露出内心的真情实感。与人交往时态度持重适度，不卑不亢，不爱抛头露面或做空泛的清谈。行动缓慢而沉着，有板有眼，严格恪守既定的生活秩序和工作制度。因此，能够高质量地完成那些要求有坚忍不拔、埋头苦干的品质和能长时间地集中注意力、有条不紊地开展工作。其不足之处是过于拘谨，不善于随机应变，常常墨守成规，固步自封
抑郁质	呆板而羞涩型。精神上难以承受或大或小的神经紧张，常为微不足道的小事而产生情绪波动。情绪体验的方式较少，极少在外表流露自己的情感，但内心体验却相当深刻。喜欢独处，交往拘束，兴趣爱好少，性格孤僻，在友爱的集体，可能是一个很易相处的人，对力所能及的工作，认真完成，遇事三思而后行，求稳不求快，因而显得刻板。学习工作易疲倦，在困难面前怯懦、自卑、优柔寡断

关于上述四种气质类型，我们举例如下。假设这样一个情景——上剧院看电影因迟到而被门卫挡住。胆汁质的人可能会与门卫争吵，企图闯进去。多血质的人可能会想到通过楼厅进场容易，于是跑到楼上去。粘液质的人可能会自我安慰："第一场总是不太精彩，我去小卖部等一会，幕间休息时再进入。"抑郁质的人则可能会抱怨："我老是不走运，偶尔来一次戏院就这样倒霉。"于是扭头回家。

气质大多是人与生俱来的，它本身并没有好坏之分，同一种气质类型的人，有的可能是优秀人才，有的可能只是平庸之辈。所以，问题的关键并不在于你是什么气质类型，而在于气质是否与职业相适应。不同气质类型的人有不同的职业适应范围，表3-6列举了与上述四种气质类型相应的职业。

表3-6　气质类型及与其相应的职业

气质类型	相应职业
胆汁质	喜欢从事与人打交道、工作内容不断变化、环境不断转换并且热闹的职业，如导游、推销员、节目主持人、公共关系人员等，明显不适合需要长期安坐、持久耐心细致的工作

续表

气质类型	相应职业
多血质	适合与外界打交道，从事灵活多变、富有刺激性和挑战性的工作，如外交官、商人、管理者、记者、律师、驾驶员、运动员等。他们不太适合做过细的、单调的机械性工作
粘液质	适合做稳定的、按部就班的、静态的工作，如会计、出纳员、话务员、保育员、播音员等
抑郁质	适合安静、细致的工作，如校对员、打字员、排版员、检查员、化验员、登记员、保管员等

不过，对大多数职业而言，气质并不是决定职业适应和成功的主要因素，它只具有一定的辅助作用。但在一些特殊的职业中，气质对职业的影响非常大，如果从业人员不具备这些气质特征或没有达到应有的水平，那么该项工作就无法完成，甚至会造成重大事故。这类职业包括飞行员、宇航员、大型动力系统调度员以及运动员等，它们都要求能适应身心的高度紧张状态、反应敏捷、具有顽强的毅力等，多血质的人比较适合这类职业，而粘液质、抑郁质的人则不适合。

练习与测试 | 测测你的气质类型

说明：用 1～5 回答。

“1”表示该题所说情况与你自己情况完全不符合；

“2”表示该题所说情况与你自己情况的符合程度是 20%～30%；

“3”表示该题所说情况与你自己情况的符合程度是 50%；

“4”表示该题所说情况与你自己情况的符合程度是 70%～80%；

“5”表示该题所说情况与你自己情况的符合程度是 100%。

1. 遇到可气的事就怒气冲天，想把心里话全说出来。
2. 到一个新环境很快就能适应。
3. 做事力求稳妥，不做无把握的事。
4. 讨厌那些强烈的刺激，如尖叫、噪音和危险镜头等。
5. 和别人争吵时爱先发制人，喜欢挑衅。
6. 善于和他人交往。
7. 喜欢安宁的环境。
8. 遇到陌生人感到拘谨。
9. 羡慕那种善于克制自己情感的人。
10. 感兴趣的事情干起来劲头十足，否则就不想干。
11. 生活有规律，很少违反作息制度。
12. 遇到问题优柔寡断、举棋不定。
13. 做事有旺盛的精力。
14. 在人群中不觉得拘谨。

15. 遇到令人生气的事情能很好地克制自己。
16. 遇到危险情况感到非常恐惧。
17，情绪高时干什么事都有趣，情绪低时干什么事都没劲。
18. 理解问题比别人快。
19. 能控制自己的感情，不发脾气。
20. 一点小事就引起情绪波动。
21. 对学习、工作有热情。
22. 讨厌那些需要耐心、要求细致的工作。
23. 能长时间做枯燥、单调的工作。
24. 爱看感情细腻、描写人物内心活动的文学作品。
25. 喜欢参加气氛热烈的活动。
26. 做事不沉着，缺乏耐性。
27. 走到哪里都能遵守纪律。
28. 经常感到闷闷不乐。
29. 喜欢坦率，大声地和别人讲话，不喜欢窃窃私语。
30. 疲倦时只要短时间的休息就能恢复过来。
31. 不喜欢长时间谈论一个问题，喜欢动手干。
32. 心里有事宁愿自己想，不愿说出来。
33. 认准一个目标就希望尽快实现，不达到目的不罢休。
34. 能很快地忘记那些不愉快的事情。
35. 理解问题比别人慢些。
36. 学习、工作一段时间后比别人更疲倦。
37. 做事情有些莽撞，不考虑后果。
38. 喜欢讲笑话和滑稽有趣的事。
39. 老师讲新课时，希望他讲慢些，多重复几遍。
40. 做事情比别人花的时间多。
41. 喜欢运动量大的剧烈的体育文娱活动。
42. 能同时注意几件事。
43. 能很快地把注意力从一件事转移到另一件事。
44. 对不愉快的事情总是忘不掉。
45. 是个勇敢而精力充沛的人。
46. 愿做变化大、花样多的数学习题。
47. 认为墨守成规比冒风险强。
48. 喜欢复习学过的知识，重复做已经掌握的工作。
49. 喜欢参加各种活动并在活动中当“头儿”。
50. 情绪经常是乐观开朗的。
51. 对学习一向持认真严谨、始终一贯的态度。
52. 是个腼腆、害羞、爱脸红的人。

53. 常常无意中出语伤人。

54. 假如学习枯燥无味，马上就情绪低落。

55. 做事善始善终。

56. 遇事常常感到惊慌失措。

57. 遇到兴奋的事，比别人更容易失眠。

58. 反应敏捷，头脑机智。

59. 喜欢不太复杂但推理严密的数学题。

60. 老师讲新概念常听不懂，但懂了以后很难忘记。

评分方法：

1. 下面列举的是四种气质类型的题号，请根据你对每一题目的打分情况，计算每种气质类型题目的总分。

胆汁质：1，5，9，13，17，21，25，29，33，37，41，45，49，53，57

多血质：2，6，10，14，18，22，26，30，34，38，42，46，50，54，58

粘液质：3，7，11，15，19，23，27，31，35，39，43，47，51，55，59

抑郁质：4，8，12，16，20，24，28，32，36，40，44，48，52，56，60

2. 请对照下表，确定你的四类气质分数属于哪一个范围。

气质类型	性别	很不明显	比较不明显	中等	比较明显	很明显
胆汁质	男	15～40	41～47	48～54	55～61	62～75
	女	15～41	42～47	48～54	55～60	61～75
多血质	男	15～37	38～44	45～52	53～59	60～75
	女	15～37	38～44	45～52	53～59	60～75
粘液质	男	15～42	43～48	49～55	56～61	62～75
	女	15～41	42～47	48～54	55～60	61～75
抑郁质	男	15～43	44～49	50～56	57～62	63～75
	女	15～44	45～50	51～56	57～62	63～75

3. 如果你的某气质类型题目的总分达到了“比较明显”或“很明显”水平，你就属于该气质类型；如果有两类分数都达到了“比较明显”或“很明显”水平，则你的气质类型是这两类的综合；如果没有一类总分达到“比较明显”或“很明显”水平，则最高分达到“中等”水平的几类气质，就是你的综合气质类型，一般人通常是一类或两类的综合，也有少数是三类综合，但如果四类都达到“中等”水平，则说明你的回答不真实，此次测验无效。

3.2 员工的个性倾向性与职业

个性倾向性是指人所具有的意识倾向，它决定着人对现实的态度以及对认识活动对象的趋向和选择。个性倾向性是人从事活动的基本动力，是推动人进行特定活动的心理倾向，主要包括需要、动机、兴趣、理想、信念和价值观。这些心理倾向在个人的个性倾向性中的地位，随着个人所处发展阶段的不同而有所不同。

下面分别介绍需要、动机、兴趣、理想、信念和价值观的特点及其与职业的关系。

3.2.1 需要与职业

人为了求得个体和社会的生存和发展，必须获得一定的事物，例如食物、衣服、睡眠、劳动、交往等。这些需求反映在个体头脑中，就形成了他的需要。需要被认为是个体的一种内部状态，或者说是一种倾向，它反映了个体对内在环境和外部生活条件的较为稳定的要求。

小辞典

需要是人脑对生理需求和社会需求的反映。

需要是个体行为和心理活动的内部动力，它在人的活动、心理过程和个性中起重要作用。

首先，需要是个体行为积极性的源泉。人的各种需要推动其在各个方面的积极活动。个体活动的积极性源于其需要。需要和人的活动紧密相连，需要越强烈，由此引起的活动也就越有力，它是个体活动的动力。没有需要，也就没有人的一切活动。而且需要永远具有动力性，它不会因暂时的满足而终止。研究表明：有一些需要明显地带有周期性的特征，如对饮食和睡眠等的需要；而有一些需要得到满足后，又会产生新的需要，新的需要又推动人们从事新的活动。在活动中需要不断地得到满足，又不断地产生新的需要，使活动不断地向前发展，例如学习科学文化的需要、欣赏艺术的需要，每一次需要的满足通常都会产生新的、更高的需要。

其次，需要还是个体认识过程的内部动力。人们为了满足需要必须对有关事物进行观察和思考。需要调节和控制着个体认识过程的倾向。需要对情感和情绪影响很大。人对客观事物产生什么样的情感和情绪，是以客观事物能否满足人的需要为依据的：对能够满足人需要的事物，产生肯定的情感和情绪；否则，就产生否定的情感和情绪。情感和情绪就是人对客观事物与人的需要之间关系的反映。个体为了满足需要，从事一定的活动，要用一定的意志努力去克服困难。人在克服困难的过程中，锻炼了意志。

最后，需要在个性中起重要作用，是个性倾向性的基础。个性倾向性的其他方面如动机、理想、信念等都是需要的表现形式。

我们一生中的大部分需要都是通过职业活动来满足的，人们求职的动机往往来自对满足某种需要的渴求。作为管理者，只有清楚地认识和准确地把握员工的不同需要，才可能投其所好，激发他们的工作积极性，促使他们创造出更好的业绩。

练习与测试 | 什么对员工最重要

下面表格中，列出了一些可能激励员工干好工作的因素，请从不同角度给它们排序。首先，从员工的角度出发，对它们进行排序；然后，从主管的角度出发，对它们进行排序；最后，从你自己的角度出发，对它们进行排序。

1. 工作安全
2. 对所完成工作的充分认可
3. 在组织中的提升与成长
4. 高工资
5. 有趣的工作
6. 良好的工作条件
7. 为员工着想的工作纪律
8. 对个人问题的热心帮助
9. 对特定员工的个人忠诚
10. 正在从事某种事业的参与感

作为主管，对自己需要的认识和对员工需要的认识往往并不一致，管理者往往容易把员工的主要需要局限于低层次的物质需求，而看轻他们高层次的精神奖赏需求。下表是美国的某次调查数据，正反映了这种偏向。

主管和员工对“从工作中得到什么”的不同评价

评价项目	反映	
	主管人员认为	员工自己认为
高工资	1	5
工作安全	2	4
在组织中的提升与成长	3	7
良好的工作条件	4	9
有趣的工作	5	6
对特定员工的个人忠诚	6	8
为员工着想的工作纪律	7	10
对所完成工作的充分认可	8	1
对个人问题的热心帮助	9	3
正在从事某种事业的参与感	10	2

资料来源：余凯成．组织行为学．大连：大连理工大学出版社，2001.

3.2.2 动机与职业

人从事任何活动都有一定的原因，这个原因就是指人的行为动机。动机作为一个解释性的概念，用来说明个体为什么有这样或那样的行为。动机可以是有意识的，也可以是潜意识的。心理学中大部分是探讨“怎么样”的问题，而动机则涉及更为基本的“为什么”的问题。

1. 动机的概念

小辞典

动机是为实现一定目的而行动的原因。

引起动机必须有内在条件和外在条件。引起动机的内在条件是需要，动机是在需要的基础上产生的。如果说人的各种需要是个体行为积极性的源泉，那么人的各种动机就是这种源泉的具体表现。动机和需要密切地联系在一起。离开需要的动机是不存在的。当需要在强度上达到一定水平，并且有满足需要的对象存在时，就会引起动机。

驱使有机体产生一定行为的外部条件称为诱因，它是引起动机的另一个重要因素。诱因可以分为正诱因和负诱因。凡是个体能够因趋向或接受它而得到满足的诱因就称为正诱因；凡是个体能够因逃离或躲避它而得到满足的诱因就称为负诱因。例如，对饥饿的人来说，食物是正诱因，电击是负诱因。诱因可以是物质的，也可以是精神的。例如，教师对学生的表扬，就是一种激励学生学习的精神诱因。

个体在有强烈的需要并存在诱因时，能产生强烈的动机。例如，有考大学需要的人，只有在符合高校招生条件的情况下，才能产生升学的动机。可见，需要和诱因是形成动机的必要条件，但是，在动机的内在条件和外在条件各自所起的作用上，心理学家所强调的侧面是有所不同的，即所谓“拉”和“推”的理论。“拉”的理论强调动机中环境的作用。“推”的理论强调动机中个体内部力量的作用。一般认为，有些动机形成时需要的作用强一些，有些动机形成时诱因的作用强一些。例如，人在某些时候并不很饿，但看到美味的食物时，也会有进食的动机和行为。

动机在人类行为中起着十分重要的作用，动机在刺激和反应之间提供了清晰而重要的内部环节。人类动机是个体活动的动力和方向，它既给人的活动以动力，又对人的活动的方向进行控制。动机被认为具有活动性和选择性。人类的动机好像汽车的发动机和方向盘，动力和方向被认为是动机概念的核心。具体地说，人类动机对活动具有引发、指引和激励的功能。

2. 动机与职业

工作动机与人的职业直接相关，如何激励员工努力工作从而取得更好的绩效，是管理者最重要且最具挑战性的工作。在人的各种动机中，成就动机与职业活动的成效关系最为密切，这里介绍具有代表性的麦克利兰（McClelland）的成就动机理论。

成就动机指人们追求卓越以实现目标的内驱力。麦克利兰发现，成就动机强的人通常不会孤注一掷，他们宁愿努力解决难题，而不是完全靠运气。他们不介意小小地冒一下险，但他们希望尽可能地对结果加以控制。受成就激励的人的另一特点是他们能从成功本身得到满足感。他们并不拒绝奖励，但对他们而言，奖励并不如成功本身那么重要。这类人从胜利或解决难题中得到的快乐远大于他们从酬劳、表扬或其他奖励中所得到的愉悦。他们喜欢并感激别人给他们具体的反馈。他们得到有关自己工作的信息时反应良好，但他们常常讨厌上司评价自己的个性、外表或其他与工作没有直接关系的事。他们需要的是和工作有关的反馈，他们想知道自己能打多少分。成就动机强的人常常来自父母对子女期望很高的那种家庭，有些人追求成就是因为他们的父母希望他们如此。

强成就动机者具有如下特点（如图 3－1 所示）：

（1）事业心强，比较实际，敢冒一定程度的风险；

（2）有较高的实际工作绩效，要求及时得到关于工作的信息反馈；

（3）一旦选定目标，就会全力以赴投入工作，直至成功地完成任务；

（4）把个人成就看得比金钱更重要，从成就中得到的激励超过物质回报带来的激励，把报酬看作对成就的一种认可。

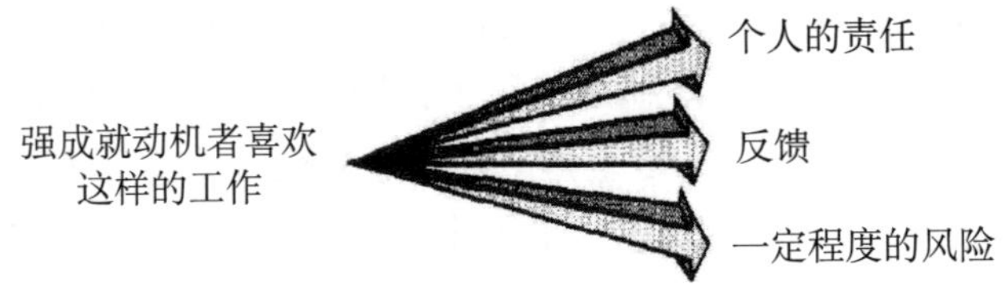

图 3－1　强成就动机者的工作特点

强成就动机与工作绩效的关系如下：

（1）强成就动机者喜欢能独立负责、可以获得信息反馈和中度冒险的工作环境。在这种环境下，他们可以被高度激励。

（2）强成就动机者并不必然是优秀的管理者，尤其是对规模较大的组织而言。

（3）可以通过训练来激发员工的成就动机。

从上述描述中我们可以看出，受成就激励的人正是组织所欢迎的。但强成就动机者作为管理者有可能会设置过于苛刻的要求，或对他人抱不切实际的期望。这可能导致领导方面的问题。在管理中，对于强成就动机的管理者，组织可以分配给他们具有挑战性和一定风险的工作任务，以满足他们的成就需要，激发他们的工作积极性；而对于弱成就动机的管理者，组织则可以分配给他们一些例行的工作任务。

练习与测试　测测你的成就动机水平

名称：投圈游戏。

工具：半径为 5 厘米的圆圈 3 个、空酒瓶 3 个。

方法：空酒瓶随意摆放在地面，参加者手拿圆圈，依次把圈投出去，使它们套在酒瓶上。

规则：投圈时参与者与酒瓶的距离可以自由选择；正式比赛前，个人可以先试投若干次，以确定投圈时与酒瓶的距离。

胜负标准：每人投 3 次，累计投中最多者为胜者。

大部分人都会随便把圆圈扔出去，开头站得很近，可能后来又往后撤一点。而成就动机强的人则会仔细揣摩站在哪儿最能有成就感：不能太近，否则完成任务就太容易了；也不能太远，那样就投不中了。他们会定下有一定难度但又可能达到的目标。

3.2.3 兴趣与职业

我国古代文学家翁森曾写有《四时读书乐》，诗中说“读书之乐乐何如，绿满窗前草不除”“读书之乐乐无穷，瑶琴一曲来熏风”“读书之乐乐陶陶，起弄明月霜天高”“读书之乐何处寻？数点梅花天地心”。翁森分别描写了春季、夏季、秋季、冬季的读书乐趣，表达了他对读书的浓厚兴趣。

兴趣是个体力求认识某种事物或从事某项活动的心理倾向，它表现为个体对某种事物或从事某种活动的选择性态度和积极的情绪反应。兴趣的分类比较复杂，从内容上划分，可将其分为物质兴趣、精神兴趣和社会兴趣；从兴趣的发生和发展来看，又可将其分为直接兴趣和间接兴趣。比如，对组织活动和社会工作的兴趣就是社会兴趣，对文化、科学、艺术的兴趣就是精神兴趣。

小辞典

兴趣是人对客观事物的选择性态度，是人对需要的情绪表现。

在职业选择过程中，对某种职业需要的情绪表现就是职业兴趣。职业心理学家研究指出，一个人一生中选择什么样的职业，兴趣占主导地位，有时甚至比能力更重要。人们能够积极地从事某方面的实践活动，是因为他们对相应的职业产生了浓厚的兴趣。在兴趣的引导下，即便是枯燥的工作，他也会忘我工作，并从中感受到无穷的乐趣。与此相反，如果从事的是自己并不感兴趣的工作，那么这份工作在他们的心理上便是一种负担，结果只能因为没有兴趣而无精打采，致使工作业绩平平。下面的案例讲述的就是兴趣对人的职业成功的作用。

案例 3-7

威廉的兴趣与专业发展

威廉·山姆的父母期望他能成为一名工程师，所以上大学的时候，威廉就选择了工程学专业。但是，他很快就发现，自己很讨厌这个专业，自学习这个专业以来，他一直都闷闷不乐。在班上，他的成绩也很不好，最后他不得不退出了这个专业。当威廉重新开始的时候，他选择了心理学。他发现自己对这门课程充满兴趣，学得也很轻松，在期末时得了一个“A”。于是，他认为自己在这个领域一定有发展前途。所以他坚持了下来，拿了学士学位、硕士学位，最后获得了博士学位。现在，他自己拥有了一家咨询公司，专门给企业提各种建议，包括培训管理人员如何做真正有效的面试官，如何面试应聘者、招聘到满意的员工，等等。效益不错，事业很成功。

生活中很多人都有业余爱好，但他们却从来不认为自己的爱好应该是择业基础。有的人下班后急着赶回家去干自己喜欢干的事，这说明他的职业选择错了。在众多的社会职业中，想从事某种职业的愿望往往表明了一个人的职业兴趣。

在选择职业时，兴趣是必不可少的重要因素。杨振宁说，成功的真正秘诀是兴趣，它是人从事职业活动的强有力的动力之一。人们有什么样的兴趣，就适合干与之相适应的工作。有人喜欢与事物打交道，而不愿与人打交道，他就适合做会计、建筑、机器制造等工作；有人愿意与人接触，和人交往、交流，就适合当记者、推销员、技师等；有人愿干有规律的工作，爱好有条不紊的节奏，就合适做图书管理、档案管理、文书、打字等工作；有人喜欢从事社会福利工作，那么他适合的职业就应该是医师、护士、咨询人员等；有人喜欢搞研究，并善于观察、分析、推理，这类人就适合做调查研究的工作；有人喜欢抽象和有创造性的工作，善于想象、创造，这类人就适合广告设计、新产品开发等工作；还有人喜欢做一些具体的工作，愿意做能直接看到结果的工作，并能从中得到满足，有这类兴趣倾向的人就适合做美容师、园艺工作者、厨师等。

下面是一个小练习，可以大致测试你的兴趣所在。

练习与测试 | 兴趣测验

下面列有45组工作或活动，分别标为A和B。请比较每组中的两个选项，在你喜欢的那种的右边画√；无法说清喜欢哪一种时，请在两者下面各画一个×。

A	B
1. 写出一本书的梗概	出席讨论会
2. 分析决算书	构思新游戏
3. 解难题	假期里做木工活
4. 操作计算机	研究害虫与杂草
5. 研究改良水稻品种	研究人体结构
6. 制作骨骼标本	绘制热量表
7. 选择窗帘布料样式	担任旅行干事
8. 跳集体舞	焙烧陶器
9. 在日记上画画	练习慢跑
10. 制作盲文书封套	与强盗搏斗
11. 买东西	构思广告版面
12. 研究感冒药成分	记录比赛得分
13. 培育树苗	烤面包
14. 安装组合音响	帮助别人拍X光片
15. 在实验室工作	做动物园的饲养员
16. 声援别人选举	编制计算机程序
17. 欣赏电影	观测天体
18. 制作图书卡片	去参观工厂
19. 随卡拉OK唱歌	进行水质检查
20. 采集昆虫	学习人工呼吸法
21. 调整大楼暖气设备	整理书架和影集

22. 搭乘远洋渔轮　　照顾贫困户
23. 检查血型　　画漫画
24. 改建房屋　　参加越野识途比赛
25. 解剖青蛙　　节日抬神轿
26. 在牧场工作　　在乐器行工作
27. 用圆规与尺作图　　制作同学通讯簿
28. 做统计表　　制作生活日历
29. 思考新产品如何招人喜爱　　看手术的幻灯片
30. 撰写采访通讯　　训练猎犬与信鸽
31. 通读文学全集　　帮助配药
32. 研究股票市场　　走访亲戚
33. 研究公害问题　　给病人读书
34. 办飞机驾驶许可证　　参加合唱队
35. 设计庭院　　练习健美
36. 拆装相机或钟表　　出席发言冗长的大会
37. 参观科学博物馆　　去听歌剧
38. 当电话客服专员　　当个人生活顾问
39. 记日记　　哄孩子
40. 解纵横字谜　　教孩子唱歌跳舞
41. 参加电视演出　　构思设计与装潢
42. 绘制气象图　　做体力测定记录
43. 填税金申报表　　帮人搬家
44. 编辑剪报　　装饰橱窗
45. 编辑杂志　　当滑雪教练

计分方法：

画√者 2 分，画×者 1 分，分别填入下面的兴趣测验得分表中。将Ⅰ—Ⅹ的各竖栏中的得分累计起来算出总分。总分介于 10 分和 12 分之间的领域是你感兴趣的领域，总分在 12 分以上的领域是你特别感兴趣的领域。

兴趣测验得分表

	Ⅰ	Ⅱ	Ⅲ	Ⅳ	Ⅴ	Ⅵ	Ⅶ	Ⅷ	Ⅸ	Ⅹ		Ⅰ	Ⅱ	Ⅲ	Ⅳ	Ⅴ	Ⅵ	Ⅶ	Ⅷ	Ⅸ	Ⅹ
1	A	B									7							A	B		
2		A	B								8								A	B	
3			A	B							9									A	B
4				A	B						10								A		B
5					A	B					11							A		B	
6						A	B				12						A		B		

续表

	Ⅰ	Ⅱ	Ⅲ	Ⅳ	Ⅴ	Ⅵ	Ⅶ	Ⅷ	Ⅸ	Ⅹ		Ⅰ	Ⅱ	Ⅲ	Ⅳ	Ⅴ	Ⅵ	Ⅶ	Ⅷ	Ⅸ	Ⅹ
13					A		B				30	A				B					
14				A		B					31	A					B				
15			A		B						32		A					B			
16		A		B							33			A					B		
17	A		B								34				A					B	
18	A			B							35					A					B
19		A			B						36				A						B
20			A			B					37			A						B	
21				A			B				38		A						B		
22					A			B			39	A						B			
23						A			B		40	A							B		
24							A			B	41		A							B	
25						A				B	42			A							B
26					A				B		43		A								B
27				A				B			44	A								B	
28			A				B				45	A									B
29		A				B					合计										

兴趣测验得分表中的Ⅰ—Ⅹ分别代表如下领域

Ⅰ 人文科学，包括本国文学、外国文学、宗教学、史学、哲学、心理学、人际关系学、教育学、教育行政学等专业。

Ⅱ 社会科学，包括法学、政治学、经济学、商学、经营学、社会学等专业。

Ⅲ 理科，包括数学、物理学、化学、地质学、生理学、天文学、生物学等专业。

Ⅳ 工科，包括机械学、建筑学、土木工程、应用化学、金属工程、资源工程、船舶工程、原子能工程、造船工程、原子核工程、航空工程、信息工程、环境工程、控制工程、通信工程等专业。

Ⅴ 农学，包括农学、园艺学、农用化学、农业经济学、林学、畜产学、兽医学、水产学、食品工程学等专业。

Ⅵ 医科，包括医学、口腔学、药学、药剂学、生物药学、保健学等专业。

Ⅶ 家务，包括家政学、食物学、儿童学、住房学、生活学等专业。

Ⅷ 教育，包括幼师、小学师范、中学师范、保健师范、特殊师范（包括音乐、美术、书法、护理、保健体育）、聋哑师范、高中师范等专业。

Ⅸ 艺术，包括美术、造型、设计、雕刻、艺术、音乐、作曲、声乐、器乐、指挥、乐理、摄影、电影、表演等专业。

Ⅹ 体育，包括体育、武术、健康学等专业。

最早的真正意义上的职业兴趣测验诞生于1927年，以斯特朗（Strong）编制的第一份职业兴趣调查表为标志，即斯特朗职业兴趣量表（简称SVIB）。它是根据经验编制的，取两组被试，一组代表专门从事某种工作的人，另一组代表一般人，让两组被试对测试题进行回答，由于这些人存在差异，故其反应不完全一样，将两组被试反应不同的题目合在一起，构成特定的职业兴趣量表。

案例3-8

兴趣创造了天才

乔治·威廉·切尔兹，是美国历史上一位著名的出版商。切尔兹从小就对书籍怀有浓厚的兴趣，因此当他14岁结束了海军服役生涯寻找工作时，直接去了费城的一家书店。这家书店和当地的一家日报《费城公共基石报》在同一幢楼里，天长日久，切尔兹和这家日报的员工也混熟了，他慢慢意识到高品质的报纸和杂志对日常生活的重要影响。虽然《费城公共基石报》并不符合他的这种理念，但可以加以改造，所以切尔兹开始想象将来有一天自己拥有这家日报的情景。这个念头一直埋在他的心里，他期待着有机会实现它。

切尔兹在这家书店干了四年，积攒了一笔钱后决定开自己的书店。当时他虽然不到20岁，但对纽约、波士顿一带的出版商和书业行情已经了如指掌。他的书店干得不错，很快得到了同行的好评。不久，费城著名的彼特森出版公司看中了他，并邀请他加盟。他经过慎重考虑，接受了新的职位。干了不到一年之后，公司改名为切尔兹和彼特森联合出版公司，而且，他还成了原公司老板彼特森先生的乘龙快婿。由他拍板的一些项目获得了巨大的成功，公司事业蒸蒸日上。

1864年，切尔兹成功收购了《费城公共基石报》。他按照自己原先的设想着手进行改革，增强文学性，提高品位，内容也比原来增加了很多，价格也相应提高。报纸重新发行时因不落俗套、诚实可信的风格而一举在市场站稳了脚跟。

凭借自己对书籍的浓厚兴趣和执着追求，切尔兹的事业不断走向辉煌，他很快成为百万富翁。

3.2.4 理想、信念、价值观与职业

1. 理想、信念、价值观的概念

（1）理想。著名文学家雨果说过这样一句话：“生活好比旅行，理想是旅行的路线，失去了路线，就只好停止前进了。生活既然没有目的，精力也就枯竭了。”这句话充分表明了理想对我们人生的指导作用。那么，什么是理想呢？

小辞典

理想是个人对未来有可能实现的奋斗目标的向往和追求。

理想中的奋斗目标是人积极向往和追求的对象，它体现着个人的愿望，并且是指向未来的，如少年儿童希望将来成为劳动模范、科学家、艺术家等。理想中的奋斗目标以对客观规律的认识为基础，是符合客观规律的，因此是可以实现的。

根据理想的内容，可以把理想分为两大类：社会理想和个人理想。社会理想是对社会制度的崇高理想。个人理想是关于个人未来的理想，主要包括道德理想、职业理想和生活理想等。社会理想和个人理想密切地联系着，其中社会理想是理想的核心，居于最高层次，并制约着个人理想；个人理想又是社会理想的具体表现。从认识能力的角度，我们还可以把理想分为具体形象理想、综合形象理想和概括性理想。

理想是个人动机系统的一部分。理想一旦形成，就成为鼓舞人们前进的巨大动力。理想是人生的航标，为人们提供奋斗目标，为人生的航船指明方向。

（2）信念。“砍头不要紧，只要主义真。杀了夏明翰，还有后来人。”这是夏明翰烈士在就义前写的诗，表达了他对共产主义的坚定信念。

小辞典

信念是坚信某种观点的正确性，并支配自己行动的个性倾向。

信念一般通过三种方式形成：一是直接经验。信念来自成功的经验，如糖是甜的这一信念来自个人对糖的品尝。二是间接经验，即来自书本、报刊、电视等第二手资料的经验。三是推论，以直接经验和间接经验为基础可以做出种种推论。

信念表现为个人确信某种理论、观点或某种事业的正确性和正义性，对它抱有确信无疑的态度，并且力求加以实现。信念不单纯是认识，还附有深刻的情绪体验。信念是知、情、意的高度统一体。行为的重要动机是信念，信念与理想有密切的联系。信念是关于自然界和社会的某些原理、见解、意见、知识，人不怀疑它们的真理性，认为它们有无可争辩的确凿性，力图在生活中以它们为指针。信念的情绪方面是同对它们的深刻的感受联系着的。信念不只是容易明白的、可理解的，而且还是深刻地感受到的、体验到的。

信念一旦确立就有很大的稳定性，比较难以改变。一个人确立了某种信念，只有当通过反复实践证实其是错误的时，才有可能改变。信念使个性稳定而明确，并且具有主动性和积极性，是人类产生巨大力量的行为动机。

（3）价值观。价值观是个性倾向性的最高层次，它是个人行为的最高调节器，制约着个人的整个心理面貌。价值观对人的心理活动的作用表现在：

- 决定个性发展的趋向和稳定性；
- 影响认识的正确性与深度；
- 制约情绪的性质与变化；
- 调节人的行为习惯。

2. 职业价值观与职业的关系

理想、信念、价值观对职业的影响，集中体现在职业价值观上。

小辞典

职业价值观指人生目标和人生态度在职业选择方面的具体表现，也就是一个人对职业的认识和态度以及对职业目标的追求和向往。

俗话说："人各有志。"这个"志"表现在职业选择上就是职业价值观，它是一种具有目的性、自觉性和坚定性的职业选择态度和行为，对一个人的职业目标和择业动机起着决定性的作用。

职业专家通过大量的调查，从人们的理想、信念和价值观角度把职业分为六大类，如表 3－7 所示。

表 3－7　职业价值观与职业

职业价值观	特点	相应职业类型
自由型（非工资生活者型）	不受别人指使，凭自己的能力拥有自己的小"城堡"，不愿受人干涉，想充分施展本领	室内装饰专家、图书管理专家、摄影师、音乐教师、作家、演员、记者、诗人、作曲家、编剧、雕刻家、漫画家等
经济型（也称经理型）	他们坚定地认为世界上的各种关系都建立在金钱的基础上，包括人与人之间的关系，甚至父母与子女之间的爱也带有金钱的烙印。这种类型的人确信，金钱可以买到世界上所有的幸福	各种职业中都有这种类型的人，以商人为甚
支配型（独断专行型）	想当上组织的一把手，飞扬跋扈，无视他人的想法，为所欲为，且视此为无比快乐的事	进货员、商品批发员、旅馆经理、饭店经理、广告宣传员、调度员、律师、政治家、零售商等
小康型	追求虚荣，优越感也很强。很渴望能有社会地位和名誉，希望常常受到众人尊敬。欲望得不到满足时，由于过于强烈的自我意识，有时反而很自卑	记账员、会计、银行出纳、法庭速记员、成本估算员、税务员、核算员、打字员、办公室职员、统计员、计算机操作员等
自我实现型	不关心平常的幸福，一心一意想展现个性，追求真理。不考虑收入、地位及他人对自己的看法，尽力挖掘自己的潜力，施展自己的本领，并视此为有意义的生活	气象学者、生物学者、天文学家、药剂师、动物学者、化学家、科学报刊编辑、地质学者、植物学者、物理学者、数学家、实验员、科研人员、科技作者等
志愿型	富于同情心，把他人的痛苦视为自己的痛苦，不愿干表面上哗众取宠的事，把默默地帮助不幸的人视作无比快乐的事	社会学者、导游、福利机构工作者、咨询人员、社会工作者、社会科学教师、护士等

续表

职业价值观	特点	相应职业类型
技术型	性格沉稳，做事组织严密，井井有条，并且对未来充满平常心态	木匠、农民、工程师、飞机机械师、野生动物专家、自动化技师、机械工、电工、火车司机、公共汽车司机、机械制图师等
合作型	人际关系较好，认为朋友是最大的财富	公关人员、推销人员、秘书等
享受型	喜欢安逸的生活，不愿从事任何挑战性的工作	无固定职业类型

练习与测试 | 职业价值观测验

下列题目中有A、B两种观点和态度，比较同一题中两个选项，在符合自己想法的选项后画√，两者都不符合的画×。

1. A. 做事果断，认为即使有所损失，以后也可以再挣回来。
   B. 做事三思而后行，没有切实可靠的赢利把握就不着手做。
2. A. 经济力量在发挥作用，因此国家繁荣。
   B. 军事力量在发挥作用，因此国家繁荣。
3. A. 想当政治家。
   B. 想当法官。
4. A. 对一个人的了解始于他的穿着打扮或居住条件。
   B. 认识一个人不能够仅从外表进行判断。
5. A. 为大刀阔斧地工作，必须养精蓄锐。
   B. 必要时愿意随时献血。
6. A. 想领养孤儿。
   B. 不愿让任何其他人留在自己家中。
7. A. 买汽车时会选择买全家能乘的大型汽车。
   B. 买汽车时比较注重汽车的外形和颜色。
8. A. 留意他人和自己的服装。
   B. 对自己和他人的事，全都不放在心上。
9. A. 结婚前首先确保自己有房子。
   B. 认为眼前的事最重要，不考虑以后的事。
10. A. 与人相处时能够照顾到各个方面，被认为是个考虑周到的人。
    B. 认为自己是有判断力的人。
11. A. 不随波逐流，认为自己的生活方式同他人不一样也无所谓。
    B. 愿意与人攀比，认为其他人家里有的东西自己也应凑齐。
12. A. 为能被授予勋章而奋斗。

B. 心地善良，暗地帮助不幸的人。

13. A. 时常自以为是，认为自己的想法比别人的都正确。

B. 比较客观，认为必须尊重他人的价值观。

14. A. 婚礼最好能上电视，而且有人赞助。

B. 希望把自己的婚礼办得比别人更气派。

15. A. 被周围的人认为有眼光，能推断将来的事。

B. 被认为是处事果断的人。

16. A. 有事业心，店面虽小，也想自己经营。

B. 不干被人轻视的工作。

17. A. 很关心佣金、利息。

B. 在陌生的环境里，对自己的能力和适应性十分关心。

18. A. 认为人的一生中只有获胜才有意义。

B. 认为人应该互相帮助。

19. A. 在社会地位和收入两者中，认为前者更有吸引力。

B. 认为和社会地位相比，安定更实惠。

20. A. 对社会惯例并不重视。

B. 善于表达并且有幽默感，经常被邀请主持婚礼。

21. A. 乐于同独自生活的老人交谈。

B. 不愿为别人做事，嫌麻烦。

22. A. 生活中的每一天都过得十分充实。

B. 时常得过且过，只要还有生活费就不想干活。

23. A. 认为学习在人的一生中有很重要的地位，有空闲就想学习充电。

B. 时常考虑如何掌握被他人喜欢的方法。

24. A. 总想一鸣惊人。

B. 对生活没有过高的要求，同别人一样就行了，平平淡淡才是真。

25. A. 认为用金钱就能买到别人的好意。

B. 在人的一生中，爱比金钱更重要。

26. A. 对未来有一种恐惧感，一考虑到将来就紧张不安。

B. 认为将来无论能否成功都不重要。

27. A. 总是认为自己还有机会，伺机重新大干一番。

B. 关心发展中国家人民的生活情况。

28. A. 认为应该尽量地利用亲戚们的关系网。

B. 亲戚之间应该友好相处，并且互相帮助。

29. A. 如果来世托生成动物的话愿变为狮子。

B. 如果来世托生成动物的话愿变为熊猫。

30. A. 生活有规律，严格遵守作息时间。

B. 愿意轻松地生活，讨厌忙忙碌碌。

31. A. 有空的话想读成功者的传记，以便从中得到启示。

B. 有空的话就看电视或者干脆睡觉。

32. A. 认为干不赚钱的事是没有意思的。

B. 时常送礼给对自己有用的人或请他们吃饭。

33. A. 对能够决得出胜负的事情感兴趣。

B. 擅长改变家室布局和修理东西。

34. A. 对自己的行为十分有自信心。

B. 认为协作十分重要，所以注意与他人合作。

35. A. 常向别人借东西，却不愿意借东西给别人。

B. 时常忘记借进或者借出的东西。

36. A. 认为人生由命运决定是错误的。

B. 玩世不恭，认为被命运摆布也很有趣。

计分方法：

画√者，不论选择 A 还是选择 B，都得 2 分，画×者得 1 分。把Ⅰ～Ⅸ的得分分别按照各个类型纵向统计起来，记入职业价值观测验得分表的合计栏里，总分为 72 分。得分超过 12 分的项目，就是你的职业价值观。

职业价值观测验得分表

	Ⅰ	Ⅱ	Ⅲ	Ⅳ	Ⅴ	Ⅵ	Ⅶ	Ⅷ	Ⅸ		Ⅰ	Ⅱ	Ⅲ	Ⅳ	Ⅴ	Ⅵ	Ⅶ	Ⅷ	Ⅸ
1	A	B								20					A			B	
2		A	B							21						A			B
3			A	B						22					A				B
4				A	B					23				A				B	
5					A	B				24			A				B		
6						A	B			25		A				B			
7							A	B		26	A				B				
8								A	B	27	A					B			
9							A		B	28		A					B		
10						A		B		29			A					B	
11					A		B			30				A					B
12				A		B				31			A						B
13			A		B					32		A						B	
14		A		B						33	A						B		
15	A		B							34	A							B	
16	A			B						35		A							B
17		A			B					36			A						B
18			A			B													
19				A			B			合计									

案例 3-9

牛仔裤大王的发家史

利维·施特劳斯，原籍德国，17岁那年，他对自己家族世代相袭的文职工作感到厌倦，意欲到商场上显显身手。这位未及弱冠之年的年轻人，决心下定便只身远渡重洋，到美国纽约去投靠做生意的哥哥，想闯出一条新路。

利维在哥哥的布匹店度过了三个春秋，他不满足于这种做小本生意的现状，告诉哥哥："我想到外面另谋出路，等发了财后再见吧！"然后，他长途跋涉，来到淘金者的必经之地——旧金山。

利维在旧金山开了家商店，专门销售日用品，包括露营帐篷和用作马车顶篷的帆布，但商店生意冷冷清清，很不景气。正当他失望之时，一天，有个淘金者光顾了利维的商店。原来他用来装金砂的裤袋已破烂不堪，所以他不得不将相当新的裤子扔掉，而另购新裤。这对他来说，已经不止一次了。淘金者对利维说："我用你的帆布做短裤挺好。矿工们现在穿的短裤都是用棉布做的，很快就磨破了。如果用帆布来做，既结实又耐磨，一定会大受欢迎。"仅仅几句话，就提醒了正苦于惨淡经营的利维，于是他用帆布加工了一批裤子投放市场。用这种布做的裤子结实耐穿，深受淘金者的欢迎。消息传开以后，淘金者纷纷前来抢购，原来冷冷清清的门面一下子变得热闹起来。

为了满足淘金者的需求，利维在旧金山开了一家服装厂，专门生产受矿工欢迎的帆布工作服。后来他购买了一个名叫雅克·诺伯的人在裤子的腰部和臀部的口袋上装几个铜钉和铁扣的小发明专利，使得他生产的裤子新颖独特，不仅深受淘金者的青睐，也受到了年轻人的欢迎。

从此，利维更加注意改进裤子的样式，扣子改用铜与锌的合金，裤子的重要部位用皮革镶边，布料改用法国尼姆生产的哔叽布，裤子设计比较紧身，从而形成了牛仔裤独有的样式，很快成为一种独特的服装品牌。随着时间的推移，牛仔裤不仅在美国，而且在全世界传播开了。

□本章小结

1. 能力是人们成功地完成某种活动所必须具备的个性心理特征。能力的强弱决定了人们活动效率的高低，是职业适应性首要的和基本的制约因素。

2. 性格是指一个人在现实中稳定的态度和习惯化了的行为方式所表现出来的个性心理特征。每一种职业都对性格有特定的要求，要适应某一职业，就必须具备这一职业所要求的性格。

3. 气质主要是由生物特性决定的相当稳定而持久的心理特征，是行为的表现方式。对大多数职业而言，气质并不是决定职业适应和成功的主要因素，它只具有一定的辅助作用。

4. 需要是人脑对生理需求和社会需求的反映。人的大部分需要都是通过职业活动来满足的。只有清楚地认识和准确地把握员工的不同需要，才可能投其所好，激发他们的工作积极性，促使他们创造出更好的业绩。

5. 动机是为实现一定目的而行动的原因。工作动机与人的职业直接相关，而成就动机与职业活动的成效关系最为密切。

6. 兴趣是人对客观事物的选择性态度，是人对需要的情绪表现。对某种职业需要的情绪表现就是职业兴趣。职业兴趣可以引导人走向成功。

7. 职业价值观指人生目标和人生态度在职业选择方面的具体表现，也就是一个人对职业的认识和态度以及对职业目标的追求和向往。职业价值观对一个人的职业目标和择业动机起着决定性的作用。

□重要术语、概念

能力　性格　气质　需要　动机　兴趣　职业价值观

□本章问题

1. 员工的个性心理特征（能力、性格、气质）如何影响职业？
2. 员工的个性倾向性（需要、动机、兴趣、理想、信念、价值观）如何影响职业？

第 4 章

职业目标定位——职业生涯管理的基石

| 本章要点 |

- 职业锚的含义、类型及功能
- 个人和组织的职业锚开发
- 职业发展路径的分析方法
- 职业生涯发展路线
- 职业生涯阶梯模式

组织人力资源管理者不但要为组织选择合格的人才，而且更重要的是把组织中的优秀人才保留下来，使其能一直为组织所用。在知识经济时代，人们必须具备终身学习的能力，从业者能力的提高必然带来择业机会的增多。越是有能力的人才，其择业时选择越多，因而其流失的可能性越大。在这种严峻的挑战面前，组织人力资源管理者如何来保证组织的人才不流失呢？为此，我们必须明确厘清决定人们职业选择的最关键、最稳定的因素是什么，从而在工作中做到有的放矢。职业锚理论给我们提供了一个独特、有效的视角，本章主要围绕职业锚理论来介绍对员工进行职业生涯管理的基础性工作。

4.1 职业目标定位的方法——职业锚

职业锚理论是美国麻省理工学院斯隆管理学院的施恩教授提出的，该理论是在对斯隆管理学院毕业生的纵向研究中形成的。施恩教授在 1961 年、1962 年和 1963 年对斯隆管理学院的 44 名硕士毕业生进行了最初的访谈，当时这些学生正在读二年级（总共 2 年的学习时间）。在这批学生毕业 6 个月及毕业 1 年后，施恩教授在其各自的工作地点对所有人进行了访谈，这些访谈揭示了从学校到组织的转变过程中的大量问题。所有参与者在毕业 5 年后完成了一份调查问卷。1973 年，在这些参与者毕业 10 到 12 年后，施恩教授又进行了一次跟踪访谈，要求参与者按时间详细回顾自己的职业生涯，不仅要求他们识别关键职业选择和事件，而且让他们思考做出决定的原因及每次变动的感受。访谈显示，尽管每个参与者的职业经历大不相同，但其职业决策的原因和对事件的各种感受却具有惊人的一致性。个人潜在的自我意识来自早期学习过程中所获得的成长经验，当他们从事自己不适合的工作时，一种意识会将他们拉回到使其感觉更好的方向（职业）上——这就是职业锚（见图 4－1）。

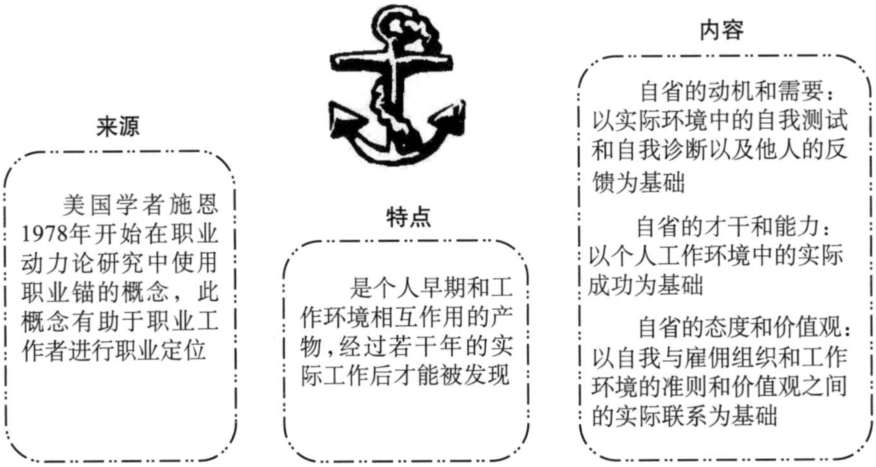

图 4－1　职业锚示意图

资料来源：程社明，卜欣欣，戴洁．人生发展与职业生涯规划．北京：团结出版社，2003：91.

4.1.1　职业锚的含义

小辞典

职业锚是指新员工在早期工作中逐渐对自我加以认识，从而发展出的更加清晰全面的职业自我观，是一个人无论如何都不会放弃的最重要的东西。

职业自我观主要包含三部分内容，共同组成职业锚：

（1）自省的动机和需要——以实际环境中的自我测试和自我诊断以及他人的反馈为基础；

（2）自省的才干和能力——以个人工作环境中的实际成功为基础；

（3）自省的态度和价值观——以自我与雇佣组织和工作环境的准则和价值观之间的实际联系为基础。

职业锚概念有以下五个特点：

（1）职业锚比工作价值观、工作动机的概念更具体、更明确。职业锚产生于最初的工作价值观和工作动机之上，但又受到实践工作经验和自我认识的具体强化。

（2）由于实际工作成果的偶然性，职业锚不可能凭各种测试来预测。职业锚是个人同工作环境互动作用的产物，在学校表现出的潜在才干和能力，在经过实际工作的多次确认和强化之前，并不能成为职业锚的一部分。个体的一系列职业选择偶然性，体现出从不适应、无法满足需要的工作环境向更和谐的环境移动的必然性。在实践中选择、认知和强化，这就是职业锚的特点。

（3）职业锚强调能力、动机和价值观的互动作用。我们可能喜欢某类职业，因此不断提高能力，对此职业驾轻就熟又使我们更喜欢它。或者，我们可能发现自己擅长某职业，渐渐培养出兴趣和感情，后来就越发精通了。职业取向中单独的动机、能力、价值观概念是意义不大的，重要的是三者相互影响而产生的综合作用。

（4）职业锚在正式工作若干年后才可能被发现，即职业锚的确定需要各种情境下实践工作的反复验证。职业取向的必然性需要一定时间内变化偶然性的累积方可凸显。

（5）职业锚概念倾向于寻求个人稳定的成长区域，它并不意味着个人停止变化或成长，职业锚本身也会发生变化。

4.1.2　职业锚的类型*

施恩教授总结出了八种类型的职业锚：技术/职能型、管理型、自主/独立型、安全/稳定型、创造/创业型、服务型、挑战型、生活型。以下分别介绍这八种类型职业锚各自的内容。

1. 技术/职能型职业锚

（1）技术/职能型职业锚的特征。具有此类职业锚的人在做职业选择和决策时将主要精力放在自己业已熟悉的技术或职能上，他们会围绕相关技术或职能领域的工作使自己得到别人的认可，并希望能在这个技术或职能领域继续提升自己的专业技术或能力。他们认为自己只有在特定的技术或职能领域才能实现持续的进步。随着职业生涯的发展，他们发现自己对某一特定类型的工作表现出较强的才能和动机。真正吸引他们的是有机会实践自己的技术才能，并能够享受成为某方面专家带来的满足、愉悦。如果他们感觉到自己转移到了难以获得职业满足感、发挥不了自己专长的工作领域，他们会设法回到自己拥有竞争力并能感受到快乐的工作领域。

具有技术/职能型职业锚的人倾向于一种专家式的生活，他们不希望成为全面的管理人员，因为这意味着放弃专业领域的发展；但他们愿意成为职能经理，因为职能经理可以更好地帮助他们实现专业领域的发展。事实上，大部分职业是从技术或职能领域开始发展的，而且职业的早期阶段必然涉及专业技能的提高。但对一些人来说，以技术专家的身份成为组织成员或寻求稳定的工作远大于专业技能提高本身的意义；对另一些人而言，专业技能提高仅仅是晋升的阶梯；还有一部分人认为学习必要的技术可以为他们走向独立或开始创业提供机会。因此，尽管多数人的职业是从专业领域开始的，但只有部分人从内心认可这是有价值的事情，发展并逐渐形成这一专业领域的职业锚。

（2）技术/职能型职业锚的工作类型。具有技术/职能型职业锚的人期望具有一定挑

---

* 本小节内容摘自施恩所著《职业锚》（中国财政经济出版社 2004 年版）。有删改。

战性的工作。如果一份工作不能考验他们的能力和技术水平，这份工作很快就会变得令人厌倦和毫无意义，并导致他们变换工作。由于他们的自尊心的满足程度取决于才能的施展水平，因此他们需要能够展示自己才能的工作。大部分人通常关注工作环境，而这种类型的人则更关注工作的实质和内容。

具有技术/职能型职业锚的人会忠于某一组织（与具有自主/独立型职业锚的人相反），也乐于参与组织目标的制定过程。然而，一旦确定目标，他们就希望能够最大限度地独立实现目标。他们不仅要求实施过程的独立，而且希望组织提供各种设备、费用和资源去帮助他们实现目标，所以希望控制预算的管理人员和希望调动所有资源的技术专家之间经常发生冲突。

这种类型的人不喜欢管理工作，除非行政或管理工作是他们完成工作的必要环节，否则他们就无法接受。他们通常不希望被提升到全面管理岗位，因为这意味着他们要离开自己被认可的专业领域。

在管理方面，不同组织对人际交往的要求是不同的，如果一个人被提升到管理职位，结果他无法胜任管理工作，就会陷入进退两难的局面，从而妨碍他在组织内部的发展。实际上，大部分组织的等级设置并没有提供从管理职位退回至技术/职能职位的职业发展通路。

在具有技术/职能型职业锚的人的生涯中，发现一个适合的且具有挑战性的工作对于个人和组织来说都是十分艰难的任务。实行导师制是一种可行的解决方案，重新进行职业设计以充分利用老专家的经验也是一条出路。如果这些人能够成为技术领域中的多面手和通才，就可以为解决问题带来更广阔的视野。

（3）技术/职能型职业锚的薪酬补贴。具有技术/职能型职业锚的人希望能够按照教育背景和工作经验确定技术等级并据以得到报酬。一个具有博士学位的人可以得到比硕士学位更高的工资，而不去考虑实际的工作绩效。他们倾向于关注外在平等，即与其他组织中具有同等技术水平的人比较收入的高低。如果他们的收入偏低，即使他们是本组织内部薪水最高的，他们也会认为自己没有得到公平待遇。

具有技术/职能型职业锚的人更关注绝对的收入水平，而不是奖金和期权等特殊的激励方式，除非是作为一种对他们的认可方式。由于他们认为自己流动性很大，通常希望获得尽可能多的收入，因此他们倾向于一种自助式收益方式，即由他们按照自己的需要确定收益方式（例如保险或退休金）。

（4）技术/职能型职业锚的工作晋升。具有技术/职能型职业锚的人更看重技术或专业等级，而非职位的晋升，他们不愿接受行政或管理岗位的晋升。这一点在研发部门或工程部门已经得到认可，实际上对于组织中其他职能的专家也是非常适用的（如财务、市场、制造或销售）。尽管如此，只有很少的组织设立了适合这种类型的人发展的职业阶梯。

对于具有技术/职能型职业锚的人，晋升并不需要按照等级体现。如果个人的收入与外部市场相一致，下列方式就可以更好地激励他们：扩大工作范围，给予更多的资源和更大的责任，更多的经费、技术或下属支持，或让他们通过委员会或专家组的方式参与高层决策。

（5）技术/职能型职业锚的认可方式。对他们而言，来自同行业专业人士的认可比管理者的表扬更有价值。换句话说，管理人员并不真正理解他们的成绩，所以来自管理人员的认可远不如来自同行业专业人士，甚至明白工作过程及工作成果的下属们的认可。

另一种形式的认可，是在专业领域继续学习和发展的机会。接受培训的机会、组织赞助的休假、鼓励参加专业性会议、提供购买资料和设备的经费等都是非常有价值的认可方式。这些方式对于技术/职能型职业锚的老专家尤其有效，因为他们最害怕的就是落伍。

除了继续学习，作为专家被接纳为其他团体或组织的成员也是他们喜欢的认可方式。在待遇公平的前提下，公开的奖励和奖章等来自公众的认可，比收入的增加更重要。

具有技术/职能型职业锚的人对组织的管理比较敏感，因为由一般管理人员设计的职位更关注多种职能的整合、内部薪酬体系的平衡、组织忠诚度的锤炼以及出色的人际关系维护能力。而这些东西恰好是具有技术/职能型职业锚的人不关心的事情。如果具有技术/职能型职业锚的人是组织非常重要的资源，修正职业发展系统就显得非常必要了。

2. 管理型职业锚

（1）管理型职业锚的特征。具有管理型职业锚的人具有成为管理人员的强烈愿望，并将此看成职业进步的标准。他们有晋升到全面管理职位所需要的相关能力，并希望自己的职位不断得到提升，这样他们可以承担更大的责任，并能够做出影响成功与失败的决策。

具有管理型职业锚的人与具有技术/职能型职业锚的人区别在于：他们把专业化看作陷阱。他们明白掌握专业领域知识的必要性，也同意一个人必须成为某一职能或业务领域的专家才能更好地胜任管理职位。但他们核心的价值和动机是承担更大的管理责任、获取更多的领导机会、为组织的成功做出贡献并带来高的收入。刚进入组织内部时，大部分人希望自己在某些方面能够出人头地，而且一些人会明显表现出向上发展的愿望，但不大清楚实现这一目标需要什么样的能力、动机和价值观。随着工作经验的增加，这些因素逐渐变得清晰起来，尤其对于那些致力于全面管理的人来说就更为显著，他们不仅需要高水平的晋升动机，而且需要整合以下三个方面的能力。

第一，分析能力：一种在信息不全面和不确定的情况下，识别、分析、归纳信息以解决问题的能力。

管理者能够预见将要发生的事情并分辨其重要性，绕过大量不相关的细节切入问题的关键，并在无法验证的情况下，辨别信息的可靠性和有效性，最后列出问题及可行的解决方案。无论是财务、市场、技术、人力资源部门，还是其他直接影响组织未来的部门，都需要这样的分析技能。

通常情况下，管理人员是决策制定者。然而更恰当的说法是，管理者能够辨别问题并以一种决策的方式来陈述问题。为促使决策过程顺利进行，管理者必须跨越职能，从整体上思考问题，这就需要管理者同时具备其他的能力。

第二，人际与团队能力：影响、监督、领导、操纵和管理组织的各级人员，从而实现组织目标的能力。

这种能力包括从别人那里获取有效的信息，使他人有效协作以发挥整体效率；激励员工参与并解决问题，清楚地向员工传达需要达成的目标，促进决策的制定及实施；监督执行并在必要的情况下采取正确的行动。

决策所需的大量技术信息来自下属或具有技术/职能型职业锚的同事。然而，决策质量的高低很大程度上取决于管理者能否建立一支解决问题的团队，以及团队成员间是否相互信任和信息互换是否通畅。进一步讲，复杂的问题需要团队成员共享信息，才能有效决策并解决。因此，团队管理能力对管理者非常重要。

新任的管理者总是怀疑自己是否擅长管理他人，以及是否喜欢管理他人。除非他们在学校担任过领导角色，否则新任的管理者并不了解自己拥有什么样的人际能力及管理需要什么样的人际能力。这也是招聘人员十分关心应聘者实践活动的原因，在这个方面的任何记录对个人和组织都有非常大的意义。一旦新的管理者有机会实践，并发现人际交往非常有趣，而且是可以改善的，就会大大增强他们的自信心、提升他们的抱负。

人们也许会发现自己缺乏管理能力或不喜欢这种类型的工作，从而把工作重心转向技术，甚至创业。对于组织来说，建立合适的机制帮助这些人顺利地离开他们不适合的领导岗位是非常重要的。组织中常见的现象是：优秀的工程师或销售人员被提拔为管理者，并身陷这个他们注定会失败的职位，最终影响他们的职业生涯和组织的利益。

第三，情感管理能力：能够为情绪、人际关系和危机所激励而不被压倒的能力，承担高强度的责任而不被压垮的能力，果断地使用权力做出困难决策的能力。

许多管理者在访谈过程中都提到学会做困难的决定是一个痛苦的心理历程，多数人都表示当时无法想象会发生什么或自己该如何反应。只有当他们有信心控制自己的情感时，他们才有信心成为一名成功的管理者。例如：解雇一名资深老员工；在两个下属负责的两个项目之间做出选择；把大量的现金投入一个项目当中；知道成败关系许多人的命运；要求下属去完成一件他不愿意做的艰巨任务；激励士气低落的组织；从上级处争取一个项目；给部下授权以锻炼他们的工作能力；为自己无法控制的决策承担责任；等等。

多数管理者提到这样的决策会经常发生，管理工作最困难的是每天都要面对必须完成的任务，最终可能导致患溃疡症或精神崩溃。管理工作的本质是平息和化解不确定性带来的紧张情绪和人际冲突，承担责任；正是这一点阻止了具有技术/职能型职业锚的人而鼓舞和刺激了具有管理型职业锚的人进入管理职位。

具有管理型职业锚的与具有其他职业锚的人的区别在于他们拥有较强的分析能力、人际与团队能力以及情感管理能力。尽管这些能力不一定要发展到很高的水平，但它们缺一不可。技术/职能型职业锚取向的人需要高度发展某一方面的能力，而管理型职业锚取向的人需要整合三方面的能力。全面管理者与职能管理人员在这些方面完全不同，因为这些能力只有在实践中才能学习并掌握，所以成为一名管理者需要花费更长的时间。

（2）管理型职业锚的工作类型。具有管理型职业锚的人希望承担更大的责任，喜欢有挑战性的、多变的和综合性的工作，渴望领导机会，看重对组织的贡献。对组织成功越重要的工作，对他们越具有吸引力，他们以组织的成败来衡量自己的工作成绩。某种意义上说，他们是真正所谓的组织人——管理一个高效率的组织。

（3）管理型职业锚的薪酬补贴。具有管理型职业锚的人通常把收入水平作为衡量自己成就的标准，并期望有相当高的收入。与具有技术/职能型职业锚的人不同的是，他们倾向于内在的公平而不是外在的公平。他们期望收入远远高于他们的下级，如果这种期望得到满足，即使和他们同样水平的人在其他组织的相同岗位上挣得更多，他们也会非常满意。他们也期望得到短期奖励，例如实现某个组织目标的奖励。同时，由于他们是组织的代表，因此股票期权等代表所有者和股东权益的奖励方式对他们来说也是很有吸引力的。

同具有安全/稳定型职业锚的人一样，具有管理型职业锚的人会期望（并非积极的愿望）所谓的“金手铐”，尤其在退休金方面的“金手铐”。由于具有管理型职业锚的人过多将自己的事业与组织结合在一起，因此他的技能可能在中年或更老的时候变得不适用。现在越来越多的管理人员在跳槽时要求至少同等的工资福利。由于组织过去的情况对决策过程非常重要，所以这种职业变换能否成功并不明晰。全面管理也可能出现一些新的特点，例如，“起死回生经理”常常让濒临绝境的公司扭亏为盈正常运营，“创业经理”则擅长发展新的海外分公司、开发新产品或新市场。

（4）管理型职业锚的工作晋升。具有管理型职业锚的人认为晋升应该基于个人的贡献、可量化的绩效和工作成绩。尽管他们承认性格、资历和其他因素在晋升中的重要作用，但管理人员仍然坚持达到目标的能力才是最关键的标准。其他因素只有成为达到目标的必要条件时，才能成为晋升的标准。

（5）管理型职业锚的认可方式。对于具有管理型职业锚的人来说，晋升到有更大管理责任的职位无疑是最好的认可方式。他们以级别、头衔、薪水、下属数量、预算规模和其他一些无形的因素（如所负责的项目、部门或区域，对组织发展的重要性等）的组合来衡量自己的地位。他们期望不断得到提升，如果在一个职位上待的时间过长，他们就会觉得自己表现得不够好。每个组织都有自己的晋升时间表，按照组织的晋升周期得到提升成为管理者是成功的标准之一。因此，除了平调或降级，职位变动本身成了一种重要的认可方式。

有抱负的管理者可能发现组织有时会发展出一条潜在的晋升路线。比如，一个人从财务部调到市场部，再到海外公司担任顾问，然后回到总部，最终去掌管一个区域，就是一条很容易理解的晋升路线。如果晋升没有按照通常的路线进行，当事人就会担心自己脱离了快速提升的轨迹，从而失去进一步发展的潜力。因此，适时晋升到某个职位也就成为另一种重要的认可方式。

这一类型的人也非常重视金钱形式的认同，像加薪、奖金和股票期权，喜欢头衔、地位象征（如大办公室、轿车或特权），最重要的是得到上司的认可。具有技术/职能型职业锚的人只需要得到同行业专业人士的认可，而管理者们迫切需要得到他们主管的认可，因为这样表明他们可以晋升到更高的职位。

总的来说，具有管理型职业锚的人从一开始就与组织中的其他人有完全不同的定位，他们希望得到一份管理工作，即使是从一份类似的岗位做起。访谈数据显示，一个人只有在明确自己具备分析能力、人际与团队能力、情感管理能力等管理者必备的能力之后，才会逐渐发展出管理型职业锚；但也有一些人很快进入自我认知的过程，所以如果组织没有快速回应他们升迁的要求，他们会跳槽到能够快速升迁的组织中去。

3. 自主/独立型职业锚

（1）自主/独立型职业锚的特征。具有自主/独立型职业锚的人追求自主和独立，不愿意接受别人的约束，也不愿受程序、工作时间、着装方式以及在任何组织中都不可避免的标准规范的制约。无论什么样的工作，具有自主/独立型职业锚的人都希望能按自己的方式、工作习惯、时间进度和自己的标准来完成工作。他们发现组织生活太限制人，是非理性的，甚至侵犯个人私生活；他们倾向于以自己的方式追求更为独立的职业。当面临职业选择时，自主/独立型的人宁愿选择一份他人眼中不好但有自主权的工作，也不愿意求得一份更好但没有自主权的工作。

每个人都需要一定程度的自主，并随着生活阶段的不同而变化。然而对一些人来说，自主的需要是高于一切的，无论什么时候，他们都要求有自主独立权。对自主独立过高的要求可能是高等教育或专业化训练的结果，因为它注重培养人们自力更生、对自己高度负责的态度。因为在儿童成长教育过程中过于强调自立和主见，所以有时在童年时期就会出现这种情况。

具有自主/独立型职业锚的人会慢慢将工作转向自主性较强的职业，例如对商业和管理感兴趣人可能会从事咨询和培训工作。如果在大型组织中工作，他们则会选择一些相对独立的职位，例如研发部门、区域销售、数据处理、市场调研、财务分析或外埠管理等。

（2）自主/独立型职业锚的工作类型。具有自主/独立型职业锚的人更喜欢专业领域内职责描述清晰、时间明确的工作。承包式或项目式工作，全职、兼职或临时性的工作都是可以接受的。另外，这种类型的人倾向于有明确的工作目标而且不限制工作完成方式的组织，他们不能忍受别人在旁边指手画脚。他们可以接受组织强加的目标，但希望独自完成工作。

（3）自主/独立型职业锚的薪酬补贴。具有自主/独立型职业锚的人惧怕所谓的“金手铐”，他们更倾向于基于工作绩效的工资、奖金，并当即付清，或其他没有附加条件的报酬方式；喜爱便捷的自选式收益方式，以便他们能够随时决定自己的生活方式。具有自主/独立型职业锚的人倾向于基于以往成就的晋升，希望从新的职业中获取更多的自主权。换句话说，晋升就意味着更大的自主。新的职位如果带来了更高的头衔和更多的责任但减少了自由度，则会令具有自主/独立型职业锚的人感到恐惧。比如，如果一个具有自主/独立型职业锚的销售代表确信成为销售经理会降低他的自主性，他就会拒绝晋升机会。

（4）自主/独立型职业锚的认可方式。具有自主/独立型职业锚的人最喜欢直接的表扬或认可。对于具有自主/独立型职业锚的人来说，勋章、证明书、推荐信、奖品、证书等奖励方式比晋升、获得头衔甚至金钱更具吸引力。

多数组织的激励机制并不适合具有自主/独立型职业锚的员工，他们经常因没有自主权而产生反感情绪或因不能忍受组织的约束而辞职。如果这些人对于组织来说并不重要，那就无关紧要；但如果他们是组织中的关键员工，那就需要设计一套符合他们偏好的激励机制。显然，这种设计非常困难，因为大多数组织都无法通过承包的方式或兼职的方式运转，而这些方式是具有自主/独立型职业锚的员工最喜爱的方式。

4. 安全/稳定型职业锚

（1）安全/稳定型职业锚的特征。安全与稳定是这种类型的人选择职业时最基本、最重要的需求。他们需要把握自己的发展，只有在职业的发展可以预测、可以达到或实现的时候，他们才会真正感觉放松。事实上，任何人都有一定程度安全与稳定的需要，例如，当一个人承担抚养家庭的责任或接近退休时，财务是最重要的安全因素。对具有安全/稳定型职业锚的人而言，工作、生活和环境的安全与稳定重要到可以指导或者限制他们的职业决策。

这种类型的人通常会选择提供终身雇佣、从不辞退员工、有完善的退休金计划和福利体系，同时看上去强大而可靠的组织。因此，政府部门和事业单位对这种类型的人很有吸引力。他们会为自己的组织感到自豪，即使他们没有担任很高的或重要的职位。

具有安全/稳定型职业锚的人喜欢所谓的“金手铐”，希望自己的职业跟随组织的发展而发展。作为交换，他们希望知道工作内容、出差时间、工作地址以及岗位变动频率等因素。正因为如此，有些人认为他们缺乏抱负，甚至一些满怀雄心或崇尚成功的人会蔑视他们。其实这种看法并不公平，因为他们中的许多人能够从基层晋升到高级管理岗位。但当成为大型组织的中层管理人员时，他们就会感到非常满足了。

他们当中有能力的人会成为组织的高层管理人员，但仍然喜欢稳定和可以预期的工作。才能稍逊的会维持在中层管理岗位，或成为顾问并逐渐降低工作参与程度。只要获得了安全感，他们就会满足于自己取得的任何成绩。他们如果还有未发挥的才能，则倾向于寻找与工作和事业无关的活动来消遣。

（2）安全/稳定型职业锚的工作类型。具有安全/稳定职业锚的人愿意从事安全、稳定、可预见的职业。相比工作本身，他们更看重工作的内容。工作环境、工作挑战等内在激励方式不如直接加薪、改善收益状况对他们更有效。许多组织的工作具有这方面的特性，而每个组织都很大程度上依赖员工中高比例的具有安全/稳定型职业锚的员工和具有技术/职能型职业锚的员工。

（3）安全/稳定型职业锚的薪酬补贴。具有安全/稳定型职业锚的人希望薪水可以基于工作年限并可以预测地稳定增长。他们倾向于强调保险和养老金的薪酬方案。

（4）安全/稳定型职业锚的工作晋升。具有安全/稳定型职业锚的人喜欢基于过去资历的提升方式、明确晋升周期的公开等级系统。显然，这种类型的人偏爱像学校这样的提供终身雇佣的组织。

（5）安全/稳定型职业锚的认可方式。具有安全/稳定型职业锚的人希望因为忠诚和稳定的绩效而被认可，并希望得到稳定和连续雇佣的保证。最重要的是，他们相信忠诚会给组织绩效带来实质贡献。这种类型的人适合多数的人事系统，尽管它们很少提供终身雇佣。

5. 创造/创业型职业锚

（1）创造/创业型职业锚的特征。对具有创造/创业型职业锚的人来说，最重要的是建立或设计某种完全属于自己的东西，例如：开发以自己的名字命名的产品或服务；建立或投资新的公司；收购其他的公司，并按照自己的意愿进行改造。创造并非仅仅是发明家或艺术家所做的事，创业者也需要创造的激情和动力。但需要澄清的是，市场分析人员、研究开发人员、广告策划人员并不属于这一类别。具有创造/创业型职业锚的人有强烈的冲动向别人证明：通过自己的努力能够创建或开发新的公司或产品、服务，并使之发展下去。当在经济上获得成功后，赚钱便成为他们衡量成功的标准。

许多人梦想建立自己的公司，而且这种想法一直存在于职业发展的各个阶段。在某些情况下，这种梦想是追求独立的结果，即跳出自己的“围城”。真正具有创造/创业型职业锚的人在早期就开始追求这些梦想，经常在高中阶段就创立赚钱的公司。他们不仅具备创业的才能，而且同时有强烈的动机向其他人证明自己能够创造属于自己的公司。这种动机很可能来源于家庭，比如曾经成功创立过公司的家庭。他们不会在传统的公司中工作很长时间，或者他们只把这种工作看作创立自己公司的必经之路。

把创造/创业型职业锚与自主/独立型职业锚区别开来非常重要。具有自主/独立型职业锚的人发展自己的生意，是源于自主独立的需要；具有创造/创业型职业锚的人是想证明自己能够创立属于自己的公司，他们可以在创业的早期阶段牺牲自由和稳定直到生意获得成功。在创业成功之前，他们会从事传统的职业，同时思考创业的可行性方案。

(2) 创造/创业型职业锚的工作类型。具有创造/创业型职业锚的人最看重的是所有权。通常容易对过去的事情感到厌倦。在自己的公司中，他们仍会不断地开发新的产品或服务。当他们失去兴趣时就把这个公司卖掉再创建一个新的公司。他们需要不断接受新的挑战。

(3) 创造/创业型职业锚的薪酬补贴。具有创造/创业型职业锚的人最看重的是所有权。通常他们并不向自己支付很高的工资，但控制着自己公司的股票。如果他们开发出新的产品，那么他们会希望自己拥有相关的专利。希望能够留住这类人的公司，经常误解他们的内在需求。除非他们拥有新公司的控制权和51%的股票，否则一个具有创造/创业型职业锚的人不会留在这个公司。他们积累财富并非完全为了自己，而是一种向他人证明成功的方式。分红对他们来说可能毫无意义。

(4) 创造/创业型职业锚的工作晋升。具有创造/创业型职业锚的人希望职业能够允许他们去做自己想做的事情，有一定的权力和自由去扮演感兴趣的角色，以满足自己不断进行创新变化的需求，例如研发中心主任、董事会主席等。

(5) 创造/创业型职业锚的认可方式。创造财富和创建一定规模的公司是他们获取认可最重要的方式。此外，创业者通常以自我为中心，要求很高的知名度和公众认可度，喜欢用自己的名字命名产品和公司。

6. 服务型职业锚

(1) 服务型职业锚的特征。具有服务型职业锚的人希望职业能够体现个人价值观，他们关注工作带来的价值而不在意是否能发挥自己的才能或能力。他们的职业决策通常基于能否让世界变得更加美好。那些帮助性的职业最能得到此类人的认同，如医药、护理、社会工作、教育和公共管理等。

此外，在商务领域也存在以服务为导向的职业，比如采取积极行动的人力资源专家、致力于改善劳资关系的劳动法律师、研究新药物的科学家，或是为改变某一方面的社会现状进入公共服务领域的经理人。能够体现助人为乐、为人类服务和为国家服务等价值观的工作是他们职业的首选。

当然，并非所有在帮助性行业中工作的人都希望去服务他人。一些医生、律师、公共管理人员、社会工作者可能是技术/职能型的、自主/独立型的或安全/稳定型的；一些人希望成为管理者。如果不知道哪一个职业锚在发生作用，我们就不知道个人真正的职业需求。

（2）服务型职业锚的工作类型。具有服务型职业锚的人希望职业允许他以自己的价值观影响雇用他的组织或社会。例如，一位农学教授放弃大学的终身雇佣，转而成为矿业公司环境计划部门的管理者，他声称只要他被允许去实施关键的环境计划，并拥有完成计划的权力，他就会一直在公司待下去。

（3）服务型职业锚的薪酬补贴。他们对组织忠诚，希望得到基于贡献的、公平的、方式简单的薪酬。钱并不是他们追求的终极目标。

（4）服务型职业锚的工作晋升。比金钱更重要的是认可他们的贡献，给他们更多的权力和自由来体现自己的价值。

（5）服务型职业锚的认可方式。他们需要来自同事及上司的认可和支持，并与他们共享自己的核心价值。如果缺少这些支持，他们就会选择有一定自主性的职业，例如咨询业。

7. 挑战型职业锚

具有挑战型职业锚的人认为他们可以征服任何事情或任何人，并将成功定义为“克服不可能的障碍，解决不可能解决的问题，或战胜非常强硬的对手”。随着自己的进步，他们喜欢寻找难度越来越大的挑战，希望在工作中面临越来越艰巨的任务。需要澄清的是，具有挑战型职业锚的人与具有技术/职能型职业锚的人的差别在于后者只关注某一专业领域内的挑战。高层次的战略咨询顾问可以归入具有挑战型职业锚的人，因为工作需要他们去解决一个比一个困难的战略任务。

对一些人而言，挑战被定义成竞争。例如，一些海军飞行员一生唯一的目标就是与敌人的飞机来一场决战。在决战中，他们将向世界证明他们在战斗中的优势。虽然军队中这种类型的职业锚看上去有些夸张，但确实有些人将生命定义为竞争。许多销售人员、职业运动员和管理者将职业定义为在每日的战斗或竞赛中胜出。

对于具有挑战型职业锚的人来说，一定水平的挑战是至关重要的。工作领域、受雇用的组织、薪酬体系、晋升体系、认可方式等都从属于这项工作是否能够经常提供挑战自我的机会。缺少挑战自我的机会使他们变得厌倦和急躁。职业中的变化对他们而言非常重要，管理工作吸引他们的一个主要原因是管理工作具有多变性和挑战性。

如何激励与发展具有挑战型职业锚的人是一个非常复杂的管理问题。一方面，他们有强烈的自我发展动机，对带给他们挑战机会的雇主非常忠诚；但另一方面，他们意志坚定，可能给具有其他不同价值观的同事制造麻烦。1979 年的好莱坞电影《霹雳上校》描述了一个战士给上司和家庭带来的麻烦，对他而言，职业只是用来实践自己技能的竞赛场，如果没有这样的机会，他就会感到受挫，并给自己和他人带来麻烦。

8. 生活型职业锚

乍看上去，这一概念有些自相矛盾，因为事业对具有生活型职业锚的人并不那么重要，所以他们并没有职业锚。但这仍然属于职业锚讨论的范围，现在越来越多的具有强发展动机的人提出：职业与生活必须有效整合。这已经不再是传统意义上的平衡职业和个人的生活，而是寻找一种合适的方式整合职业的需要、家庭的需要和个人的需要。

因为整合过程就是发展，所以这种类型的人最需要的是弹性和灵活。具有自主/独立型职业锚的人也需要弹性，但不同的是，具有生活型职业锚的人愿意为提供灵活选择的组织工作，这些选择包括：在家庭条件允许的情况下出差；在生活需要的时候非全职工作；有休假、育儿假和产假，提供日托（对双亲工作的家庭和单亲家庭非常有吸引力）；实行弹性工作制；居家办公；等等。相对于组织的态度，具有生活型职业锚的人更关注组织文化是否尊重个人和家庭的需要，以及能否与组织建立真正的心理契约。

这种职业锚首先是从麻省理工学院斯隆管理学院毕业的女生身上观察到的，继而又在男性毕业生身上观察到，特别是在那些走上管理和战略咨询岗位的毕业生身上被发现，这可能反映出一种社会趋势及双职工家庭带来的必然影响。如果组织和职业发展体系不够灵活，就很难说组织的反应对某一特定的情况有帮助，所以此时最需要的是管理者的理解。

许多人不喜欢跨地域工作，这被看作追求稳定的表现。实际上，他们不是为了追求稳定，而是期望整合个人的、家庭的和职业的需要。如果这种趋势继续下去，就可能对职业的发展路径产生重要而深远的影响。很多组织理所当然地认为员工应该接受组织调动，并以此作为一条正向的职业发展路径，但如果具有生活型职业锚的员工碰到这种情况，他们就可能放弃在组织内部的职业发展，转而设计新的职业发展道路，以实现他们在某一地区内的发展。

4.1.3 职业锚的功能

1. 识别个人职业抱负模式和职业成功标准

职业锚是个人经过搜索所确定的长期职业贡献区或职业定位。这一搜索定位过程，依循个人的需要、动机和价值观进行。所以，职业锚清楚地反映出个人的职业追求与抱负。如果某员工选定的是技术/职能型职业锚，那他显现出的志向抱负就在于专业技术方面的事业有成。

同样，从职业锚可以判断员工的职业成功标准。职业成功，无一致的定义，亦无统一固定的标准，它因人而异，因职业锚的不同而不同。对于具有管理型职业锚的员工来讲，其职业成功在于升迁至更高职位，获得管理更多人的机会和更大的管理权力。而对于具有安全/稳定型职业锚的员工来说，求得一个地位稳定和收入不低的工作，有着优雅的工作环境和轻松的工作节奏，就是其职业成功的标志了。

2. 促进预期心理契约得到发展，有利于个人与组织稳固地相互接纳

职业锚能准确地反映个人职业需要及其所追求的职业工作环境，反映个人的价值观与抱负。透过职业锚，组织可获得员工关于个人信息的正确反馈，进而有针对性地为员工职业发展设置可行的、有效的、顺畅的职业通道。个人则会因为组织有效的职业管理使自身的职业需要得到满足，从而深化对组织职业管理有效性的认识与对组织的情感认同与服从。于是，组织与个人双方深化了解，达到深度稳定的相互接纳。

3. 增长职业工作经验，增强个人职业技能，提高劳动生产率或工作效率

职业锚是个人职业工作的定位，是贡献区。相对稳定地长期从事某个职业必然增长工作经验；经验的丰富和积累，既使个人知识得到丰富，也使个人职业技能不断增强，直接产生提高工作效率或劳动生产率的明显效益。

4. 早期职业锚可为员工做好中后期的职业活动奠定基础

在具有工作经验之前，锚是不存在的。通过工作经验的积累产生的职业锚，清晰地反映出个人进入成年期时的潜在需要和动机，也反映了个人的价值观，反映了其被发现的才干。员工确定自己所具有的工作锚过程，就是他真正认知自我的过程——认识自己具有什么样的能力、自己还需要什么、自己的价值系统是什么、自己属于哪种类型的人。把职业工作与完整的自我观相整合的过程，决定了员工成年期的主要生活和职业选择。所以，职业锚是员工中后期职业活动的基础。换言之，中后期职业发展与早期职业锚是密切关联的。

4.1.4　职业锚的个人开发

我们大多数人的第一个职业，往往不会是我们的终生职业。一个人的职业锚是经过若干年的实际工作后才能被发现的。找到职业锚的平均年龄一般是四十岁。

伟大的革命家孙中山最早是学医的，他想提高民众的健康水平。后来他发现国家的问题不是民众身体生病的问题，而是整个国家的体制有弊病。于是他决定弃医从政，组织武装，领导革命，推翻腐朽的封建王朝，建立起新的民主国家。

鲁迅的第一个职业志向也是学医。那时候外国人欺负中国人，称中国人为东亚病夫。鲁迅最初决定学医，想用自己精湛的医术挽救中国民众，使大家获得健康。后来他看了一部电影，日本人杀中国人，其他中国人在旁边麻木不仁。鲁迅突然感到中国人的问题不是身体上的问题，而是灵魂的问题，灵魂死了，麻木了。于是鲁迅决定弃医从文，用他犀利的笔锋唤醒中国人的灵魂。

在职业锚的搜寻或开发中，员工个人起着决定性作用，从个人角度看，如何开发职业锚呢？

1. 提高职业适应性

一般而言，新员工经过认识、塑造、充分规划自我等诸多职前准备，经过一定的科学的职业指导和职业选择，进入组织，这本身即代表了该员工个人对其所择职业有一定的适合性。但是这种适合性仅是初步的，是主观的认识、分析、判断和体验，尚未经过职业活动实践的验证。

职业适应性是在职业活动实践中验证和发展了的适合性。每个人从事职业活动，总是处于一定的物质环境和心理环境之中，个人从事职业的态度受到诸多主客观因素的影响，例如个人的兴趣、价值观、技能、能力，客观的工作条件，福利情况，他人和组织对自己工作的认可及奖励（报酬、晋升）情况，人际关系情况，以及家庭成员对本人职业工作的态度等。个人的职业适应性就是能尽快习惯、调适、认可这些因素，也就是员工在组织的具体职业生活中，使工作性质、类型和工作条件与个人需要和价值目标相融合，使自身在职业生活中获得最大满足。职业适应的结果能保证雇员个人在较长一段时间内从事某种职业活动，而且能保证员工在职业活动中有较高效率，有利于员工个性的全面协调发展。所以，员工由加入组织时的主观职业适合，通过职业活动实践，转变为职业适应的过程，即员工搜寻职业锚或开发职业锚的过程，职业适应性是职业锚的前提或基础。

如何提高职业适应性呢？

（1）目标专一。新员工进入组织后，所面临的是纷繁的工作事务，如果没有追求的目标，不知道自己要干什么，朝秦暮楚，用心不专，就只能无意义地耗费宝贵的时间和精力。应当选定目标，努力去适应。适应是需要时间和经验的，只有专注于某项职业活动，才能渐渐体味其中的甘苦，慢慢总结出游刃于其中的技巧；才能与职业群体人相交、相知，融洽相处。

（2）动态中的适应。虽然我们强调目标专一，但是也不能期望一劳永逸、固定不动，应对发展和变化有足够的心理准备。掌握基础知识、基本技能、普遍规律和一般理论十分必要，随着与职业相关的知识的更新，要不断学习和掌握新知识、新技能，锻炼出一种动态的科学的思维方式和判断能力。

（3）适应职业环境。一是适应新工作，就是端正工作态度，遵守和熟悉该工作的角色规范，包括纪律、道德、技术规范等；迅速掌握工作技能，提高工作效率；积极参加职业培训，虚心求教于同事。这样有利于尽快进入新的角色。二是适应新人际关系。

（4）能力替代或补偿。职业适应的关键因素是员工的能力结构。如果个人能力结构与职业要求相符，则其职业适应性强；反之，则弱。个人还可以通过能力的补偿效应来增强职业适应性。人具有的能力并非单一的，不同能力之间可以相互替代或补偿，从而保持或维持职业活动的正常进行。这种补偿，不仅发生在自身具有的不同能力之间，还发生于气质与能力、性格与能力、个性与能力等之间。例如，熟能生巧，是娴熟技能对创造能力的增强；勤能补拙，是素质与能力之间的补偿。

（5）培养工作兴趣，扩展知识。兴趣是员工从事职业活动的心理动力之一，兴趣是个性倾向性的重要内容。它能培育员工积极进取、主动热情的心境。这种必要的心理动力和情感上的支持，能有效地增强员工的职业适应性。

如果说兴趣是能从心理上、情感上为员工职业工作能力提供支撑，一定的文化知识、职业知识和专业知识则是其事业活动的物质基础条件和必要保证。员工及时地熟练掌握从事某项职业活动所必需的知识，并不断学习、扩展知识面，就能获得适应职业变动的能力，就能够做好工作，达到职业目标，获得成就。员工一旦取得工作成就，享受到成功的愉悦，就会受到强激励，更积极参加职业活动，勇于排除干扰，提高职业水平，强化职业适应性。

（6）脚踏实地、安心适应单调乏味的工作。职业目标非朝夕就能实现，实现职业目标要行走很长的路。不要厌烦那些烦琐乏味的例行事务，要懂得这是通往自己职业目标进程中的铺路石，如果能以良好的、积极的心态，安于承担低等的或枯燥单调的工作，那么就能对自己兴趣浓厚、富于创造和挑战性的工作，迅速达到深度适应。

2. 借助组织的职业规划表，选定职业目标，发展职业角色形象

职业规划表是一张工作类别结构表，是将组织所涉及的各项工作分门别类进行排列，形成一个较系统地反映组织人力资源配给状况的图表。员工应当借助职业规划表所列职业工作类别、职务升迁途径，结合个人的需要、价值观，实事求是地选定自己的职业目标；一旦选定目标，就要根据目标工作职能及其对人员素质的要求有目的地进行自我培养和训练，使自己具备从事该项职业的充分条件，从而在组织内树立良好的职业角色形象。

职业角色形象，是员工个人向组织及其工作群体对自我职业素质的全面展示，是组织或工作群众对员工职业素质的一种根本认识。职业角色形象的构成主要有两大要素：一是职业道德思想素质，通过敬业精神、对本职工作热爱与否、事业心、责任心、工作态度、职业纪律、道德等来体现；二是职业工作能力素质，主要看员工所具有的智力、知识、技能是否胜任本职工作。员工个人应当从上述两个主要的基本构成要素入手，很好地塑造自己的职业形象，为自己确定职业锚创造条件，打好基础。

3. 培养和提高自我职业决策能力和决策技术

自我职业决策能力是一种重要的职业能力。决策能力的大小、决策正确与否往往影响整个职业生涯发展乃至一生。在个人的职业生涯发展过程中，特别是职业发展转折关头，例如首次择业、选定职业锚、重新择业等，具有较强自我职业决策能力和决策技术是十分重要的。所以，个人在选择、开发职业锚时，必须着力培养和提高自我职业决策能力。

所谓自我职业决策能力，是指个人习得的用以顺利完成职业活动所需要的知识、技能及个性心理品质。具体讲，要培养和提高个人如下几方面的自我职业决策能力：

- 善于搜集相关的职业资料和个人资料，并对这些资料进行正确的分析与评价。
- 制定职业决策计划与目标，独立承担和完成个人职业决策任务。
- 在实际决策过程中，不是犹豫不决、不知所措、优柔寡断，而是有主见，能适时地、果断地做出正确决策。
- 能有效地实施职业决策，克服计划实施过程中的种种困难。

自我职业决策能力运用于实际的职业决策之时（例如职业锚），需讲求决策技术，掌握决策过程。首先，搜集、分析与评价相关职业资料及个人资料，这一工作即对几种职业选择途径的后果与可能性进行分析和预测。其次，对个人预期职业目标及价值观进行探讨。个人究竟具有怎样的职业价值倾向？由此决定的职业目标是什么？现实当中，经常出现价值观念不清、不确定的情况：“我不知道到底什么最重要：金钱，地位，还是工作成就感?”“我很矛盾，既想多赚钱，又想富于变化、利于升迁，好像两方面很难同时获得。”所以，明确和肯定个人主观价值倾向与偏好当为首要，否则无法做出职业决策。具体可运用美国职业指导专家赖斯（Raths）的价值评估表寻找答案。最后，在上述两项工作的基础上，将主观愿望、需要、动机和条件与客观职业需要进行匹配和综合平衡，经过权衡利弊得失，确定最适合、最有利、最佳的职业岗位。这一决策选择过程，是归并个人的自我意向，找到自己爱好且擅长的东西，发展一种可带来满足和报偿的职业角色的过程。

4.1.5 组织对职业锚的开发

职业锚虽然是员工个人的职业定位或者长期贡献区，但是，员工能否建立自己所渴望的锚，并非完全取决于个人，组织是否为其提供职业发展的顺畅通道，是决定性因素。因此，组织对员工个人职业锚的开发与建立，有着举足轻重的作用。那么，从组织的角度讲，如何积极进行职业锚的开发呢?

1. 分配给员工挑战性工作，给其准备建立职业锚的机会

虽然员工进入组织时间不久，但是组织需要对员工充满信任，大胆使用，敢于分配其富于挑战性的工作。对于新员工来讲，所谓挑战性工作，主要是：

- 独立完成某一项具体工作任务。
- 主持某项工作，成为该工作小组的临时负责人。
- 担当比较重要的、关键性的工作任务，或者某项要求高、时间又紧迫的工作任务。
- 承担某项技术性较强的工作。

富于挑战性的工作，一是员工展现自己的机会，二是员工真正审视、了解和评价自我的机会，三是组织较为全面真实地考察和评定雇员的机会。与此同时，初次工作的挑战性，易使员工热爱自己的职业，有利于其职业锚的选定，并且使其在今后的职业生涯中保持自己的竞争能力和旺盛的工作热情，清楚地意识到自己的重任。

2. 帮助和指导员工搜寻职业锚

员工的职业发展和职业锚选定的责任，最终还是落在员工自己身上，组织的任务是适时地为员工提供帮助和指导。如何帮助员工搜寻职业锚？组织可以举行讲习班。首先，帮助员工从实际工作经验中正确了解、认识和评价自我。具体做时可分如下三个步骤：

（1）收集个体的具体资料。建议采用美国哈佛商学院提出的六种方法：

- 写自传。员工提供个人有关背景情况、生活情况（如居住过的地方、接触过的人、生活中的事件等）资料，谈论个人未来的打算等。这些是分析其他问题和情况的基础资料。
- 志趣考察。请员工填写有关志趣、爱好的调查问卷，例如愿意从事什么职业，喜欢何种类型的人，对什么样的课程感兴趣，等等。
- 价值观研究。请员工从不同事物中选出若干项自认为最有价值的事物，以此来研究和判断其在理论、社会、经济、政治、宗教信仰等方面的价值观。
- 24 小时日记。请员工记录他们一个工作日中的活动以及一个非工作日中的活动。以这种日常活动记录证实某些相关信息。
- 与别人面谈。员工分别与自己的朋友、同事、亲戚、配偶等面谈，请他们谈一谈对自己的看法，并将谈话记录下来。
- 生活方式描述。员工可以各种表现形式（语言、照片、图画等）向人们描述自己的生活方式。

（2）组织从所获得的具体资料中归纳出一般结论。这是一种归纳推理法，是由特殊到一般（归纳）的过程，而不是由一般到特殊（演绎）的过程，即从一般结论出发，演绎推导每个人的具体情况。例如，借助具体资料，归纳出数种类型的价值观、生活方式追求和职业愿望、动机，得出一般结论：有不同类型的员工，即挑战型的，生活型的，技术/职能型的，管理型的，创造/创业型的，安全/稳定型的，等等。

（3）帮助员工从他们自己所提供的大量信息资料中逐渐认识到自己的一般形象。首先，通过对信息资料的研究分析，让员工对自己的价值观、职业愿望、个人能力、个人生活方式与追求诸多方面的情况分别下结论，继而与组织归纳的一般结论做对照比较，得到一个较为全面、客观、真实的自我评价。其次，将员工自我评价结果用于员工职业指导。在第一过程自我评价完成以后，组织中各部门经理人员开始找其下属谈话，了解员工职业愿望与要求，了解他们的职业目标；根据员工自我评价结果，帮助他们分析其适合哪种类型和哪一种职业；再次，将员工职业锚目标、平时的工作情况记录下来，作为组织为其开辟职业通道的信息资料与依据。

3. 为员工建立职业锚设置通道

组织要做的第一项工作，通过对员工工作实践的观察和员工个人评价结果，切实对每个员工的个人职业做到综合把握，主要了解和掌握：

- 员工职业追求、愿望、价值观和职业目标。
- 员工个人的职业工作能力（体能、智力、知识、技能，以及人际关系能力等）。
- 员工所适宜的职业岗位（一种、两种或多种）。

第二项工作，通过对组织职业岗位的整理和广泛的工作分析研究，确定职业需求。首先分析、研究工作情况，根据工作情况，进行职业岗位分类，如可将其分为不动岗、空缺岗、近期调换岗、轮换岗；而后就发生变动的工作岗位，确定其实际需要，特别是制定岗位任职的具体标准和条件，以及工作要求规范。

第三项工作，使员工个人目标与组织要求相匹配。在上述职业岗位实际需要得到确定的基础上，在对员工个人职业能力素质综合把握的前提下，将两者进行对照分析，当组织未来需要与员工能力及职业锚目标大概一致时，组织将每个员工的职业锚目标结合到工作目标中，使两者相匹配，帮助员工对号入座。

第四项工作，为每个员工设置职业锚通道，并制定实施计划。经过上述第三步工作，已经确定了员工的职业变动或职业锚位，继而应当规划其变动时间、通过怎样的程序发生变动，以及明确促使员工抛锚定位的措施等。总之，组织要为员工实现职业锚制定切实可行的计划和实施方案。

第五项工作，实施计划方案。应当依照既定计划方案落实兑现，或者使员工尽快到达职业锚目标岗位，或者委以重任，或者适时升迁……以使员工顺畅地确立自己职业的长期贡献区。

练习与测试　职业定位问卷

这份问卷的目的在于帮助你思考自己的能力、动机和价值观。下面给出了 40 个描述，根据你的实际情况，从 1～6 中选择一个数字。数字越大，表示这种描述越符合你的实际情况。例如，“我梦想成为公司的总裁”，你可以做出如下的选择：

选“1”代表这种描述完全不符合你的想法；选“2”代表你偶尔这么想；选择“3”代表你有时这么想；选“4”代表你经常这么想；选“5”代表你频繁这么想；选“6”代表这种描述完全符合你的日常想法。

请尽可能真实并迅速地回答下列问题。除非你非常明确，否则不要做出极端的选择。

1. 我希望做我擅长的工作，这样我的内行建议可以不断被采纳：
2. 当我整合并管理其他人的工作时，我非常有成就感。
3. 我希望我的工作能让我用自己的方式、按自己的计划去开展。
4. 对我而言，安定与稳定比自由和自主更重要。
5. 我一直在寻找可以让我创立自己事业（组织）的创意（点子）。
6. 我认为只有对社会做出真正贡献的职业才算是成功的职业。
7. 在工作中，我希望去解决那些有挑战性的问题，并且胜出。
8. 我宁愿离开组织，也不愿从事需要个人和家庭做出一定牺牲的工作。
9. 将我的技术和专业水平发展到一个更有竞争力的层次是职业成功的必要条件。
10. 我希望能够管理一个大的组织，我的决策将会影响许多人。
11. 如果职业允许自由地决定自己的工作内容、计划、过程，我会非常满意。
12. 如果工作的结果会使我丧失自己在组织中的安全稳定感，我宁愿离开这个工作岗位。
13. 对我而言，创办自己的组织比在其他的组织中争取一个高的管理位置更有意义。
14. 我的职业满足来自我可以用自己的才能去为他人提供服务。
15. 我认为职业的成就感来自克服自己面临的非常有挑战性的困难。
16. 我希望我的职业能够兼顾个人、家庭和工作的需要。
17. 对我而言，在我喜欢的专业领域内做资深专家比任总经理更具有吸引力。
18. 只有在我成为组织的总经理后，我才认为我的职业生涯是成功的。
19. 成功的职业应该允许我有完全的自主与自由。
20. 我愿意在能给我安全感、稳定感的组织中工作。
21. 当通过自己的努力或想法完成工作时，我的工作成就感最强。
22. 对我而言，利用自己的才能使这个世界变得更适合生活或居住，比争取一个高的管理职位更重要。
23. 当我解决了看上去不可能解决的问题，或者在必输无疑的竞赛中胜出时，我会非常有成就感。
24. 我认为只有很好地平衡了个人、家庭、职业三者的关系，生活才能算是成功的。
25. 我宁愿离开组织，也不愿频繁接受那些不属于我专业领域的工作。
26. 对我而言，作一个全面管理者比在我喜欢的专业领域内做资深专家更有吸引力。
27. 对我而言，用我自己的方式不受约束地完成工作，比安全、稳定更加重要。
28. 只有当我的收入和工作有保障时，我才会对工作感到满意。
29. 在我的职业生涯中，如果我能成功地创造或实现完全属于自己的产品或点子，我会感到非常成功。
30. 我希望从事对人类和社会真正有贡献的工作。

31. 我希望工作中有很多的机会，可以不断挑战我解决问题的能力（或竞争力）。
32. 能很好地平衡个人生活与工作，比得到一个高的管理职位更重要。
33. 如果在工作中能经常用到我独特的技巧和才能，我会感到特别满意。
34. 我宁愿离开组织，也不愿意接受让我离开全面管理的工作。
35. 我宁愿离开组织，也不愿意接受约束我自由和使我丧失自主控制权的工作。
36. 我希望有一份让我有安全感和稳定感的工作。
37. 我梦想着创建属于自己的事业。
38. 如果工作限制了我为他人提供帮助或服务，我宁愿离开组织。
39. 去解决那些几乎无法解决的难题，比获得一个高的管理职位更有意义。
40. 我一直在寻找一份能最小化个人和家庭之间冲突的工作。

现在重新看一下你给分较高的描述，从中挑选出与你的日常想法最为吻合的 3 个，在原来评分的基础上，将这 3 个描述的得分再各加上 4 分（例如，原来得分为 5，则调整后的得分为 9）。然后就可以开始评分了。

计分方法：

将每一个描述的分数填入下面的空白表格（计分表）中，然后按照“列”进行分数累加，得到一个总分，将每列的总分除以 5 得到每列的平均分，填入表格。记住：在计算平均分和总分前，不要忘记将最符合你日常想法的 3 项，额外加上 4 分。

计分表：

TF	GM	AU	SE	EC	SV	CH	LS
1 ______	2 ______	3 ______	4 ______	5 ______	6 ______	7 ______	8 ______
9 ______	10 ______	11 ______	12 ______	13 ______	14 ______	15 ______	16 ______
17 ______	18 ______	19 ______	20 ______	21 ______	22 ______	23 ______	24 ______
25 ______	26 ______	27 ______	28 ______	29 ______	30 ______	31 ______	32 ______
33 ______	34 ______	35 ______	36 ______	37 ______	38 ______	39 ______	40 ______

总分：______________

平均分：____________

解释：

技术/职能型职业锚

如果你的职业锚是技术/职能型的，那么你始终不肯放弃的是在专业领域中展示自己的技能并不断把自己的技术发展到更高层次的机会。你希望通过施展自己的技能获取别人的认可，并乐于接受来自专业领域的挑战，你可能愿意成为技术/职能领域的管理者，但管理本身不能给你带来乐趣，你极力避免全面管理的职位，因为这意味着你可能会脱离自己擅长的专业领域。

你的这一领域的得分列在计分表的第一列 TF 的下方。

管理型职业锚

如果你的职业锚是管理型的，那么你始终不肯放弃的是升迁到组织中更高的管理职位，这样你能够整合其他人的工作，并对组织中某项工作的绩效承担责任。你希望为最终的结果承担责任，并把组织的成功看作自己的工作。如果你目前在技术/职能部门工作，你会将此看成积累经验的必经过程；你的目标是尽快得到一个全面管理的职位，因为你对技术/职能部门的管理不感兴趣。

你的这一领域的得分列在计分表的第二列 GM 的下方。

自主/独立型职业锚

如果你的职业锚是自主/独立型的，那么你始终不肯放弃的是按照自己的方式工作和生活，你希望留在能够提供足够的灵活性并由自己来决定何时及如何工作的组织中。如果你无法忍受任何程度上的组织约束，你就会去寻找一些足够自由的职业，如教育、咨询等。你宁可放弃升职加薪的机会，也不愿意丧失自己的自主独立性。为了能有最大限度的自主和独立，你可能创立自己的组织，但你的创业动机与后面叙述的创业家的动机是不同的。

你的这一领域的得分列在计分表的第三列 AU 的下方。

安全/稳定型职业锚

如果你的职业锚是安全/稳定型的，那么你始终不肯放弃的是稳定的或终身雇佣制的职位。你希望有成功的感觉，这样你才可以放松下来。你关注财务安全（如养老金和退休金方案）和就业安全。你对组织忠诚，对雇主言听计从，希望以此换取终身雇用的承诺。虽然你可以到达更高的职位，但你对工作的内容和在组织内的等级地位并不关心。任何人都有安全和稳定的需要，在财务负担加重或面临退休时，这种需要会更加明显。具有安全/稳定型职业锚的人总是关注安全和稳定问题，并把自我认知建立在如何实现安全与稳定上。

你的这一领域的得分列在计分表的第四列 SE 的下方。

创造/创业型职业锚

如果你的职业锚是创造/创业型的，那么你始终不肯放弃的是凭借自己的能力和冒险愿望扫除障碍，创立属于自己的组织。你希望向世界证明你有能力创建一家组织，现在你可能在某一组织中为别人工作，但同时你会学习并评估未来的机会，你一旦认为时机成熟，就会尽快开始自己的创业历程。你希望自己的组织有非常高的现金收入，以证明你的能力。

你的这一领域的得分列在计分表的第五列 EC 的下方。

服务型职业锚

如果你的职业锚是服务型的，那么你始终不肯放弃的是做一些有价值的事情，比如让世界更适合人类居住、解决环境问题、增进人与人之间的和谐、帮助他人、增强人们的安全感、用新产品治疗疾病等。你宁愿离开原来的组织，也不会放弃对这些工作机会的追求。同样，你也会拒绝任何使你离开这些工作的调动和晋升。

你的这一领域的得分列在计分表的第六列 SV 的下方。

挑战型职业锚

如果你的职业锚是挑战型的，那么你始终不肯放弃的是去解决看上去无法解决的问题、战胜强硬的对手或克服面临的困难。对你而言，职业的意义在于允许你战胜不可能的事情。有些人在需要高智商的职业中发现这种纯粹的挑战，例如仅仅对高难度、不可能实现的设计感兴趣的工程师。有些人发现处理多层次的复杂的情况是一项挑战，例如战略咨询仅对面临破产、资源耗尽的客户感兴趣。还有一些人将人际竞争看成挑战，例如职业运动员或将销售定义为非赢即输的销售人员。新奇、多变和困难是挑战的决定因素，如果一件事情非常容易，它马上就会变得令人厌倦。

你的这一领域的得分列在计分表的第七列 CH 的下方。

生活型职业锚

如果你的职业锚是生活型的，那么你始终不肯放弃的是平衡并整合个人的、家庭的和职业的需要。你希望生活中的各个部分能够协调统一向前发展，因此你希望职业有足够的弹性允许你实现这种整合。你可能不得不放弃职业中的某些方面（例如晋升带来跨地区调动，可能打乱你的生活）。你与众不同的地方在于过自己的生活，包括居住在什么地方、如何处理家庭事务及在某一组织内如何发展自己。

你的这一领域的得分列在计分表的第八列 LS 的下方。

练习与测试　职业锚访谈

说明：这个访谈的目的是通过关键的职业事件来明确事件背后的潜在原因，帮助你和你的搭档识别出影响职业选择的因素。放松自己，当偏离到其他相关的主题时，也不需要紧张。你的任务只是帮助你的搭档说出他过去的职业发展过程，以方便你找出职业选择背后真正发挥作用的东西。

1. 教育（重点探讨大学和研究生阶段）

我们从教育经历开始谈起，在学校时你最关注的是什么？

你为什么选择这些学习领域？

对已经选择的这些领域，你现在感觉如何？

2. 第一份工作

在毕业后，你第一份真正意义上的工作是什么？如果你没有开始工作，那么在你毕业后的生活中，第一件对你重要的事情是什么？

你在第一份工作或重要的生活经历中寻找什么？

你为什么做出这样的选择？

3. 目标

你开始自己的职业生涯时，你的抱负或长期目标是什么？

第一份工作对你实现职业目标的意义是什么？

4. 下一份工作或重要生活事件

在工作中或雇用你的组织中，你第一次较大的变动是什么？

这次变动是如何出现的？谁发起了这次变动？变动的原因是什么？

你如何看待这次变动？它与你的目标有什么关系？

5. 下一份工作或重要生活事件

在工作中，你第二次较大的变动是什么？

这次变动是如何出现的？谁发起了这次变动？变动的原因是什么？

你如何看待这次变动？它与你的目标有什么关系？

6. 继续思考并分析工作、组织、职业或生活的重大变动，把这些变动列在下面，分析这些变动的原因及导致的结果。

下一份工作（或职业变动、生活变动）：你这一次较大的变动是什么？

这次变动是如何出现的？谁发起了这次变动？变动的原因是什么？

你如何看待这次变动？它与你的目标有什么关系？

7. 下一份工作（或职业变动、生活变动）。

你这一次较大的变动是什么？

这次变动是如何出现的？谁发起了这次变动？变动的原因是什么？

你如何看待这次变动？它与你的目标有什么关系？

8. 下一份工作（或职业变动、生活变动）。

你这一次较大的变动是什么？

这次变动是如何出现的？谁发起了这次变动？变动的原因是什么？

你如何看待这次变动？它与你的目标有什么关系？

一直分析到现在的工作，用前面问题的格式提问。如果纸张不够用，你可以找一张白纸替代。

9. 回顾迄今为止的职业和生活，有没有发现重要的转折点？那时的变化有什么不同寻常的地方？请描述每一个这样的转折点。

这个转折点是什么？这个转折点是如何出现的？谁引起了这次变化？

你如何看待这次转折？它与你的目标有什么关系？

10. 用同样的格式，描述其他的重要转折点。如果需要的话可以使用更多的白纸。

11. 回顾迄今为止的职业和生活，你能否说出一些你感到非常快乐的时期？在这些时期，什么让你感到非常快乐？

12. 有没有让你感到特别不开心的时期？在这些时期，什么让你感觉不开心？

13. 你曾经拒绝过一份工作或一次晋升吗？如果是，请描述一下。

你为什么拒绝？当你展望职业发展前景时，你有什么特别想回避的事情吗？是否有一些事情是令你担心的？这些事情是怎样让你回避或担心的？

14. 自从开始工作后，你曾经改变过抱负或长期目标吗？何时改变的？为什么？

现在你如何描述你的长期目标？

15. 当展望你的职业发展时，有什么事情是你非常期待的吗？

为什么你会期待这些事情？

你认为你的下一份工作会做什么？

然后，你的再下一份工作将是什么呢？

继续询问接下来的工作，直到你找到你的搭档最终喜欢的工作是什么。

16. 在接下来的十年中，你认为在你职业发展的过程中会发生什么事情？你为什么会这样想？

17. 你如何向别人介绍你的职业？

你真正擅长什么？

除了职业之外，你最想要的是什么？

在工作中，你特别想获取的价值是什么？

关于你自己，你还有其他的评价想在这里描述吗？

18. 当你重新考虑以上这些问题的答案时，你是否在其中发现了一些相似的脉络？

在你明确的这些脉络中，有哪些不一致、矛盾或冲突的地方？

哪一些假设的场景能化解这些矛盾或冲突？

确定你的职业锚

现在有两种方案确定你的职业锚类型，一种是职业定位问卷的得分，另一种是访谈过程中对自己的认识。职业定位问卷的得分多多少少会受到你主观意愿的影响，而访谈过程中对自己的认识是基于你过去的实际经历生成的，所以更可靠一些。

首先，尝试进行以访谈为基础的职业锚排序，1 代表最符合你的职业锚，8 代表最不符合的职业锚。与合作搭档讨论一下，达成一致意见，然后一起完成下面两个表格的排序。

职业锚的等级顺序（以问卷为基础）

等级 1（职业锚）	
等级 2	
等级 3	
等级 4	
等级 5	
等级 6	
等级 7	
等级 8	

职业锚的等级顺序（以访谈为基础）

等级 1（职业锚）	
等级 2	
等级 3	
等级 4	
等级 5	
等级 6	
等级 7	
等级 8	

你可能发现处于中间的职业锚很难排序，但逐一区分并排序是非常重要的。最有效的方法是：先设想你容易放弃的三个（排在后三位）和你非常难放弃的三个（排在前三位）。然后再思考你任何情况下都不肯放弃的（排在第一位），这就是你的职业锚。

这两个表格的接近程度如何？如果两个以上级别出现不同，则请认真思考下面问题：

1. 回顾职业定位问卷中的选择，所选答案是否准确反映了你的情况？
2. 回顾你在访谈中的回答，你的回答是否准确？

3. 与你的搭档讨论这些差异，听取他的意见，并最终决定职业锚的排序。

如果你认为两个或更多的职业锚都符合你，那么可以假设一个工作情景，要求你必须放弃其中的一项，你会如何选择？例如，你认为技术/职能型和管理型职业锚同等重要，试想，组织要求你在部门总经理和组织首席技术专家之间做出选择（假设这两职位在组织中级别相同），你会如何选择？大部分类似的冲突都可以通过这种情景假设得以解决。

基于以上所有的信息，与你的搭档进行充分讨论，最后把你确定的职业锚排序填在下表中。

最终的职业锚等级顺序

等级 1（职业锚）	
等级 2	
等级 3	
等级 4	
等级 5	
等级 6	
等级 7	
等级 8	

4.2 职业发展路径的选择

4.2.1 职业发展路径的分析方法

1. SWOT 法

SWOT 法是西方战略管理学派进行组织战略竞争分析时使用的考察组织内部的优势与弱点、组织外部的机会与威胁，并据以决定组织从事市场竞争战略的方法。SWOT 是如下四个英语单词首字母的缩写：

- S—strength，表示优势；
- W—weakness，表示劣势；
- O—opportunity，表示机会；
- T—threat，表示威胁。

当进行职业发展路径分析时，SWOT 法也可以派上用场。其中，优势和劣势用来分析个人，而机会和威胁主要用来分析外部环境（包括组织环境和社会环境）。

小辞典

SWOT 法就是对个人的优势、劣势，外部环境中的机会和威胁进行分析，选出最佳方案的一种分析方法。

● 优势：自己出色的方面，尤其是与竞争对手相比具有优势的方面，如性格果断、意志坚强、知识丰富等。

● 劣势：与竞争对手相比处于落后地位的方面，如工作经验不足、不擅长处理人际关系等。

● 机会：有利于职业选择和职业发展的一些机会，如组织老干部退居二线留下职位空缺、组织开辟海外市场需要一名外派经理等。

● 威胁：存在潜在危险的方面，如出现新的竞争对手、原产品不再适应市场需求等。

SWOT 分析是针对每个具体的职业方向进行的。通过 SWOT 分析，个人就可以明确自己的优势和劣势，以及自己有哪些职业发展机会和路径等。运用此方法进行评估时，要尽可能地对面临的各种职业发展机会进行评估，然后确定职业生涯目标，选出最佳发展路径。

小练习

分析你的职业发展机会和路径

运用 SWOT 法，分析你的职业发展机会和路径，填入下表。

优势	劣势
机会	威胁

2. “五 WHAT”法

对于许多大学毕业生来说，职业生涯规划也许只是一个比较模糊的概念，因而就更谈不上对自己进行职业生涯规划了。通过问自己以下几个问题，就可以明确职业生涯规划过程：

（1）你是什么样的人（What are you）？这是自我分析过程。分析的内容包括个人的兴趣爱好、性格倾向、身体状况、教育背景、专长、经历和思维能力等。

（2）你想要什么（What do you want）？这是目标展望过程。分析内容包括职业目标、收入目标、学习目标、成就感等。特别要注意的是学习目标，只有不断确立学习目标，才不会被激烈的竞争所淘汰，才能不断超越自我，登上更高的职业高峰。

（3）你能做什么（What can you do）？这是了解自己的专业技能的过程，最好能学以致用，发挥自己的专长，在学习过程中积累专业相关知识技能。同时个人工作经历也是重要的经验积累。

（4）环境支持或允许你做什么（What can support you）？主要回答什么是你的职业

支撑点、你具有哪些职业竞争能力、你拥有哪些资源和社会关系等问题。

（5）最后的选择是什么（What can you be in the end）？通过前面的分析过程，你就会从各个问题中找到对实现有关职业目标有利的和不利的条件，列出不利条件最少的、自己想做的而且又能做到的职业目标。

案例 4-1

职场规划：找找你的五个答案

初夏的一个下午，几十位人力资源业内人士聚在了一个 HR Club 上，主持人——东方控股集团人力资源部高级主管屈辉（Cindy）提出的一个案例引起了大伙的争论。

这是大学毕业生 Mary 遇到的问题，不过同样的状况恐怕也折磨过不少职场人士的脑细胞。

Mary，重点大学财务管理专业本科生，24 岁，刻苦上进，学习能力强，曾在一家财务咨询公司兼职一年，未来的职业目标是成为一名财务、金融行业的高级经理人。这是 Mary 的履历。她就要毕业了，摆在她面前的路有两条：

第一条路，她对美国某大学的留学申请获得批准，这个机会是 Mary 用一年多的辛苦换来的。不过不是财务或金融专业，而是社会学专业。

第二条路，四大会计师事务所中的一家公司给了她 offer，职位是审计，薪水和待遇均有诱惑力。

Mary 应该选哪条路？

现场的业内人士大致有这样三种观点：

A：先工作。理由是，毕竟在四大会计师事务所工作的机会不是人人都有的，放弃了很可惜。况且现在缺乏工作经验的“海归”在就业市场上并不受欢迎，Mary 应该考虑先积累经验。

B：去留学。四大会计师事务所的工作机会确实宝贵，不过进去之后很长一段时间，可能都是在审计岗位上，工作很辛苦，得常常出差，且不一定就能学到很多东西。到国外去留学，可以开阔视野，在这个过程中，可以再慢慢考虑自己将来的职业发展，说不定能更有的放矢。

C：走哪条路都无所谓，没有绝对的对与错，因为以后的发展如何谁也说不准。

微笑着听完各路人士的意见，Cindy 承认各方意见均有可取之处，不过对 Mary 来说，痛苦的是她必须做出一个选择。怎么办？Cindy 有一个方法，她在帮助员工进行职业生涯规划时常常用到，叫作“五 WHAT”法。先来回答下面的五个问题。

（1）Mary 是谁？

（2）Mary 想做什么？

（3）Mary 目前能做什么？

（4）环境支持和允许 Mary 做什么？

（5）Mary 的职业规划是什么？

问题（1）的答案很清楚，Mary 是重点大学财务管理专业本科生，有一年财务咨询公司兼职的经验。

问题（2）也有答案，Mary 想做一名高级财务经理。

问题（3）的答案也不难，Mary 学了四年的财务管理专业知识，又在财务咨询公司做了一年兼职，大学四年所学与现有经验基本对口，Mary 可胜任财务管理行业的一些基本工作，比如审计。

问题（4）的答案已经摆在面前，目前 Mary 可以选择的只有两条路：进入业内知名会计师事务所，从事审计工作；到美国留学，不过只能选择社会学。

问题（5）的答案是 Cindy 与 Mary 两人沟通后得出来的，既然想成为高级财务经理，那么首先必须积累经验，因此最好先进入一家有跨国背景的财务公司工作，从基层开始做起，然后再一步步向更高的职位努力。

接下来对上面五个问题的答案做个小小的归纳，找出其中的共性。不难看到，在五个问题的答案中，指向率最高的是到财务公司工作，也就是答案中的共同点。Cindy 告诉大家，这就是 Mary 目前要做的选择。

Cindy 的结论是：Mary 先去四大会计师事务所之一工作，然后再考虑学习，或者在工作中学习。因为这样做和她既定的职业目标一致，同时她也已经为此迈出了脚步，并且是在她热爱的行业。留学机会得来虽不易，但是偏离了自己既定的职业目标，职业生涯绕了弯路。

“五 WHAT”法简单而实用。Cindy 给大家的建议是，如果你在个人职业生涯规划上有困惑，或者像 Mary 一样面临两难的选择，那么不妨列出上面五个问题，问问自己，写出五个答案，然后找出其中重复最多的共性，说不定最后的那个结论能够让你豁然开朗。

---

3. 橱窗分析法

橱窗分析法是一种形象的说法，即将个体比喻为一个橱窗，分为公开我、隐私我、潜在我和背脊我四个象限来加以考察、分析的方法（如图 4－2 所示）。

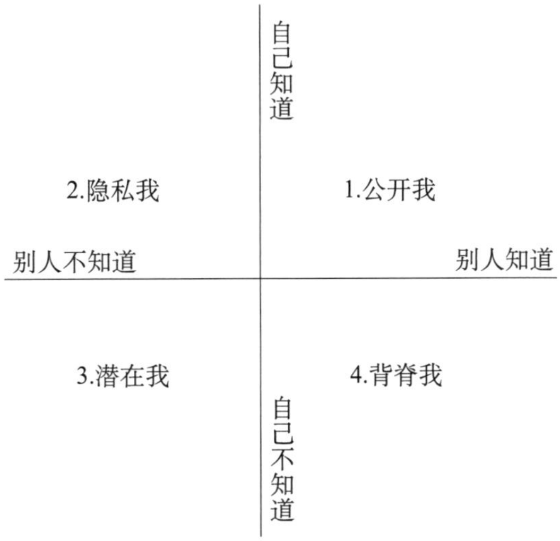

图 4－2　橱窗分析法坐标图

所谓公开我，是自己知道、别人也知道的部分，属于个人展现在外、没必要隐藏的部分。所谓隐私我，是自己知道但别人不知道的部分，属于个人内在的隐私和秘密的部分。所谓潜在我，是自己不知道、别人也不知道的部分，属于有待进一步开发的部分。所谓背脊我，是自己不知道但别人知道的部分，也是需要开发的部分。

至于“我”的核心内容，主要是影响职业生涯路线选择的内容，如能力、知识和技能、经验、态度、性格、气质等等。

4.2.2 职业生涯路线

职业生涯路线选择是人生发展的重要环节之一。在进行职业生涯路线选择时可以从三个方面考虑：

● 个人希望向哪一条路线发展。主要考虑自己的价值观、理想、成就动机，确定自己的目标取向。

● 个人适合向哪一条路线发展。主要考虑自己的性格、特长、经历、学历等主观条件，确定自己的能力取向。

● 个人能够向哪一条路线发展。主要考虑自身所处的社会环境、政治与经济环境、组织环境等，确定自己的机会取向。

在考虑上述三个方面因素的基础上，个人职业的发展可以通过与组织、职业变动对应的三个基本维度进行测量，这三个维度见图 4－3。

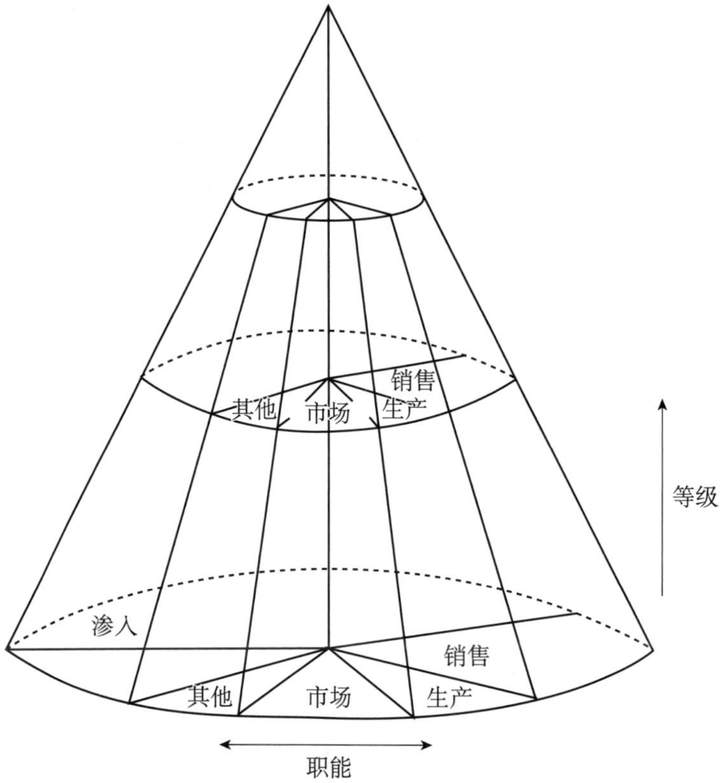

图 4－3 一个组织的三维模型

资料来源：施恩．个人、组织和职业：一种概念图．应用行为科学，1971（7）．

1. 沿职能维度横向移动：能力与技术的成长

职业生涯开始后，人们伴随着自己从事的工作及工作业绩的变化而发生变化，但员工往往不是在向上攀爬，而是在同一级别的不同职位间水平移动，在机构内部不同功能部门之间轮换。许多管理项目都使用这种形式让员工接触机构的方方面面。比如说，未来的销售代表需要先在生产部门待几个星期，然后再依次去其他部门工作，直到获取组织各个环节的工作经验。对于有些人来说，这种短期的水平切换为将来的长期发展打下了基础。曾在不同部门担任相同级别工作的人并不少见。他们在这种情况下形成了一套适用性很强的技能来完成相关的事务。另外，这种水平移动还创造了不少新的学习机会，让人得以保持职业知识常新。广泛的经验，伴以管理技能的完善，是寻找升职机会或新的工作机会的人不可多得的财富。

这种变化可能来自自己的努力，也可能与组织提供的岗位轮换、正常的培训和发展机会有一定的关系。其实这也反映了一种趋势："人们通过变换工作来获取多种不同的技能。"

2. 沿等级维度垂直移动：沿阶梯向上

每种职业或每个组织都有自己的等级制度，个人可以通过这种等级的区分来判断自己或别人的职业进步。对于大多数人来说，能否在组织的职务阶梯上往上爬是评判成功的普遍标准。我们都对这样的故事耳熟能详：一名没有太多技能的工人，通过勤奋工作和坚持不懈的努力，一路直升，最后坐上总经理的宝座。而新员工是否值得信赖，是否具有承担越来越重的职责的能力，如处理复杂的事务或管理别人的能力，是衡量其是否有升职潜能的标准。对压力的承受能力和有无接受额外职业培训的意愿也对员工是否能升职起重要作用。

成功的评价标准会因人而异。例如，一个赚取两百万美元的企业家感觉自己非常失败，原因是他的朋友们都拥有价值超过三百万美元的公司；相反，一位中层管理人员感觉自己非常成功，因为他已经超越了他父亲所达到的职位等级。

如果不了解一个人对成功的期望水平，我们就无法判断他对成功的个人感受。社会对成功的定义也会影响个人对成功的期望水平，它是自己的期望与外界的标准相融合的结果。社会并没有一个统一的成功标准，不同的职业会有不同的外在标准。金钱可能是通用的成功标准，但对工程师而言，获取的专利数量也许更为重要；对大学教授而言，在学校中的声望和在行业中的威信远比金钱更重要；在管理人员的眼中，他们掌握预算开支的额度比自己的实际收入更有价值。所以，我们要了解个人的成功标准，就必须了解他们意识中关于成功的参照体系。

3. 进入内圈的移动：获得影响力和权力

一些人判断成功的重要标准是"个人是否渗入了职业或组织的核心层"，这种影响力或权力的变化是悄悄发生的，因为它并不一定要伴以职位或头衔上可见的变化。另外和其他维度不一样的是，它并不要求获得新的技能，这个意义上的进步是在人际关系中形成的。例如，多年建立起来的非正式关系通常会给秘书带来远远超出他们正式职位的影响力和权力。

新员工需要用实际行动证明给上司看自己是值得信赖的，并且献身于组织。对于新员工来说，第一步考验往往是这样的：上司说出了一个机构内部秘密，如做某项特别决定的原因，或是谁现在得到了老板的欢心以及为什么。分享这个秘密意味着员工要在实施某行动或决定时给予其帮助和支持。如果员工经受住了考验，守住了秘密，上司的其他任务也会源源不断地到来。所分享的这些秘密会变得越来越重要，如果这名员工后来成了决策核心集团中心人物的话。在机构内部地位的形成不光因为“你做了什么”，而且还因为“你认识谁”。相反，如果员工经不住考验，没有保守住秘密的话，后果将是严重的：丧失升职机会，没人向他提供会影响到工作地位的消息。当然，通过考验有时也非唯一选择或最好选择。

总的来说，地位越高，收到机构内部秘密消息的渠道就越多，处于高级领导层的人需要有大量的消息来帮助决策。所以，向核心集团迈进往往也会伴以升职或头衔的改变。但是在许多情况下，经理可能会招进一名职位较低的信得过的员工来参加重要决策，因为该员工具备特定的知识或具备非正式领导的地位。

综上所述，职业可能沿着横向、侧向或垂直方向发生变化，而职业道路则是沿着这三个方向运动合成的。

新视点

日本企业的职业生涯设计图

如果你到一家日本企业工作，那么你可能会得到一份职业生涯设计图。

这是一幅V形图，假定V形图的起点是23岁，从起点向上发展，表示大学毕业进企业后的不同发展路线。左侧是行政线，右侧是业务线。年龄标志是分别注明的。前几年的日本，员工的月收入是“几十岁几十万”，即30岁月薪30万日元，40岁月薪40万日元，依此类推。你一进企业，便有人事主管找你谈话：是走业务线还是走行政线？走业务线你多大岁数可以获得怎样的专业技术职务，拿多少薪水；走行政线，又可以在怎样的年龄踏上何种职位，拿多少薪水。倘若你想先走业务线，到一定年龄（比如图中所示的41岁）转入行政线并获得比普通员工高一些的工资那也是可以的。办法有二：一是做出重大发明创造；二是表现优异。

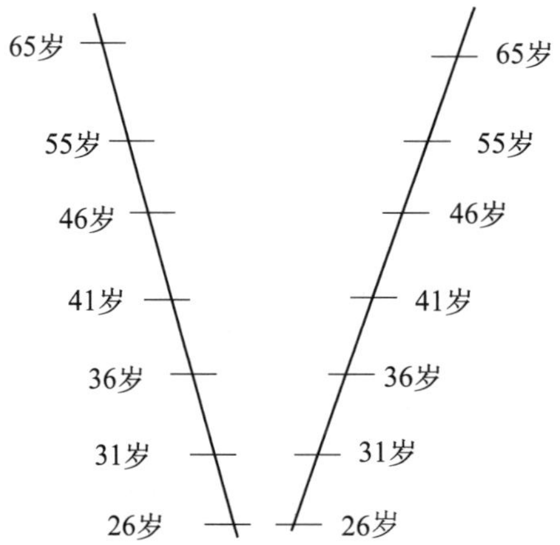

职业生涯V形图

4. 2. 3　职业生涯阶梯模式

从国内外不同组织职业生涯阶梯设置的实践来看，目前职业生涯阶梯模式主要分以下几类：单阶梯模式、双阶梯模式、多阶梯模式和水平发展模式，下面分别加以介绍。

1. 单阶梯模式

在传统的职业发展路径中，组织的职业生涯阶梯只有一种，即高度结构化的行政管理职位模式——科员、副科长、科长、副处长、处长、副厂长、厂长等，管理人员职业发展路径比技术人员职业发展路径所提供的经济报酬也要高得多。图 4 - 4 表示的就是技术人员和管理人员的传统职业发展路径。

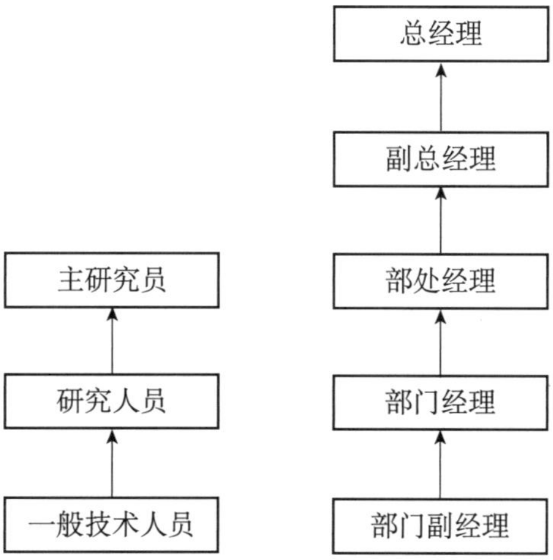

图 4 - 4　传统职业生涯阶梯

传统职业发展路径是基于过去组织内员工的实际职业发展路径而制定的一种发展模式，这种模式将员工的发展限制于一个职业部门内或一个组织单位内，通常是由员工在组织中的工作年限来决定员工的职业地位。例如：某公司的销售部门从下至上设置销售小组、社区销售、地区销售、销售主管及销售总监五个等级，一个销售人员可在 5 年后成为销售组长，10 年后成为社区销售主管，15 年后成为地区销售主管，25 年后成为跨国公司在某一国家的销售主管，30 年后成为某一国家的销售总监。这种组织职业发展路径有一个很大的缺陷，就是它是基于组织过去对员工的需求而设计的。在这样一种职业发展体系之下，工程师、专业技术人员由于地位低、工资少、晋升的机会又比管理人员少，很可能选择离开职业组织，跳槽到更有利于他们发展的地方去。组织为了提高技术人员的工作积极性，必须为其提供有效的激励措施，由此许多在专业领域做出了突出业绩的技术人员被提升到管理职位上。但是管理岗位对能力的要求和技术岗位截然不同，有的技术人员被提升后在管理岗位上并不一定能胜任管理工作，反而对组织的高效运作和长远发展产生了不利影响。所以，单阶梯模式是一种不利于员工发展的狭隘模式，它只在一些性质比较单一的组织中实行。

2. 双阶梯模式

为了摆脱传统组织职业生涯单阶梯即单一行政职位系统的弊端，许多组织为员工提供了两种职业生涯阶梯：管理人员生涯阶梯，沿着这条路径可以通达高级管理职位；专业技术人员生涯阶梯，沿着这条路径可以通达高级技术职位，旨在给科技人员或其他有重大贡献的人员以更多的职业发展机会。图 4-5 表示的就是一个双阶梯系统。

在实行双阶梯模式的组织中，员工可以自由选择在专业技术阶梯上发展或在管理阶梯上发展。两个阶梯同一等级的管理人员和技术人员在地位上是平等的。图 4-5 中，科技人员有机会进入三条不同的职业发展路径：一条技术的和两条管理的。假如在三条职业发展路径中，员工的工资和升迁机会都差不多的话，员工会选择最符合他们兴趣和能力的。

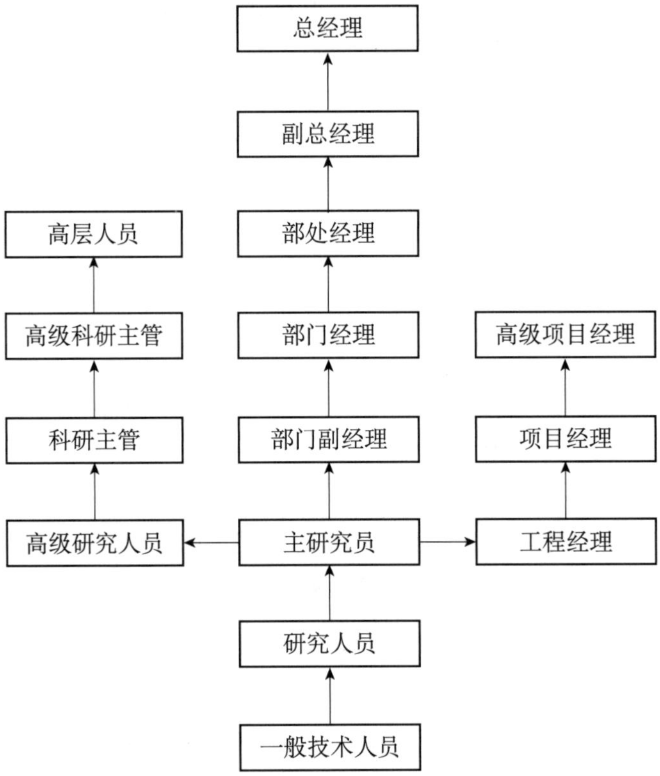

图 4-5　职业生涯双阶梯

有效的职业发展路径有如下几个特点：

● 科技人员的工资、地位和待遇与管理人员相当。

● 有贡献的个人的基本工资可能低于管理人员，但是他们有机会通过高额奖金使自己的总收入大大提高。

● 有贡献的个人的职业发展路径并不能常常满足缺乏管理潜能的生产效率低下者，这条职业发展路径是为具有突出技术能力的员工创设的。

● 给有贡献的个人以选择职业发展路径的机会。组织提供相关资源（如心理测验、发展状况反馈等等）和信息，给予员工机会，使他们弄清自己的兴趣、职业价值观、技能在多大程度上与技术岗位或管理岗位相匹配。

案例 4－2

微软公司的职业生涯阶梯模式

微软公司采用的是技术人员与管理人员的双阶梯职业生涯发展模式。作为科技型公司，微软公司非常重视其技术人员的职业生涯阶梯设置。

微软公司技术人员的职业生涯阶梯共分 15 级，低级向高级的晋升必须基于上级主管对员工的考评，考评每年有两次，一次确定员工能否晋级，另一次确定员工获得的年度奖金与股票的多少。考评的主要内容是员工完成所承担项目的工作的量与质、微软软件编程的错误率，由高一级主管做 1～5 分的评定。一般连续三次评定为 4 分以上可考虑晋级，而连续两次评定为 3 分或 3 分以下的员工，被视为“没有进取心”“没有前途”的员工，很可能被微软所淘汰。获取 5 分的员工也很少，这表明了微软对人才的高标准要求。一般的硕士、博士毕业生可获得 7～8 级的职称，能够升至 15 级的员工不多，一般要到临近退休时才可能实现。

微软的职业生涯阶梯模式，主要针对产品研究与开发人员（软件工程师）、产品测试人员和技术支持与服务人员三大类。这种职业生涯阶梯模式使员工的工作压力很大，微软的研开人员是美国公司最勤奋的人员之一。由于考评对员工的晋级与辞退，特别是获得的股票的数量有直接的影响，因此，研开人员工作的积极性很高。

微软公司的管理人员职称约分 12 级，技术人员与管理人员的双轨转换不十分明显，这与微软公司强技术背景有关。

案例 4－3

波音公司的职业生涯阶梯模式

波音公司为科研人员提供了双阶梯职业生涯发展模式，分别为技术专家阶梯与技术管理阶梯。其中，技术专家阶梯的职位分为高级主管工程师、技术副研究员和技术研究员，技术管理阶梯的职位分为技术督察、项目经理和技术执行主管。值得注意的是，这种双阶梯模式在技术人员进入高层后才实施，大学毕业生、初级和中级水平的技术人员暂无升迁阶梯可言。

波音公司技术专家阶梯的主要特色是设置了技术研究员制度。高级技术员分为三级，即高级主管工程师、技术副研究员和技术研究员，为广大工程师提供了有吸引力的职业发展轨道。技术研究员选择的标准是：

- 技术知识与判断力（15%）、技术行为或决策的效果（15%）。
- 创造性和创新精神（15%）、技术管理和计划能力（10%）。
- 研究与完成项目能力（10%）、技术领导能力（10%）。
- 技术传授和辅导能力（15%）、建议和咨询能力（5%）。
- 沟通能力（5%）。

每级的晋升都有明确的要求。其中，高级主管工程师的评分必须达到 55 分以上，并在波音公司工作 3 年以上，比例为工程师总数的 25%；技术副研究员的评分为 70 分以上，在波音有 5 年的工作经验；评分在 85 分以上的技术副研究员可以考虑升为技术研究员。

3. 多阶梯模式

双阶梯模式对专业技术人员职业生涯阶梯的定义太狭窄，如果将一个技术阶梯分成多个技术轨道，双阶梯职业生涯发展模式也就变成了多阶梯职业生涯发展模式，同时也为专业技术人员的职业发展提供了更大的空间。

例如，美国一家化工厂将技术轨道分三种，即研究轨道、技术服务和开发轨道、工艺工程轨道。深圳某高新技术企业将技术人员的职业发展轨道分成六种，即软件轨道、系统轨道、硬件轨道、测试轨道、工艺轨道与管理轨道，不同的轨道又分成 8～10 个不同的等级。

案例 4-4

西部电子公司的职业生涯阶梯模式

西部电子公司为拓展专业技术人员的发展空间，为员工设计了三类职业生涯阶梯：技术人员阶梯、技术带头人阶梯与技术管理人员阶梯。这是一种典型的多阶梯职业生涯发展模式。

在西部电子公司的职业生涯阶梯模式中，技术带头人是指有较强技术基础、能管理项目的员工，他们进行项目资源的计划、协调与控制，并有预算能力，负责制定技术开发策略与确定产品的开发方向，他们主要对技术人员的技术要求进行把关，而无直接管理技术人员的权力；而技术管理人员主要对项目的预算和人员的调动、升迁、考评负责。在技术三轨制中，技术人员分 5 个等级（技术一级、技术二级、技术三级、高级技术一级、高级技术二级），技术带头人分成 4 个等级（一般技术带头人、高级技术带头人、技术主任、技术执行主管），技术管理人员也分 4 个等级（一般管理人员、高级管理人员、管理主任、管理执行主管）。

从西部电子公司的职业生涯阶梯安排来看，技术带头人等级与技术管理人员等级要高于技术人员等级，技术人员一般要到 4 级（高级技术一级）才有可能进入技术带头人和技术管理人员阶梯，而且这种职业的迁移能否实现要取决于公司的内在需要和该员工所拥有的才能。

案例 4-5

ESCA 公司的职业生涯阶梯模式

ESCA 公司的主要特点是通过考核员工的核心能力决定员工的升迁。员工的核心能力包括战略性组织管理技能、人际技能、思考与解决问题能力、沟通能力、执行能力、自我管理能力、关键的管理技能。

ESCA 公司的职业生涯阶梯分为四种类型：技术人员阶梯、技术专家阶梯、行政管理人员阶梯和经理阶梯。其中，技术人员分 6 个等级，技术专家分 7 个等级，行政管理人员分 7 个等级，经理分 3 个等级。3 级工程师的报酬等级与 7 级技术专家、4 级行政管理人员、1 级经理相当，4 级工程师的报酬等级与 2 级经理相当，5 级工程师的报酬等级与 3 级经理相当，如下表所示。公司主要从工作的复杂性、领导能力、决策能力、产业知识、公司知识和教育程度 6 方面对员工进行考评，并根据考评结果决定其技术和管理的等级。

ESCA 公司员工职业阶梯模式与报酬等级表

报酬等级	技术人员	技术专家	行政管理人员	经理
工作范围	设计核心技术、系统软件和工业应用	针对各种各样的消费者，对产品、系统和服务进行定位、加强和供给	为公司经营运作收集、分析、沟通和管理信息	管理对公司产生重要影响的领域，并担任领导
10	公司工程师			经理Ⅳ
9	工程师Ⅴ			经理Ⅲ
8	工程师Ⅳ			经理Ⅱ
7	工程师Ⅲ	技术专家Ⅶ	行政管理人员Ⅳ	经理Ⅰ
6	工程师Ⅱ	技术专家Ⅵ	行政管理人员Ⅲ	
5	工程师Ⅰ	技术专家Ⅴ	行政管理人员Ⅱ	
4		技术专家Ⅳ	行政管理人员Ⅰ	
3		技术专家Ⅲ	行政管理人员Ⅲ	
2		技术专家Ⅱ	行征管理人员Ⅱ	
1		技术专家Ⅰ	行政管理人员Ⅰ	

资料来源：陈劲，徐笑君．研究开发人员职业发展轨道与职称评定研究：对美国部分公司的考察与分析．科研管理，1999，20（3）．

4. 水平发展模式

事实上，职业生涯并不限于直线发展，这种传统式的发展是相当有限的，而且现在组织结构的扁平化趋势使这种传统式的提升机会越来越少。组织内部职业生涯发展路线可以从三个基本维度进行测量：横向移动、垂直移动、进入内圈的移动。其中，工作扩大化、工作丰富化、工作轮换和平行降级就是员工横向移动的几种模式。

（1）工作扩大化。

小辞典

工作扩大化指扩展员工的现有工作范围或赋予其新的工作责任的方法。它包括横向扩大工作和纵向扩大工作。

横向扩大工作可将分工很细的作业单位合并，由一人负责一道工序改为几个人共同负责几道工序；在单调的作业中增加一些变动因素；采用包干负责制，由一个人或一个小组负责一项完整的工作；降低流水线传动速度，延长加工周期，用多项操作代替单项操作；等等。

纵向扩大工作可将经营管理人员的部分职能转由生产者承担，工作范围沿组织形式的方向垂直扩大。如生产工人参与计划制定，自行决定生产目标、作业程序、操作方法，自行检验衡量工作质量和数量，并进行经济核算。再如，生产工人不但承担一部分生产任务，还参与产品试验、设计等项技术工作。工作扩大化使岗位工作范围、责任增加，改变了员工对工作感到单调乏味的状况，从而有利于提高劳动效率。

比如，某公司请一名工程师参与某个任务组，借以为技术人员开发新的职业发展路径。通过这项工作，该工程师可以承担职业生涯设计与开发的有关领导工作（如检查公司的职业生涯开发过程），而且，该工程师不仅有机会了解公司的职业生涯开发系统，还能发挥其组织和领导才能来帮助任务组达到目标。

（2）工作丰富化。

小辞典

工作丰富化指在岗位现有工作的基础上，通过充实工作内容，使岗位工作多样化，消除因从事单调工作而产生的枯燥厌倦感，从心理上满足员工的需要。

为了使岗位工作丰富化，应考虑五个主要因素：

- 多样化，尽量使员工进行不同工序、设备的操作，实现“一专多能”；
- 任务的整体性，使员工了解其所承担的任务与总任务、总目标、总过程的关系；
- 任务的意义，使员工明确本岗位任务完成的意义、作用；
- 自主权，员工自行设定目标，提高工作责任感；
- 反馈，员工可获得各种有关信息，特别是自己工作成果方面的信息。

工作丰富化能使员工有更多的实现个人成就、发挥个人才能和得到表扬奖励的机会，从而达到既提高工效又增强员工心理上的满足感的目的。

（3）工作轮换。

小辞典

工作轮换是指让员工在组织的不同部门工作或在某一部门内部进行轮换。

例如，为了让员工了解有关预算的各方面工作，麦克唐纳·道格拉斯公司的财务部在部门内部开展了工作轮换项目。格雷霍德财务公司有一个叫作“骨干建设”的工作轮换项目，这个项目专门为具有较大潜力的高级管理人员所设，要求每一名高级管理人员必须在一个不同于以前的工作部门工作。在轮换过程中，虽然职位有所变化，但其头衔和报酬不变，每项工作的时间安排由工作目的决定。格雷霍德财务公司工作轮换的时间为两年。

工作轮换有利于员工综合理解组织的目标，了解组织不同的职能部门，形成一个联系网络，并提高员工解决问题和做出决策的能力。工作轮换对掌握技术、加薪和晋升有一定影响。

但无论对员工而言，还是对组织来说，工作轮换都存在着一个潜在问题：轮换可能会造成进行轮换的员工及其同事的短期化行为。由于很难形成专业特长，并且不会在某一岗位上停留较长的时间并完成一项富有挑战性的工作，员工的工作满意度和动机都会受到不良影响。接收轮换员工的部门需要对其进行培训，而失去该员工的部门会遭受资源损失，所以这两个部门都可能会出现工作效率下降和工作负担增加的情况。

高效工作轮换系统与组织的培训、开发、职业生涯管理系统息息相关。工作轮换适用于所有的员工，而不仅仅是具有管理潜能的员工。

一般来说，高效工作轮换系统有下列特征：

● 利用工作轮换来开发员工技能和为员工提供管理方面的工作经验；

● 员工要了解需要通过工作轮换来开发的特定技能；

● 工作轮换适用于各种层次和各种类型的员工；

● 工作轮换可以使员工了解每项工作所侧重的需求，与职业生涯管理过程密切相关；

● 通过有效管理轮换时间和帮助员工理解其在开发项目中的轮换角色，可使工作轮换实现成本最小化和收益最大化；

● 所有员工尽管分属不同的群体，但都拥有平等的工作轮换机会。

（4）平行降级。

小辞典

平行降级指员工平行移动到另一职位但责任和权力有所减少的职位移动形式。它包括临时性跨部门移动或由于工作表现不佳而导致的降级。

在员工的职业生涯开发中，使用最多的降级方式是临时性跨部门移动，它可使员工拥有在不同部门工作的经验（类似于工作轮换）。例如，想从事管理工作的工程师通常在低职位上（一线主管）开发管理技能。

由于晋升能带来心理的满足和收入的增加（良好的自我感觉、较高的薪资、在组织内部享有更高的地位等），因此员工更乐于接受晋升，而不愿接受平级调动或降级。当组织效益良好并具有高成长性时，晋升的机会最多。而当组织进行变革或利润未能实现增长时，尤其是当组织希望从外部劳动力市场招聘高层主管时，晋升的机会可能会相当有限。

许多员工难以把平行降级与职业生涯开发联系起来。他们把平行降级视为一种惩罚，而不是有利于其未来获得成功的技能开发机会。许多员工宁愿选择辞职也不愿接受调动。组织面临的一个挑战是让员工了解降级和调动是一种职业生涯开发的机遇，即让员工相信把握这些机会能为其带来长期收益。

为了让员工确信平行降级与工作扩展和工作轮换一样都是一种职业生涯开发机会，组织应该提供关于调动的内容、新工作面临的挑战、新工作所带来的潜在收益等信息，通过让员工预先察看新的工作地点，了解新的社区和其他应聘机会，让其参与调动决策。

案例 4-6

朱厄尔公司的人员开发项目

朱厄尔公司的总部设在美国芝加哥，在伊利诺伊州、印第安纳州、犹他州、威斯康星州都开办了超级市场。该公司约有 3 000 名员工。公司以乐于为员工提供管理职位和开发其管理潜能而著称。朱厄尔公司认为管理人员的素质与商场的业绩息息相关，只有拥有高素质的管理人员，才能创造出一个良好的工作环境，促使员工为顾客提供优质的服务和整洁宜人的购物环境，从而令顾客和员工双方都感到满意。斯特普尔斯公司和科马特超级购物中心的高层经理就是通过朱厄尔公司的人员开发项目培养出来的。

朱厄尔公司是怎样进行管理潜能开发的呢？它从当地的大学中招收有才华的新成员。一种做法是为新成员制定快速开发规划，使其在3～5年内就能担任一项管理工作。另一种做法是让新成员直接在一个高层管理人员手下工作，由该管理人员监督新成员的培训开发，以使其获得必备的经验来竞争管理职位。除了从公司外部招聘人员，朱厄尔公司还从现有的员工中挑选具有管理潜能的人选，并给这些员工提供经济资助，使其获得从事管理工作所需的教育。公司所有的人员开发项目都包含了心理专家对个人的指导，心理专家与员工和经理一起工作，以便帮助公司的培训机构从心理学的角度对员工、经理工作中的每个环节进行研究，从而制定出科学的人员开发与培训项目，并增强培训效果。

□本章小结

1. 职业锚是个体稳定的职业自我观，是一个人无论如何都不会放弃的最重要的东西。职业锚可以分为八大类：技术/职能型、管理型、自主/独立型、安全/稳定型、创造/创业型、服务型、挑战型、生活型。通过职业定位问卷和职业锚访谈，可以确定一个人的职业锚。

2. SWOT法是对个人的优势、劣势，外部环境中的机会和威胁进行分析，选出最佳方案的一种分析方法。

3. "五WHAT"法是通过询问自己你是什么样的人、你想要什么、你能做什么、环境支持或允许你做什么、最后的选择是什么来进行职业发展路径分析的一种方法。

4. 橱窗分析法是将个体比喻为一个橱窗，分为公开我、隐私我、潜在我和背脊我四个象限来加以考察、分析的方法。

5. 职业生涯路线可以分为三个维度：能力与技术的横向成长路线、沿等级阶梯垂直向上的路线、进入内圈获得影响力和权力的路线。

6. 职业生涯阶梯有四种模式：单阶梯模式、双阶梯模式、多阶梯模式、水平发展模式。其中，水平发展模式包括工作扩大化、工作丰富化、工作轮换。

□重要术语、概念

职业锚　SWOT法　"五WHAT"法　橱窗分析法　职业生涯发展路线　职业生涯阶梯模式

□本章问题

1. 什么是职业锚？职业锚的功能是什么？
2. 职业锚分为哪八类？每一种类型职业锚的特征是什么？
3. 个人如何进行职业锚开发？组织如何进行职业锚开发？
4. 如何进行职业生涯路径分析？
5. 职业生涯发展的路线有哪几种？
6. 职业生涯阶梯模式有哪几种？

第5章

职业生涯早期管理

|本章要点|

- 职业生涯早期的概念、特征
- 职业生涯早期的任务
- 个人组织化的内涵、任务
- 组织职业生涯早期管理的主要任务

在职业生涯发展理论中已经指出，从员工个人的角度出发，其职业生涯可分为早期、中期和后期等不同的阶段。在不同的阶段，由于员工个人生命特征的不同，其所面临的职业生涯发展任务也各不相同。因此，不同阶段的职业生涯管理任务也存在着明显的差别。从本章开始，我们分别介绍职业生涯早期、中期、后期管理的特点、任务及其技术等知识。

5.1 职业生涯早期概述

5.1.1 什么是职业生涯早期

小辞典

职业生涯早期是指一个人由学校进入组织并在组织内逐步组织化，并为组织所接纳的过程。

职业生涯早期一般指个人20～30岁的时期，是一个人由学校走向社会、由学生变成员工、由单身生活走向家庭生活的阶段，一系列角色和身份的变化必然要求经历一个适应过程。在这一阶段，员工个人的组织化以及组织与员工的相互接纳是个人和组织共同面临的、重要的职业生涯管理任务。

职业生涯早期可分成两个亚阶段，即进入组织前的一段时间和进入组织后的一段时间。进入组织前主要以自我职业生涯管理为主；进入组织后的职业生涯管理则是双主体的，既有组织的职业生涯管理，也有自我的职业生涯管理，其中组织的作用更为重要。

进入职业生涯前，主要是个人要确立合适的职业生涯目标，选择合适的职业，并积极地准备应聘，力争进入理想的组织。进入职业生涯后，重心转移，要从适应新环境、新岗位开始，检验自己是否获得了理想的岗位、进入了理想的组织；确认过去的职业知识、技能、经验、能力是否适应新岗位的需要；努力建立和谐的人际关系；努力在组织中逐步锻炼、成长，确立自己在组织中的地位。

5.1.2 职业生涯早期的个人特征

在职业生涯早期，员工正值青年时期，尚是职场新手，一切还在学习探索之中。这一阶段无论从个人生物周期、社会家庭周期还是从生命空间周期来看，其任务都较为单纯、简单。个人的主要任务是进入组织，学会工作；学会独立，并寻找职业锚；完成向成年人的过渡。而这一阶段的心理特征将对其职业生涯发展产生重要影响。这一时期，其突出的个人和心理特征是：

（1）进取心强，具有积极向上、争强好胜的心态。进取心是一种积极的推动力量，这种心理状态能促使员工不断上进，以求发展。但由于年轻气盛，难免表现出浮躁和冲动，表现在职业工作上就是“这山望着那山高”，很少检查自己主观上的不足，经常高估自己，低估他人；工作一旦出现失误就怨天尤人，强调客观；在自己工作的团队，由于个人争强好胜易导致对他人不服气、不认输，很可能危及人际关系的和谐。由于尚处在职业生涯早期，因此对职业锚的选择犹豫不决或者常变动。

（2）职业竞争力不断增强，具有做出一番轰轰烈烈事业的心理准备。初就业的青年人精力最旺盛、充满朝气，初生牛犊不怕虎，具有远大的职业理想和抱负，成功的心理要求强烈。随着工作时间的增长，他们逐步提高工作能力、积累经验、熟悉工作情境，对职业成功的信心不断增加，所以踌躇满志，决心做出一番事业，不枉此生。

（3）开始组建家庭，逐步学习调适家庭关系的能力，承担家庭责任。职业生涯早期常常是员工处于由单身向组建家庭、或有第一个子女过渡的时期，这一时期的家庭问题相对较少、任务较轻。但由于员工开始成家或有了第一个小孩，不可避免地需要处理同配偶的关系，担当抚育子女的责任，但有时家庭和事业难免会发生冲突。家庭的责任使员工自我意识逐渐削弱，家庭观念增强，使其逐步学会与配偶相处，开始具有养家的动机。

当然，也可以从其他角度来分析。

（1）从职业发展方面看。员工在确定了职业生涯领域后，开始接触职业生涯领域的知识、技能，并逐步尝试在所确立的职业生涯领域进行积累，其角色身份主要是新手、学徒，缺乏经验。

如果员工进入组织，除了对工作岗位缺乏经验外，对组织的文化也比较陌生，对周围的工作环境也不熟悉，需要逐步地适应大环境（组织）、小环境（工作小组）、上司等的工作、交往方式。

此外，职业探索也是这个时期的一个重要特点。尽管做出了初步的职业选择，但是否合适，还需要通过实际学习、工作予以验证，如果觉得不合适，就需要调整和变更。

（2）从生理方面看。个人一般还没有成立家庭，或准备成立家庭，精力充沛，家庭负担比较轻，有足够的精力来应对可能出现的工作困难。

（3）从心理方面看。个人主要解决依赖与独立的矛盾。刚开始参加工作，独立担当某种重要的岗位责任的机会比较少，常常会处于配合、支持其他有经验的人的地位，但是，依赖是独立的前奏，当经过一段时间的学习和积累，工作经验和能力发展到一定程度，就应该逐步地寻求独立，如果不能及时地克服依赖，就难以发展独立性，对职业生涯发展造成消极影响。

5.1.3　职业生涯早期的任务

在职业生涯早期，个人确定合适的职业、进入合适的组织、适应组织的文化是关键。俗话说得好，良好的开端是成功的一半。如果在职业生涯早期，个人能够很好地把握自我，充分地认识自己，知道自己的喜好、价值观，知道自己的能力、知识经验，并选择好自己工作的组织，职业生涯之路就会相对比较平坦；否则，就可能走许多弯路，影响职业前程。大多数人在职业生涯早期都要解决好以下问题：

1. 选择自己喜欢的职业

职业理想通常不是一朝一夕形成的。在青少年时期，人生的追求在不断地变换，今天要当科学家，明天想成为电影明星，后天又希望做一名医生。这个时期，好奇心居于主导地位，认识能力低下，对职业的认同或喜爱完全是情境性的，缺乏稳定性。随着认识能力的提高，这种状况有所改变，兴趣、能力的作用开始加大，出现了以职业自我心理特点为中心选择职业的时期。

然而，职业生涯往往比人们想象的要复杂得多。职业的选择受到自身多种因素的制约。具体地说，有职业价值观、职业人格、职业能力等，这些方面都从不同的角度影响人的行为。职业价值观主要决定行为的方向，职业人格、职业能力则是维持对专业或职业的持久兴趣的保证。如果一个人不喜欢从事与物打交道的工作，却被安排做搬运、安装、整理工作，他就很难长久地坚持下去，并很难在工作领域取得成就；如果一个人不喜欢交际，却被安置在公关、销售部门，他就很难积极主动地与人打交道。能力就更重要了。如果一个人不能胜任工作，得不到认可，无人赏识，整天都处于失败的阴影中，他就不可能将工作干好，也无法从工作中获得乐趣。因此，个人在确定职业方向时，应该尽可能地考虑到自己的价值观、能力和其他个人特点。

另外，社会因素的制约也不可小视。自我是可以把握和控制的，社会则是个人力量难以改变的。由于学生时代很少接触现实社会，因此个人的职业目标往往充满了理想化色彩。但个人喜欢的在现实社会中可能没有机会，而社会提供的选择和机会个人可能又不愿接纳。如何解决这种冲突？如何综合考虑个人理想、自身条件和社会实际做出合理的选择，成为个人在职业生涯早期面临的一大难题。

案例 5-1

蚯蚓的目标阶梯

蚯蚓是我从小到大的朋友。蚯蚓不是原名，由于他长得黑矮瘦弱，因而得名。

我们 18 岁分别后，我在外为生活四处漂泊奔波；蚯蚓则上了大学，什么事都挺顺当。在这分别的十年里，我们几乎每隔两三年见一次面。每一次我都喜欢问他同一个问题：你将来的目标是什么？而我得到的答案总是不相同。下面记录的是蚯蚓每次谈及目标时的原话：

18 岁，高中毕业典礼上："我发誓要当李嘉诚第二！我要当中国首富（好大的口气)!"

20 岁，春节老同学团聚会上："我想创立自己的公司，30 岁前拥有资产 2 000 万元。"

23 岁，在某市工厂当技术员，第二职业是炒股："我正在为离开这家工厂而奋斗，因为在这里工作太没前途了。我将全力炒股，三年内用 5 万元炒到 300 万元（似乎有点实现的可能)。"

25 岁，炒股失意而情场得意，开始准备结婚："我希望一年后能有 10 万元，让我风风光光地结婚（挺现实的想法)。"

26 岁，不太风光的结婚典礼上："我想生一个胖小子，不久的将来当个车间主任就行，别的不想了（是不是结婚都会使人成熟)。"

28 岁，所在工厂效益下滑，偏偏正是妻子怀胎十月的时候："希望这次下岗名单里千万不要有我的名字。"

---

2. 确立职业生涯目标

俗话说："三百六十行，行行出状元。"如何在职业道路上实现自己的最大价值，做出最高的成就？这就需要有一个科学合理的职业生涯目标。职业生涯目标的确立应该考虑两个方面的因素，即自我内部因素和外部环境因素。

终身的职业生涯目标通常是在近期目标的不断实现中逐步形成的。如果一个人的学习成绩一直优异，而且高考成绩也很好，那么他的职业目标往往定得比较高，如当高级工程师、高级会计师、知名学者等；如果一个人平时学习成绩一般，同学评价、教师评价也一般，那么他就会将职业目标定得低一些，比如上一所正式招生的大学，培养一定的能力，过普通人的生活。如果家庭条件较好、学习态度也好，但成绩不理想，初中毕业没有考上普通高中，职业理想可能就较低，如学会一技之长，找一个合适的岗位，认真工作，维持基本的生活就行了。

不同的职业岗位需要有不同的能力、兴趣、性格的人来担任，所提供的回报也是多种多样的。职业生涯目标可以相应地划分为多项交叉并互不排斥的目标。

- 经济价值目标：单纯地以经济条件来判断，如30岁时挣到100万元。
- 职务目标：以个人职务做评判依据，如30岁当上处长。
- 能力目标：以自我能力的提高为标准，如30岁时能领导100人左右的队伍。
- 人生价值目标：以自我价值实现为目的，如30岁时创立自己的组织。

进行职业生涯规划还要注意时限。面对飞速发展变化的信息社会，一次性的长期规划显然不太现实，因而我们可以根据自身实际及当前社会需求，把大目标分解成若干可操作的小目标，灵活确定规划的时限，如20～30岁的职业生涯规划或25～30岁的职业生涯规划等。

在确立目标时，除了要考虑个人的实际能力、价值观等内部因素外，还要对社会环境、组织的现状及前景、人际关系等进行分析。

首先，要对社会的宏观发展趋势有基本的认识。如自己所选择的职业在当前和未来社会中的地位如何；组织经营、政府管理的变化趋势对就业政策和人才需求会产生什么影响；技术的创新会导致哪些职业的需求旺盛；社会热点职业门类分布与需求状况怎样；等等。

其次，要对自己拟选择的组织的外部竞争环境进行分析，如该组织所处行业的发展状况及前景、该组织在行业中的地位和发展趋势、市场竞争的激烈程度等。

再次，要对组织进行了解，以确定自己在组织中的发展空间。比如：组织领导人的能力与抱负；组织文化和规章制度建设情况，特别是组织的人力资源方面的规划是否完善；组织的工资福利制度是否完善；是否拥有教育培训、出国进修等再学习的机会；组织的发展状况及自身是否拥有职务晋升的机会；在该组织是否拥有顺利实现自己职业理想的可能。

最后，还应对人际关系进行分析。个人处于社会环境中，不可避免地要与他人交往，因而分析人际关系状况显得尤为必要。比如，个人职业生涯中将同哪些人交往，其中哪些人将对自身发展起重要作用，起何种重要作用，这种重要作用会维持多久，如何与人们保持联系，工作中会遇到什么样的同事或竞争者，如何与之相处，等等。

3. 适应组织文化

新进入一个组织，适应组织的文化十分重要。如果组织强调团队协作，而你喜欢“自扫门前雪”，就会与组织要求格格不入。如果你看重工作业绩，而组织奉行关系网文化，你就很难在组织中有所发展。

组织文化涉及组织管理的方方面面。台湾学者郑伯壎结合当地的情况，提出了组织文化的九个方面，分别是社会责任、敦亲睦邻、顾客取向、科学求真、正直诚信、表现绩效、卓越创新、甘苦与共和团队精神。其中社会责任、敦亲睦邻、顾客取向反映组织与环境的关系，科学求真与组织科学决策有关，正直诚信和表现绩效是对人性本质的揭示，甘苦与共、团队精神涉及人与人之间的关系，卓越创新则是人类活动本质的最高境界。

具体地说，社会责任是指组织对社会的回报及所尽的社会义务，比如给学生提供奖学金、参与慈善活动、外销产品、赚取外汇、成立救济中心、诚实纳税等。敦亲睦邻主要是参与社区的公益活动，不导致环境污染，改善社区的环境状况，如优先录用社区内的员工、实施零污染计划、定期拜访社区居民等。顾客取向即为顾客提供周到的服务，快速处理顾客的投诉，建立服务中心提供售后服务，进行顾客满意度调查，准时交货等。科学求真主要是以客观数据而不是直觉作为判断和决策的依据，相信统计数字，不做表面文章，如进行成本控制、进行投资收益评估、进行年度预算、统计产品合格率等。正直诚信则强调做人的基本原则，如不拿回扣、不送礼、不赌博、不搞小团体、不接受贿赂等。表现绩效主要是突出绩效在组织中的作用，将绩效与升迁、提薪相结合，进行公平、准确地考核，如设立绩效奖、实施绩效考核制度、实行目标管理等。卓越创新主要体现为鼓励竞争，提高成功的标准，精益求精，鼓励学习新知识和新技能，强调产品创新，具体如建立人才培养制度、注意新产品引进和开发、创立研发组织，奖励专利、奖励优秀的提案等。

不同的组织在上述几个方面的状况可能是不同的。上述各方面做得都比较好的组织，往往是比较有影响力、经营状况比较好的组织，而大多数组织可能会在几个方面比较好，其他方面则相对较差，需要改进。比如，一些国有企业社会责任感较强，与社区的关系较为密切，但由于种种原因，服务质量较差，决策凭长官意志而不是靠集体或数据事实，对资格、经历、身份更加重视，而对能力、绩效则重视不够。又如一些民营企业，可能服务意识强，注重绩效考核，奖勤罚懒，但社会责任感较弱，不注意环境保护，信誉较差，在研究开发、产品创新方面投入不够。

人们可以从不同的渠道认识组织文化，其中常见的是通过组织的形象策划和宣传来了解。比如一些外资企业，不仅在广告上进行宣传，在产品及包装上体现其文化，而且在服务等方面展示自己的优势；此外，它们的领导者常常出席各种重要的信息发布会，宣传自己的企业、产品；还有的通过教学案例等教育途径传播组织的文化。因此，世界500强的企业，基本上都能让人对其有一些了解。国内的一些著名企业，往往也利用这些渠道和机会，传播企业的经营理念，如联想、海尔、华为等就是人们比较熟悉的企业。

还有大量的组织，由于不注重宣传自己，因此其文化不容易为一般的择业人员所了解。这些组织有时通过组织内的各种代言人在非正式的场合传播组织信息，但既不系统，也不讲究，个人的好恶、偏见也混入其中，因此很难让人产生什么明确的认识：是注重关系的，还是注重能力的？是在产品开发上有优势，还是在销售方面有优势？是员工导向的，还是领导专制的？是盈利的，还是暂时亏损的？而招聘人员往往喜欢介绍组织的优势，避免谈及组织的劣势，从而给应聘者带来一些误导。

由此，个人在进入组织以前通常有几种情况：一是对组织的文化已有相当的了解；二是对组织的文化有一些推论性的认识；三是基本不了解组织的文化。通常，由于不同的组织有不同的经营管理理念，因此组织在挑选员工时，持有与组织相似的理念应聘者就会被吸引过来，组织在这些应聘者中进行筛选，将合适的应聘者招聘进来。如果挑选者和被挑选者双方没有产生误解，被选中者就会与组织的文化一致，从而会很快地融入组织，建立良好的同事关系，持续地在组织发展；如果员工发现自己的价值观与组织所宣传的价值观或自己感觉到的价值观发生冲突，产生摩擦，就需要个人或组织做出调整或让步，即进行工作调适。如果调适失败，个人就可能离开组织。

工作调适实际上是员工与组织进行利益交换、各取所需的过程。员工以工作能力来换取工资、认可、有趣的工作等物质和精神需要，而组织则以提供工资、工作条件、合作者、管理等来获得令人满意的工作者。如果双方的交换不是协同变化的，就会有一方不满，这就需要双方或其中一方做出工作调适。也就是说，个人对不满意的反应不是立即离职，组织对不满意的反应也不是立刻解雇员工。个人可以改变自己以符合组织的要求，如修改自己的目标、提高自身的技能等；也可以设法促使组织环境改变，如要求提高工资、改善工作条件等。同样，组织也可以改变自身和受雇者以维持交换关系，保证工作的正常运转。

在工作调适中，个人对不满意的容忍度、调适行为的灵活性和坚持性对调适的成败起着重要作用。容忍度决定什么时候会出现调适反应；灵活性是指员工采取的调适行为的多样性、变化性；坚持性则是指调适行为持续时间的长短，因为工作调适需要时间和耐力，坚持性差的人在调适失败时，便可能离职。

5.2 个人组织化

小辞典

所谓个人组织化，是指应聘者接受雇佣进入组织后，由自由人向组织人转化所经历的不断发展的过程。

个人组织化包括向所有员工灌输组织及其所属部门所期望的主要态度、规范、价值观和行为模式，其途径是组织创造条件和氛围，使新员工学会在该组织中如何工作、如何与他人相处、如何扮演好个人在组织中的角色，接受组织文化，并逐渐融入组织。

5.2.1 员工在个人组织化过程中的任务

1. 熟悉工作环境，形成良好印象

第一次交往所形成的印象会产生深远而持久的影响。如果我们对某人的第一印象好，这个好的印象就会维持很长时间，并影响我们对此人后来的行为的认识。如果我们对一个人的第一印象不佳，那么我们往往会对此人以后的言行存在偏见。

小辞典

第一印象是人与人之间初次接触后留下的最初印象，最鲜明、最牢固，它决定着我们对他人的知觉。

新员工进入一个新的组织，会接触同事、上级，他们可能成为好的合作伙伴、朋友、知己，也可能成为不想多交往的人，需防范的人，甚至是敌人。在一般情况下，新员工在进入组织时，如果不注意建立良好的形象，往往会在别人心里留下一些消极的印象，

影响自己的职业生涯前程。

通常，在报到的当天及一段时间内，应该注意如下问题：

第一，要适当地讲究着装。穿着不一定很名贵，但要得体、整洁，既不可过分地打扮，也不能过于邋遢。对男士而言，如果是文职人员，可以西装革履，稍微正式一些；亦可以夹克西裤，更休闲和轻松一些；如果是一般的工人，西装革履就不合适，而蓬头垢面无论如何都是不好的。如果是女士，不可浓妆艳抹，否则会给人以轻浮的印象。

第二，要有时间观念，稍微提前或准时到达比较好。现代人讲究时间观念，不守时常常被人们视为不敬业、不礼貌、不可靠。而且如果来得早，还可以先熟悉或认识几个人，因为人太多，大家都上班了，名字就记不住了，而记住人名是交往的开始。此外，早到还可以为组织做些力所能及的事情，如做清洁、打开水等，可以给老员工留下一个良好的印象。

第三，尽快熟悉工作，明确岗位责任，争取出色地完成第一件任务。新到工作岗位，主要的问题是缺乏经验，但不能将没有经验作为办事质量差的理由。为此，如果遇到以前没有经验的事情，不妨自己先考虑考虑，理清思路，看看主要有什么困难，只就难于处理的困难找同事或上司咨询。如果你是秘书，布置会场，落实会议程序、时间、场地、设备等是基本的工作内容，但谁先发言、谁坐什么地方、谁做总结讲话、是否需要投影或扩音设备等，你可能不熟悉，可挑最棘手的几个问题请教同事。这既不会被看成能力差，又可以确保工作不出差错，也显示出对老员工的尊重。

第四，积极利用非正式场合熟悉周围的同事。在正式场合，许多人的行为和态度受工作情境的制约，不能表现出个人的所有特点。但在非正式场合，限制较少，人们的言谈举止往往比较随意，表现比较真实，是认识同事的好机会。

第五，经常记录、总结得失，不断改善工作。在工作中，有成功的喜悦，也会有失败的烦恼。成功了，要总结经验；失败了，要吸取教训。工作中常见的问题，要记录；与服务对象之间的不愉快，也应留心分析，找出原因所在，以便今后改正。

第六，注意交往的技巧。在中国，人际关系是个永恒的话题。各个组织都有一些非正式群体，有些人关系比较好，有些人关系比较差，还有一些人游离于群体之外。有些同事由于过去的利益分配问题可能有矛盾；有些同事可能是性格不好，不受人欢迎；有些同事可能因为观点不同，经常争吵。新来乍到，首先应该熟悉环境：如果是有矛盾的人，他们的问题在哪一方面？如果是被孤立的人，是交往能力问题，还是品行问题？如果是喜欢争吵的人，是为公，还是为私？只有将这些问题弄清楚了，交往才会有针对性：哪些人可以多交往，哪些人可以做朋友，哪些人可能是知心朋友，哪些人不宜交往太多，哪些人是要回避的。

第七，熟悉组织的文化、制度、发展策略等。这是新员工的必修课。比如住房问题，哪个部门负责，有什么政策？职务晋升有何制度？是重成绩还是重关系，是重能力还是重文凭？工资体系是什么？是倾向于技术人员，还是倾向于管理人员、销售人员，或是生产工人？是实行平均主义，还是按劳分配？是鼓励创新，还是鼓励听话和按部就班？是科学考核实绩，还是鼓励给领导汇报、拉关系、“站队”？熟悉了组织的文化和制度，就能够制定合理的应对方案。对组织文化、制度的认识，可以通过和老员工交谈获得，也可以通过自己的亲身体验和观察获得，还可以通过参加会议、阅读组织的相关材料获得。一般地，领导人讲的“应该”是什么往往不是最可靠的，而老员工的体会、自己的工作体验最能说明问题。

如果个人的价值观与组织文化一致，而且组织管理也很规范，这样的组织就可以作为自己长期工作的组织，制定长期的职业生涯发展规划；否则，就应该冷静地观察，先制定一个短期的职业生涯发展规划，再根据实际情况，看看是否需要进行重大的调整。

新视点

日常生活中的印象管理

1. 装扮外表；
2. 提高他人；
3. 帮个小忙；
4. 请求劝告；
5. 角色扮演。

新视点

面试中的印象管理

1. 千万别紧张；
2. 不要表现出急于得到正在谈论的工作，而应令人信服地阐明你的职业技能和职业计划；
3. 应当看着对方的眼睛，但不要紧盯对方；
4. 应当做一个好听众；
5. 应简洁明了地回答所有合适的问题，从容不迫；
6. 不要批评从前的同事；
7. 可以有礼貌地拒绝回答涉及个人隐私的问题；
8. 问与职业相关的问题来表明你对该职业的兴趣；
9. 了解清楚得到面试结果的方式；
10. 千万不要在面试时就接受一项工作。

2. 知己知彼，百战不殆

做自己能做的，做自己喜欢做的。由于种种原因，许多人虽然进入了某专业领域接受教育，但可能由于父母、教师的干预，并没有选择自己的优势领域，结果使个人的长处没有得到开发。既要很好地认识自己，也要很好地认识职业，使自己找到适合的职业。有一个学生，在文科方面很有优势，语文、外语都比较好，但如果学习文科，考大学时专业就相对比较少，加上这个同学理科成绩也不错，因此高中选择了理科；在填报高考志愿时，考虑到将来的就业，选择了计算机专业，但他对成天与程序、数字打交道兴趣不大，平时花费了很多时间学习文学，参加了一些相关的文艺社团，并担任召集人。毕业后，他被分配到电台从事计算机技术工作，但个人的志趣仍然是创作、表演，工作成绩平平。由于一个偶然机会当了一次节目主持人，结果一举成功，最终实现了自己的理想，走上了节目主持人的道路。如果他没有这样一个偶然的机会，或许人生的弯路还会走很长，或许他的才能会被永远埋没。

许多人正是因为没有这样富有戏剧性的机遇而一生都处于矛盾冲突中：自己能做的，不喜欢做；而自己喜欢的事，竞争力又有限。在这种情况下，干一行，爱一行更可取。能力既靠后天的培养，更受先天的制约；而兴趣、价值观则主要是后天培养的。很多人都希望成为科学家、体育明星、歌星、影星、企业家，但这些人中有多少是纯粹靠兴趣成功的呢？无论什么工作，将其职业化后，要想干好，仅仅靠一时的兴趣爱好是很难维持的，更多的要靠理性和毅力。只要能胜任工作，而工作又有可爱的一面，就可以在这份工作上干下去。

在组织环境下，还要了解竞争对手的情况。因为有些时候，一些理想的工作岗位，不止一个人竞争，可能有多个人竞争。那么，竞争对手的优势何在？自己的竞争优势何在？要做到心中有数。竞争优势主要从以下一些方面来比较：学历、工作能力、年龄层次、技术职称、性格、发展潜力、工作经历、人际关系、家庭状况、社会背景等。对这些问题的明确回答，有利于做到知己知彼，准确地把握自己的努力方向。

案例 5 - 2

爱若和布若

爱若和布若差不多同时受雇于一家超级市场，开始时大家都一样，从最底层干起。可不久后爱若受到总经理的青睐，一再被提升，从领班做到了部门经理。布若却像被人遗忘了一般，还在最底层混。终于有一天布若忍无可忍，向总经理提出辞呈，并痛斥总经理用人不公平。总经理耐心地听着，他了解这个小伙子，工作肯吃苦，但似乎缺少了点什么，缺什么呢？……他忽然有了个主意。“布若先生，”总经理说，“请你马上到集市上去，看看今天有什么卖的。”布若很快从集市回来说，刚才集市上只有一个农民拉了车土豆在卖。“一车大约有多少袋，多少斤？”总经理问。布若又跑去，回来说有 10 袋。“价格多少？”布若再次跑到集上。总经理望着跑得气喘吁吁的他说：“请休息一会吧，你可以看看爱若是怎么做的。”说完叫来爱若对他说：“爱若先生，请你马上到集市上去，看看今天有什么卖的。”爱若很快从集市回来了，汇报说到现在为止只有一个农民在卖土豆，有 10 袋，价格适中，质量很好，他还带回几个让总经理看。这个农民过一会儿还将弄几筐西红柿上市，据他看价格还公道，可以进一些货。这种价格的西红柿总经理可能会要，所以他不仅带回了几个西红柿做样品，而且还把那个农民也带来了，他现在正在外面等回话。总经理看了一眼脸红了的布若，说：“请他进来。”

爱若由于比布若多想了几步，于是在工作上取得了成功。

我们在生活中最容易抱怨自己受到的待遇不公，而不善于思考这种不公背后的原因是什么。这个案例告诉我们，工作固然需要埋头苦干的精神，但只有随时注意与对手比较，不断地进行自我反思，明确自己与对手的差距，才可能自我改进和提高；否则，就永远处于劣势地位而不自知。

3. 尽早定向，少走弯路

人生有涯，而事业无涯。如果将人生所有的时光都花在自己适合、喜欢的领域进行积累，那么这种积累就会很丰厚，成功的可能性就比较高。当然，也有些人，不以社会成就为自我成就的判断标准，注重人生的过程及体验，也许社会成就不高，但自我感觉比较满意。然而，人是社会中的人，不受社会价值标准的影响是十分困难的，因而不注重社会成就的人也只是极少数。综观职业成功人士，大多数是弯路走得比较少的人。人生的美好时光如果都在反复地摸索中度过，那么尽管能丰富生活阅历，但离成就目标就远了。我们经常能发现这样一些人，他们没有明确的努力目标，不考虑自身的特点，什么“热”就干什么：经商热潮卷来时，“下海”从商；觉得事业单位稳定、收入不错时，又“上岸”补习专业，考研究生，等考上研究生，四五年的黄金时间也过去了。在知识不断更新的时代，知识积累上的差距不是一朝一夕能补回来的，和一直在专业道路上努力的人相比，其专业竞争力自然比较低。因此，尽早地给自己定位，确定努力的方向，十分重要。

我们可以通过很多途径来了解自我。可以倾听老师、父母、朋友对自己的评价；也可以进行内省，即通过分析自己学习某种技能的难易程度、成绩高低，在比较中发现自己的优劣；还可以通过分析自己的作品、自己对从事某种活动的感受来获得对自己的认识。

在认识职业自我时，除了考虑自己的专业外，还要考虑的一点是所加入的组织自身的发展机会。人们寻找的工作往往与自己所学的专业有关，但工作不等于专业，专业只是一个人职业生涯的出发点。有些工作仅仅靠专业知识是不够的，比如一名合格的管理者，除了要懂管理专业的知识外，还要有较强的人际交往能力、组织协调能力、激励能力以及相当的社会阅历。正因如此，MBA（工商管理硕士）、MPA（公共事业管理硕士）通常都是在职人员在攻读。如果只有简单的理论观念，没有社会经验的帮助，那么对管理知识和技能的理解往往会相当地肤浅，不利于培养一流的管理者。

为了配合组织的发展，个人既要尽量发挥自己的专业优势，又不能局限在专业领域中。最好是根据组织提供的机会，以专业为依托，学习相关岗位的知识技能，以寻求最大的发展空间。学技术的人中结合技术从事营销工作者不在少数，比如原来学习电子工程的，后来从事电子产品的销售工作，或从事电子产品生产的管理工作。学习英语的，可以选择日常翻译工作，也可以从事科技情报工作，还可以负责对外服务及管理工作。如果选择日常翻译工作，自己就要补充一些礼仪方面的知识和商务方面的常识；如果从事科技情报工作，则需要补充科技方面的相关知识；如果从事对外服务及管理工作，则应该熟悉一些营销、管理方面的知识，积累相关的经验。学习中文的，可以做文秘、组织的战略设计、广告、传播、营销、管理、文艺创作等工作；学习物理的，可以从事教学、科研、产品设计、生产工艺设计、销售等工作。职业与专业有联系，但不是一一对应的，职业的需求往往比专业更广泛。个人要利用自己专业外的优势，根据组织的实际，小心选择努力方向。自己一时拿不定主意时，可以先进行一些尝试，也可以向有经验的人咨询，还可以从社会上相关的就业指导机构获得帮助，指导自己选择职业生涯目标。年轻时所走的弯路越少，人的社会成就可能越大。

4. 善于观察，处理好人际关系

新进入一个组织，一切都是陌生的。但人是社会的人，常常要与工作环境中的人交往、合作。尽快地适应交往对象，并融入群体之中，对打开工作局面十分重要。处理不好人际关系，不但影响工作，也影响人的生活质量。我国是一个十分注重人际关系的国度，人与人的关系比较复杂，刚开始一定要注意观察，多做少说，避免人际关系的失败。

如果组织的风气好，人际关系就相对好处理。生活上有人关心，事业上有人指导；遇到难题，相互帮助；取得成果，大家分享；即使年轻人有些不同的观念或行为，其他人也能包容海涵。但这样的组织并不是人人都能遇到的。一个群体的气氛就如一个人的性格一样，一旦形成，改变起来就比较困难。因此，特别要注意不要卷入消极的人际环境，不要掺和到一些喜欢制造事端的人群中。否则，耳濡目染，你也会陷入不良人际关系的泥潭，或养成一些不良的习气。

与上司的关系也是新员工要特别注意的事。上司通常是代表组织行事，他们占有相对多的资源，对个人成长有十分重要的影响。在目前组织管理普遍不很规范的情况下，给上司的印象非常重要。如果工作做得好，给领导的印象也好，个人发展的机会就会多；否则，即使有很强的能力，也可能被说成是“年轻气盛、不成熟、有傲气”，从而与重要的培养、提升无缘。即使是在管理不规范的组织，人际关系处理得好，发展空间也会更大。

案例 5－3

我的职场失利

大学毕业后，我很顺利地在上海一家知名的公司求得了企划部某一职位，安安心心工作了两个多月后，因为公司内部的问题，接二连三地有人辞职，我最终也因为幼稚与所谓的“为同事打抱不平”的心态，放弃了晋升企划部主管的机会而离职。本以为这样做对得起自己的良心，现在却发现其实对不起这个社会的规矩，此经历不提也罢，总之是让我好一阵反省，相信从这件事情中，你已经知道我是怎么样的一个人了，确实，我还需要学习的太多了。

从那家公司辞职的消息传出来后，杭州一家很有实力的公司找到我与我另外两个同事：一个熟悉市场与行业法律的女孩子，一位主管教学模式与人力的英国同事，加上拥有品牌形象建立和媒体投放、市场推广、硬件采购经验的我。我们便应对方的邀请去做项目。在项目差不多接近尾声时，那个女孩子在工作中出现了一些失误，直接导致了投资人的不满，而那时我想保全我们团队中的每一个成员，便努力进行沟通。最后，投资人认可了我和那位英国同事的工作，却将这个女孩子无情地送回上海。虽然我本人并没有在这件事情中受到伤害，但这是一次宝贵的经验，至少我现在明白如何在项目与团队间进行权衡，采取怎样的反应才是正确的。

从杭州回来以后，我在家里休息了一段时间，其中也断断续续接了一些小案子来做，有一家客户因为对我的工作非常满意，便将我介绍给一家企业品牌战略公司的老总，希望能为我搭个桥。第一次面谈相当顺利，这位老总在各个方面对我的表现都很赞赏，并当场提出要将某著名品牌的案子交给我负责，临别时，他要求我第二天再去一次，与公司的艺术总监——也就是我未来将与之合作的同事见个面。问题出现了。第二天，在公司见到这位总监，我一开始便发觉他以一种非常高人一等的姿态来与我对话，话中给了我很大的压力，然后又突然提到以后若进公司，试用期不扣 20% 薪水，按正式薪水来算。

回来后我突然醒悟，他是力图引导我曲解老总要他和我谈话的意愿，希望我知难而退，他的谈话技巧我确实很佩服，当时我只是觉得奇怪，为什么他一会说我这样进来是没有先例的，什么别的毕业生刚进来都是每月 1 200 元起的底薪，一会又说我的底薪会和别人不同，我还在想他究竟是否知道我是来做什么的。现在一想，全明白了，他是不希望我进去后给他造成威胁，也不服气我一进去就是和他一样的位子，只不过是因老总的意思才很不情愿地和我见面。而对于老总来说，他也知道这种无可避免的情况，因此如果我处理得巧妙一点，那也就 OK，否则，他宁可弃我不用也不会影响现在公司已经稳定的格局。可惜的是，当时在对话时我脑子已经有点混乱，不可能像事后的醒悟一样清清楚楚，也就是说，所谓的“优秀的人才”是很容易被人踢出局的。

因此，现在我打算重新踏踏实实找个工作，将以前的无论是荣誉还是教训，都藏在心里，认真地追求属于自己的天空，相信这些经历带给我的成熟，以后一定会有受用的地方。

---

5. 脚踏实地，从小事做起

青年人在初到工作岗位时，容易对自己的职业有一些不切实际的幻想。比如一些新到科研单位的大学生往往以为在科研单位所干的每一件事都应该是“创造性的、探索性的”，而没想到这些“创造性的、探索性的”工作中包含有大量重复性的简单劳动，结果他们很可能大失所望。例如，在化学研究所做试验时，为了保证实验的可靠性和重现性，大约有 1/3 的实验时间是在做洗瓶子一类的准备工作；在搞软科学研究时，也会遇到大量抄写、打印、整理等杂务。此外，领导或负责人对新手也往往只安排一些杂务，不甚重视他们的意见，使年轻人觉得不被重视，挫伤其对职业的认同感。遇到这种情况，首先应该调整好自己的心态，因为无论是多么有创造性、挑战性的工作，都需要大量简单的、重复性的劳动来支持，而且让新手打杂也是不少组织的习惯做法。有些组织或领导还认为“小事做不了，大事更难成”，规定所有的新员工都必须从最简单的工作做起。因此，新员工应该认真对待琐碎的任务，这样才能给他人留下踏实肯干的印象，有重要任务时，别人才能放心地分配给你。在做好这些基本工作的同时，也要保持学习的热情，主动地寻找发挥自己能力的机会。

案例 5-4

龟兔赛跑新解

从前，有一只乌龟和一只兔子在互相争辩谁跑得快。它们决定来一场比赛分高下，选定了路线，就此起跑。

兔子首先冲出，飞奔了一阵子，眼看自己已遥遥领先，心想，它可以在树下坐一会儿，放松一下，然后再继续比赛。

兔子很快在树下睡着了，而一路上慢慢腾腾走来的乌龟则越过它，不一会儿就完成了比赛，成为货真价实的冠军。等兔子一觉醒来，才发觉它输了。

这个故事给我们的启示是：缓慢且持续的人会赢得比赛。这是从小伴随我们长大的龟兔赛跑故事的版本。

但最近有人告诉了我一个更有趣的版本，故事是这么继续下去的：

兔子当然因输了比赛而倍感失望，为此它做了些深刻的反思。它很清楚，自己之所以失败是因为自己太有信心、大意以及散漫。如果它不认为一切都是理所当然的，那么乌龟是不可能打败它的。因此，它向乌龟提出再来另一场比赛，而乌龟也同意。这次，兔子全力以赴，从头到尾，一口气跑完，领先乌龟好几公里。

这个故事有什么启示？动作快且前后一致的人可胜过缓慢且持续的人。

如果在你的工作单位有两个人，一个缓慢、按部就班，且可靠，另一个则动作快，且办事牢靠，那么动作快且牢靠的人会在组织中一直往上爬，升迁的速度比那个缓慢且按部就班办事的人快。缓慢且持续固然很好，但动作快且牢靠则更胜一筹。

这故事还没完。这下轮到乌龟好好检讨。它很清楚，照目前的比赛方法，它不可能击败兔子。它想了一会儿，然后向兔子提出再来另一场比赛，但是是在另一条稍许不同的路线上。兔子同意，然后两者同时出发。为了实现自己立下的承诺——从头到尾一直快速前进，兔子飞驰而出，极速奔跑，直到碰到一条宽阔的河流。而比赛的终点就在几公里外的河对面。兔子呆坐在那里，一时不知怎么办。这时候，乌龟却一路慢慢爬来，爬入河里，游到对岸，继续爬行，完成比赛。

这个故事又有什么启示？首先，辨识出你的核心竞争力，然后改变游戏场所以发挥你的核心竞争力。在你的工作单位，如果你是一个能言善道的人，那么一定要想法创造机会，好好表现自己，以便让高层注意到你。如果你的优势是从事分析工作，那么你一定要做一些研究，写一个报告，然后呈送上去。依着自己的优势（专长）来工作，不仅会让上头的人注意到你，也会创造成长和进步的机会。

故事还没结束。

这下子，兔子和乌龟成了惺惺相惜的好朋友。它们一起检讨，两个都很清楚，在上一次的比赛中，它们可以表现得更好。所以，它们决定再赛一场，但这次是同队合作。它们一起出发，这次兔子扛着乌龟，直到河边。在那里，乌龟接手，背着兔子过河。到了河对岸，兔子再次扛着乌龟，两个一起抵达终点。比起前次，它们都感受到一种更大的成就感。

这个故事又有什么启示？个人表现优异与拥有强大的核心竞争力固然有关，但除非你能在一个团队内与别人同心协力，并发挥各自的核心竞争力，否则你的表现将永远在标准之下，因为总有一些状况下，你技不如人，而别人却干得蛮好。

从上述故事中，我们可以学到很多。在遭逢失败后，兔子和乌龟都没有就此放弃。兔子决定更拼，并且投入更多的努力。在尽了全力之后，乌龟则选择改变策略。在人的一生中，当失败临头时，有时我们需更加努力；有时则需改变策略，尝试不同的抉择；有时候，两者要一起来。兔子和乌龟也学到了最关键的一课：当不再与竞争对手较力，而开始共同面对问题时，我们会实现双赢。

5.2.2 个人组织化阶段的主要问题

在个人组织化阶段，新员工对组织尚不十分了解，与上司、同事之间尚不熟悉。在相互适应期，由于未能觉察彼此的需要、适应组织的特点，可能会引起某些矛盾和问题。这一时期常见的问题主要有：

1. 现实冲击

在一个人的职业生涯中，初次进入组织时的组织化阶段是员工最需要组织将他们的职业生涯发展情况加以考虑的时期。正是在这一时期，员工们被招聘、雇用并第一次被分派工作和认识上级。对于新员工来说，在这一时期，他必须建立一种自信的感觉，必须学会与第一个上级以及第一批同事相处；必须学会接受责任，然而最重要的还是对自己的才能、需要以及价值观是否与最初的职业目标相吻合进行审视和判断。实际上对于新员工来说，这是一个现实测试时期。在这一时期中，他们怀揣着最初的期望或目标第一次面对组织生活的现实，并且第一次与自己的能力和需要面对面碰在一起。因此，现实冲击和失望是经常发生的事。

小辞典

现实冲击（reality shock）是指由新员工对其工作怀有的期望与工作实际情况之间的差异所引起的对新员工的心理冲击。

现实冲击通常发生于一个人开始职业生涯的最初时期，是一种阶段性结果。在这一时期，新员工怀揣着较高的工作期望，面对的却是枯燥无味和毫无挑战性可言的工作现实。对于许多第一次参加工作的人来说，这可能是一个比较痛苦的时期，因为他们天真的期望将第一次面对现实组织生活的冲击。比如，年轻的 MBA 们可能满怀希望去寻找第一份富有挑战性的、激动人心的工作，他们希望这种工作能为他们发挥自己在学校所学得的新技术、证明自己的能力以及获得提升提供大量的机会。然而，在现实社会中，他们常常会苦恼地发现，自己被委派到一个并不重要的低风险工作岗位上。在这里，他或者根本不会遇到任何麻烦；或者遇到更严酷的现实，马上陷入错综复杂的部门间冲突和政治斗争；或者遇到一位使人感到沮丧的上司——这位上司可能既不值得你为之工作，而且其本人也从未受过任何关于如何成为新员工的良师益友的技能方面的特殊培训，而这种技能在监督指导新员工时恰恰是十分重要的。

2. 新员工难以得到第一任上司的信任和重用

新员工刚刚进入组织，对组织的人员和环境都不了解，组织对其也缺乏深入的了解，因此，新员工很难立即取信于自己的第一任上司。在这种情况下，上司往往会认为只有等到新员工真正了解组织运作的真实情况之后，才可以让其承担重要的工作，因此最初交给新员工的往往是过于容易或者很乏味的工作。当然，在新员工进入组织后的最初数周内采取这种做法是完全可以理解的。但是，如果数月、一年甚至更长时间都持这样不信任的态度，就会大大打击新员工的工作积极性和限制其才能的发挥，并将直接影响到其未来的职业生涯发展。

3. 组织成员往往会对新员工心存偏见或嫉妒

由于年龄与时代的差别，代沟在新老员工之间是不可避免的东西。因而，组织中的老员工常常会对新员工持有某种成见，认为新员工幼稚单纯、好高骛远、书生意气、经验不足、自视清高等。这种成见很可能有其合理的、符合事实的地方，但同时又具有很大的片面性。正是这种成见，使得上司或许多老员工不能善待新员工，他们常常制造些"让他老实些""叫他尝尝工作的滋味"等很不友好、刺伤人心的舆论，或者故意给新员工的工作出些难题等，来迫使其就范。还有一种情况是，当有新员工进入组织时，会引起他的上司和老员工的某种不快。他们感觉新员工是个威胁，因为新员工常常有较高的起薪和比他们有更好的教育，因此他们不知不觉地总想表明新员工没有什么了不起，于是便分配给他们十分艰难的任务，以证明新员工并不称职，等等。

上述问题的存在，有时会造成严重的消极后果。这些后果主要有：

（1）阻碍个人的职业生涯发展。新员工一般都是充满热情、踌躇满志地进入组织工作岗位的。但是，现实冲击或来自上司、同事的不信任，常常使他们不知所措。对于新员工来说，由于交给他们的最初工作太难或者太容易、枯燥乏味，或者纯属重复劳动、体力劳动，结果工作了一段时间后，始终得不到一个真正展示自我才能和准确自我测评的机会，其积极性就会严重受挫，并由此产生对组织的失望，变得心灰意冷，对工作失去兴趣。第一份工作遇到的磨砺与考验，很可能会影响其整个职业生涯的发展。

（2）造成组织人力资本投资的巨大浪费。组织接收新员工，实际上是进行一定的人力资本投资的经济行为。有投资，就应该有收益。但是，如果新员工进入组织后得不到妥善使用，或者其在做出某种贡献之前离职，就会使组织的投资得不到回报。如果新员工变得安于现状、不思进取，组织同样无法获得与员工个人潜力相应的贡献，其结果是组织进行了大量投资，却得不到相应的收益回报。

（3）造成组织人才流失或人才被埋没。新员工在进入组织后的考察期，常常被置于受压制和事实上被忽略的境地，不能充分展现自我、实现自我。这对于有着强烈抱负的新员工来讲，是难以忍受的。在这种情况下，许多高潜力、有发展前途的员工会因此而流失，给组织造成重大损失。即使有许多新员工会留下，但在组织化过程中，由于受到不友好的对待，他们的新思想、新知识、新技术无用武之地，久而久之，他们就会变得意志消沉，不再进取，结果才能得不到发挥，人才被埋没。

（4）破坏组织文化。新员工所接触的第一任上司和第一批同事是组织文化的代表者，他们将塑造新员工对组织的看法和在组织中工作的基本态度。但是在组织化阶段，第一任上司及第一批同事表现出的心胸狭窄和不良习气等，常常使新员工直接面对和感受不良的组织文化，从而使他们对组织原有的热忱和希望变成冷漠和失望，或伤心而去，或不思进取、随波逐流。尽管新员工的流失会给组织造成重大损失，但真正的隐患是使新员工屈从不良组织文化，难以为组织做出应有的贡献而又难以觉察的不良风气，这种不良风气的蔓延，对组织和员工都会造成严重危害。

案例5-5

你也在井里吗？

有一天，某个农夫的一头驴子不小心掉进一口枯井里，农夫绞尽脑汁想办法救驴子，但几个小时过去了，驴子还在井里痛苦地哀嚎着。

最后，这位农夫决定放弃。他想，这头驴子年纪大了，不值得大费周折去把它救出来，不过无论如何，这口井还是得填起来。于是农夫便请来左邻右舍帮忙一起将井中的驴子埋了，以免除其痛苦。

农夫的邻居们人手一把铲子，开始将泥土铲进枯井中。当这头驴子了解到自己的处境时，刚开始哭得很凄惨。但出人意料的是，一会儿之后这头驴子就安静下来了。农夫好奇地探头往井底一看，出现在眼前的景象令他大吃一惊：当铲进井里的泥土落在驴子的背部时，驴子将泥土抖落下来，然后站到铲进的泥土堆上面。就这样，驴子将大家铲倒在它身上的泥土全数抖落在井底，然后再站上去。很快地，这头驴子便得意地上升到井口，然后在众人惊讶的表情中快步地跑开了！

在生命的旅程中，有时候我们难免会陷入“枯井”里，各式各样的“泥沙”倾倒在我们身上，而从这些“枯井”里脱困的秘诀就是：将“泥沙”抖落掉，然后站到上面去！事实上，我们在生活中所遭遇的种种困难挫折就是加诸于我们身上的“泥沙”；然而，换个角度看，它们也是一块块垫脚石，只要我们锲而不舍地将它们抖落掉，然后站上去，那么即使是掉落到最深的井里，我们也能安然地脱困。所以，如果我们以肯定、沉着稳重的态度面对困境，助力往往就潜藏在困境中。一切都决定于我们自己，学习放下一切得失，勇往直前迈向理想。我们应该不断地建立信心、燃起希望，这些都是帮助我们从生命中的“枯井”里脱困并找到自己的工具。

5.3 组织职业生涯早期管理

在个人组织化过程中，组织承担着非常重要的职业生涯管理任务。这些任务的完成情况将对组织和新员工的发展产生重要影响。下面介绍组织在员工职业生涯早期的主要任务。

5.3.1 对新员工进行上岗引导和岗位配置

新员工进入组织，其最初的上岗引导（new employee orientation）和岗位配置非常重要。

小辞典

上岗引导是指给新员工介绍组织相关的基本背景情况，是新员工组织化的一个重要组成部分。

新员工上岗引导包括工资发放方式和增长机制为何、怎样获得工作证、工作时间为每周多少小时、新员工将与谁一起工作等。这种信息对新员工做好本职工作是必需的。新员工的组织化是一个不断发展的过程，它包括向所有员工灌输组织及其所在部门所期望的主要态度、规范、价值观和行为模式等。如果处理得当，则对新员工最初的上岗引导，有助于减轻新员工上岗初期的紧张不安，缓解其可能感受的现实冲击。

组织开展的上岗引导计划是多种多样的，从简短的介绍到较细致的正式计划，不一而足。就长期正式计划而言，新员工在接受上岗引导时，一般会得到一本工作手册或一些印刷资料，用来说明像工作小时数、工作绩效评估、工资发放与增长、休假，以及设施参观等问题。其他信息主要包括员工福利、人事政策、员工日常工作、组织形式及运营情况、安全措施和规章制度等。

在多数组织中，上岗引导活动的第一部分由人力资源专家来完成。这些专家介绍组织的基本情况，组织发展的历史、现状，组织发展的宗旨、任务及目标等；回答工作小时数和休假等问题；进行遵守劳动纪律和遵纪守法的教育；明确组织对员工的要求；进行敬业和发扬组织优良传统教育，培养员工对组织的归属意识等。然后将新员工分配到一定岗位并介绍给其新主管，由这些主管来继续进行上岗引导，包括准确讲解新工作的性质，将新员工介绍给其新同事，让新员工熟悉工作场所，对新员工灌输组织文化，帮助新员工理解组织文化，接受组织正确的价值观等。

有些组织还举办减轻新员工焦虑感特殊讨论会。例如，某组织发现新员工有很强的焦虑感时，便举办了一天的特殊讨论会。这些活动将重点放在提供有关组织和工作的信息上，并使新员工有许多问答机会。上岗引导活动还告诉新员工相信来自老员工的谣传和恶作剧会导致什么样的结果，告诉新员工他们在自己的工作中很可能获得成功。事实证明，这些特殊讨论会是十分有效的。在进入组织第一个月的月底，那些参加了讨论会的新员工比那些没有参加讨论会的表现要好得多。上岗引导是新员工进入组织成功地完成个人组织化过程的一项重要活动。

目前，在许多组织里，上岗引导活动已远超出向新员工提供如工作小时数之类基本信息的范围，越来越多的组织发现，可以将上岗引导活动用于其他目的，包括使新员工熟悉组织的目标和价值观。因此，上岗引导便成为员工目标与组织目标一体化过程的开端，而这个过程则是组织赢得员工对组织价值观、目标的认同的一个步骤。通过这些活动，可使员工潜移默化地接受组织的使命、团队价值观、改进和解决问题的方式等组织文化的内容。

5.3.2 提供一份富有挑战性的初始工作

分配给新员工一份有挑战性的工作，帮助新员工学会如何工作，并对其潜能进行考察和测评。根据新员工的工作表现、潜能，对其职业生涯发展做到心中有数，这对组织的发展和员工未来的发展都会产生重要影响。

大多数专家都认为，组织能够做的最重要的事情之一就是争取为新员工提供一份富有挑战性的初始工作。比如，在一项以美国电报电话公司（AT&T）的年轻管理人员为对象的研究中，研究者们发现，这些人在公司的第一年中所承担的工作越富有挑战性，他们的工作也就显得越有效率、越成功，即使是到了五六年之后，这种情况依然存在。

霍尔根据自己的研究指出，提供富有挑战性的起步性工作是帮助新员工实现职业发展的最有力却并不复杂的途径之一。

然而在大多数组织中，提供富有挑战性的工作似乎并不是一种普遍的事实，反倒更像是一种例外情况。比如，以研究开发性公司为对象的一项调查发现，在 22 家公司中，只有 1 家公司有正式的向新员工提供富有挑战性的工作的政策。而正如一位专家所指出的，如果考虑到在招聘、雇用和培训新员工过程中所花费的大量精力和金钱，我们将不难看出，这是一个多么巨大的管理失误。

另外一些组织则完全不同，它们通过赋予新员工较多的责任而在一开始就提高工作的挑战性。在丰田汽车公司，即使是流水线上的工人也会被立即分配到由具有高技能和强大自驱力的同事所组成的自我管理工作小组之中，在这些自我管理工作小组中，他们必须快速地学会变成一位具有高生产效率的小组成员。在高盛集团，管理者们总期望公司的年轻专业人员能够比较快地做出贡献，并希望他们能够通过在承担富有挑战性项目的工作小组中工作迅速地找到自己的位置。正如该公司的一位管理者所说："当某个项目小组与客户会谈时，即使该小组负责人手下全是一帮刚刚新进公司的员工，他也往往不充当第一个发言的人——第一个发言的往往是最新进公司的员工；新员工担负这种责任，整个小组则全力支持。这正是许多人被吸引到高盛集团来的重要原因，因为你在工作初期就能够获得决策能力。"

案例 5-6

彭尼公司的新员工上岗引导方案

彭尼公司设置见习商品交易管理员职位（该公司的一个初级管理职位）是对新员工进行上岗引导的一个很好的例子。一位刚刚从大学毕业的见习生很可能会被安排到男式服装部去监督牛仔服装组的销售工作。换言之，他刚从大学毕业就要（在其管理者的监督指导之下）负责一个分部的产品展示、库存管理、顾客服务以及人事工作。彭尼公司的一位管理人员说："从我成为见习商品交易管理员的第一天起（那时我也不过是刚刚大学毕业），我就经营着一个'店中店'。当你自己往前走的时候，彭尼公司会给你指路，但它不拉着你的手往前走。在你所能够做的事情范围之内，你都会受到积极的'支持'，但你基本上是自己在经营自己的小店。"

新的见习商品交易管理员在 12 个月之内都是一位受训者。在此期间，他们负责进行自我培训。公司为了便于他们完成这一过程，会发给他们各种各样的培训手册，其中包括《一线主管人员的作用》等。这些手册描述了见习生应当负责管理的与以下诸方面有关的各种活动：顾客服务、销售额、毛利、商品交易、观察交易、销售额促进、人事以及工作时间等。他们的指导老师负责向这些见习生提供指导并就他们的工作情况每周做出一次评价。然而总的来说，这些培训科目都是由见习生自己进行管理的：他们负责教会自己关于商品交易工作的全部内容。

根据一张时间安排表，这些见习生的指导老师每周要对他们的工作做出一次评价。

比如，在第二周周末对他们的个人销售技巧加以评价，在第三周周末对他们的直观销售技巧进行评价，在第四周周末对他们的销售领导能力进行评价，如此等等。到了第八周周末，这些见习生将获得一个综合性的评价。这时，他要与三个人见面——商店管理人员、商品交易管理人员以及资深的商品交易管理人员，并且还要展开一场如一位管理人员所说的那种“非常坦率而直接的讨论”。一种比较典型的评价可能是，“如果你希望在这里取得成功，那么你还需要付出更多的努力”。正如彭尼公司的一位管理人员所说，他们会“把问题摆在桌面上”，告诉见习生他们目前的工作水平如何，取得了哪些进步，还需要在哪些方面有所改善，等等。

在六个月之后，这些见习生通常会被安排新的工作，这些新的工作将赋予他们更多的责任。一般情况下，他们会被派到更大一些的商店中去。一年之后，他们通常就已经做好了被提升为商品交易管理员的所有准备。

5.3.3 在招聘时提供较为现实的未来工作展望

最大限度地降低现实冲击并提高新员工的长期工作绩效的有效途径之一是在招聘时就向应聘者提供较为现实的、关于未来工作的描述，使他们明白，如果自己到组织中来工作，估计能够得到哪些方面的利益。施恩指出，新员工（以及组织）在初进组织阶段所面临的最大的问题就是如何在一种“双向买卖关系”中获得（关于对方的）精确信息。在面试阶段，双方都急于将自己优秀的一面展现给对方。很自然地，在发出不真实信息的同时，双方也都会接收到对方所提供的不真实信息。其结果是，面试主考人员对求职者的职业目标可能难以形成较真实的印象，而应聘者对组织也形成了一种较好的但也许是不现实的印象。对未来的工作进行较为现实的展示所能起到的重要作用在于，它能够显著地提高那些被雇用来从事相对较为复杂工作的员工（比如见习管理人员、销售人员、人寿保险代理人员等等）长期留在组织中的比率。这种做法已经被丰田汽车公司和萨顿公司等一些组织成功地加以使用。这些组织坚持向被招聘来从事装配工作的新员工展示他们未来的工作是什么样子，以及在组织中工作所接触的环境条件是怎样的。

5.3.4 对新员工严格要求，并开展职业生涯规划活动

在新员工与其上级之间往往存在一种皮格马利翁效应（Pygmalion effect）。也就是说，上司的期望越高，对自己的新员工越信任、越支持，那么新员工干得就越好。因此，正如两位专家所说，“不要将一位新员工安排到一位陈腐的、要求不高的或不愿提供支持的主管人员那里”。相反，在一位新员工开始探索性工作的第一年中，应当为他找到一位受过特殊训练、具有较高工作绩效并且能够通过制定较高工作标准对新员工提供必要支持的主管人员。

新视点

自我实现的预言

自我实现的预言（self-fulfilling prophecies）也叫自证预言，它是指我们对他人的期望会影响到对方的行为，使得对方按照我们对他的期望行事。在教育领域有广泛影响的皮格马利翁效应就是一种自我实现的预言。在一项研究中，罗森塔尔从一所小学的六个年级中各选了三个班，并向任课老师说根据自己对学生的测验，估计在这一学期里将会有一些人表现出较大的进步，同时他还通报了这些人的名字。其实，这些人名是从花名册上随机挑出来的。8 个月之后，他对这些学生再次加以测验，结果发现，被指名的这些孩子的学习成绩有了显著的进步，老师对他们在品行方面也做了较好的评价。在对这个结果加以解释的时候，罗森塔尔借用了希腊神话皮格马利翁的故事，称之为皮格马利翁效应。他指出：由于教师的期望不同，所以他们对儿童施加影响的方式也不同，而学生在教师的期望下，也往往会顺着老师期望的方向发展。

组织还应当采取措施，加强新员工对他们自己的职业生涯规划和开发活动的参与。比如，有些组织正在尝试开展一些活动以使员工意识到对自己的职业加以规划以及改善自己的职业决策的必要性。在这些活动中，员工可以学到职业生涯规划的基本知识，如一个人的职业生涯可以划分为哪几个基本阶段，并有机会参与各种以明确自己的职业锚为目的的活动以及形成较为现实的职业目标等。类似地，组织还越来越多地举办一些职业咨询会议（有时有可能是作为工作绩效评价面谈会的一个组成部分）。在这种会议上，员工和他们的主管人员（或者是人力资源管理负责人）将根据每一位员工的职业目标分别评价他们的职业生涯发展与进步情况，同时确认他们还需要在哪些方面开展职业生涯规划和开发活动。

5.3.5　提供阶段性工作轮换和职业通路

施恩认为，主管人员必须明白，从长期来看，向上级提供关于自己下属的工作绩效评价的有效信息是十分重要的，不能因为保护直接下属的短期利益而提供不实的信息。因此，他指出，主管人员需要将有关被评价者的潜在职业通路的信息加以具体化。换句话说，主管人员需要弄清楚自己正在依据何种未来工作性质对下属的工作绩效进行评价，以及其所需要的是什么。

新员工进行自我测试以及使自己的职业锚更加具体化的最好办法是去尝试各种具有挑战性的工作。通过在不同的专业领域中进行工作轮换（比如，从财务分析到生产管理再到人力资源管理等），新员工可获得评价自己的资质和偏好的良好机会。同时，组织也可以得到一位对组织事务具有更宽广的视野的管理者。工作轮换的一种扩展情形被称为职业生涯通道，它是指认真地针对每一位员工制定他们的后续工作安排计划，促进员工的职业生涯发展。

5.4 组织与员工的相互接纳

5.4.1 组织与员工的相互接纳的内涵

新员工进入组织后，必然要经历一个个人组织化以及组织与员工相互适应与接纳的过程。

小辞典

组织与员工的相互接纳是新员工在进入组织的职业生涯早期，经过个人组织化阶段之后，个人与组织互相经过进一步的认识与了解，达到认同，员工获得组织正式成员资格，希望在组织中做出贡献，并在组织中获得发展的过程。

组织与员工相互接纳包括以下几个方面的含义：

第一，所谓相互接纳，是指组织与新员工个人之间的相互关系。双方必须互相认同和接纳，只有单方的认同，并不是相互接纳。

第二，相互接纳使新员工与组织之间的关系清晰化、明确化、确定化。组织确认新员工作为组织正式成员的资格，新员工则获得组织正式成员的身份。

第三，相互接纳是一种心理契约。新员工与组织之间没有书面的接纳证明，只是在思想认识上、情感上以及工作行为上互相承认、认同和接受。例如，新员工以自己对组织价值观和组织纪律的服从，以及努力工作和贡献表达对组织的认可。而组织则以薪资报酬、具有挑战性的工作、组织奖励与晋升等方式，表达对新员工及其工作能力的承认。

第四，相互接纳可以用具体事物表现。尽管相互接纳是一种心理契约，但是仍有显著的标志。上述的新员工努力工作以及对组织价值观和组织纪律的服从，便是他向组织发出的认同信号。组织给新员工加薪、晋升等，则象征组织对新员工的接受。

第五，相互接纳是一个过程，因而是一个时间阶段。这一阶段无确定期限，期限的长短受工作性质、部门类型、上司风格、组织文化、新员工的实绩等诸多因素的影响。但是，一般是发生于新员工受雇开始的前几年。

5.4.2 相互接纳的标志

组织与新员工的相互接纳需要一个过程。在这一过程中，员工与组织是如何相互接纳的呢？相互间有哪些行为事件和信号可以表明双方相互接纳了呢？

1. 新员工接纳组织

员工与组织相互适应的结果，会使员工与组织出现相互接纳。新员工将自己视为组织的一个部分，往往有以下具体的心理和行为表现：

（1）员工决定留在现在的组织中。在劳动力市场充分开放、新员工具有有效竞争力的条件下，新员工的流动率一般较高。如果组织环境不理想，新员工就会准备随时离开组织。而新员工决定留下暗示了其对组织和工作情境的真正接受，表明他认为现在的组织是自己理想的组织，对现在的组织充满希望，并力图在组织中寻求发展的机会和空间。

（2）关注组织的发展，具有团队意识和参与意识。新员工不仅接受组织安排的一般工作，服从组织，而且时时刻刻关注组织的未来，力求融入组织，注重发扬团队精神，愿意与其他员工协作，团结起来，共同为组织的发展谋划、考虑，以促进组织的发展。这表明员工个人在感情上接纳了组织，而且接纳程度比较深。

（3）自我激励，表现出对组织的承诺。员工展现出较高的内激励水平，主要表现为工作积极性、自觉性、创造性得到充分发挥，即满腔热情地对待工作，具有高度的责任心、事业心，充分利用工作时间，承担更多的工作任务，吃苦耐劳，积极参加富于创造性、挑战性的工作等。员工的内激励水平以及工作积极性的高低与其对组织的归属感明显相关。内激励水平高是其归属感强烈的明显体现，也是员工接纳组织的重要标志。

（4）接受不符合自己愿望的工作、报酬或职位。组织有时会向新员工许诺在将来某一时间给其安排富于挑战性的工作、增加工资或晋升，但目前需要接受枯燥的工作、低薪和低职务等级。如果员工心甘情愿地接受不合意的工作、报酬或较低的职务等级，并认为这只是暂时情况，相信和期待组织的承诺一定可以兑现，那么这是新员工接纳组织的又一信号。员工愿意暂时承受这些压力，就表明他信任组织，对组织充满信心。

2. 组织对员工的信任和接纳

相互接纳是组织与员工双方的事情，但是，由于接纳的主动权多数掌握在组织手中，因而组织往往是相互接纳的主导方面。有时，新员工可能对自己的工作感觉良好，希望能被组织接纳，然而，他并没有进入组织的决定权，同时也难以了解组织对自己的态度即自己是否已被组织接纳。但是，他可以通过组织的行为和具体事件，判明自己是否已被接纳。组织接纳新员工的标志性事件主要有如下七种：

（1）正面的实绩评定。在第一次正式或非正式的工作业绩评定中，组织对新员工给予正面的肯定和表扬，是表现组织接纳的最常见的情况。但是，这种做法往往是虚名，并不确定。当上司说你“进步不小，表现不错”时，可能表明你仍处于试用、考察期，并未确定组织一定接纳你。尽管如此，这依然是一个准备接纳或组织倾向于接纳的好信息。

（2）分享组织的机密。表明组织接纳一名新员工最普遍和有意义的办法是向新员工提供特别信息。特别信息是有关组织内人和事的“内幕”“真相”。组织的机密大致有四方面的内容：

- 与工作有关的具体信息，如具体的技术、营销技能、生产方法等。
- 关于别人对新员工的真实看法，或者关于某新员工与他人相比情况怎样、前途如何、预期何时晋升或进一步流动、工作调换时间等的议论。
- 有关事项怎样办才能成功的机密，以及为办成事不得不遵循的非正式程序、要找的关键人物等。
- 组织内关键事件的真相及其发生原因。

上述这些信息，显然只能由受到信任而不会利用它的人分享。当新员工证明自己有工作能力，接受了组织核心价值观之时，他的上司或同事才有可能与其共享特种信息。至此，他被组织接纳就显而易见了。

（3）流向组织内核。各级组织都有一个核心，或称内核。这是组织重大事情的决策和执行指挥部门。对于有才干的、接受组织价值观的新员工，组织很是信任，视其为骨干，向其直接通告组织意图，并听取他们的意见和建议。这种推动新员工流向组织内核的过程，象征着组织在更大程度上接纳新员工。

（4）获得晋升。这是显而易见的有形奖励，新员工对此很重视，将之作为组织接纳的证据。晋升是一种垂直运动，意味着员工职业生涯发展穿越了等级边界。需要指出，流向组织内核不同于晋升，没有发生职务等级向上的运动，只是反映新员工同组织（核心人物或组织代表）关系密切，以及新员工在组织中的地位和作用有所提高。当然，流向组织内核也不同于穿越职能边界、进行横向运动的职能变换。在现实生活中，流向组织内核、晋升和职能变换，有可能同时发生在一个人身上，但是，更多的情况则是只有流向组织内核的运动，而未必获得晋升或经过一次横向变动。

（5）增加薪资。常规的、大家都有的提薪并不意味组织真的已经接纳了你，很可能是你恰好赶上加薪。在这种情况下，如果给你加薪的幅度比较大，表明组织有接纳你的意思。若是非例行的超常规加薪，增幅也较大，则很可能说明组织充分肯定了你的工作实绩，并接纳了你。

（6）分配新工作。象征组织接纳的最重要的事件是，新员工由暂时的、练练手的初次工作分配转向第二次工作分配。当然，第二次分配的工作决不是初次分配的简单工作类型的重复，而是富有挑战性的工作，或者直接关系组织发展的重要工作。

（7）举行仪式活动。许多组织接纳新员工以一种礼仪活动作为象征，例如迎新仪式、宴会、茶话会等，或者给新员工授予某种具体的物质或权利，例如制服、会员资格、信用卡、私人办公室、停车位等，表明组织对其正式予以接纳。举行仪式活动很有意义，它可以改善和拉近新员工与组织中其他成员的关系；新员工也以此为标志，以成为组织的正式成员而自豪。

案例 5-7

丰田汽车公司的同化计划

丰田汽车公司的同化计划是个人组织化方面的一个典型案例。这个计划包括像公司福利一类传统的内容，但更主要的目的是潜移默化地使丰田汽车公司的新员工接受该公司的质量意识、团队意识、个人发展意识、开放沟通意识，以及相互尊重意识。这个计划为期四天，其主要内容可总结如下：

第一天：上午6：30开始，由公司主管人力资源的副总裁介绍该计划的梗概，致欢迎词，详细讲述公司组织结构和人力资源部门情况。用一个半小时介绍丰田汽车公司的历史和文化，用将近两个小时介绍员工福利，然后再用两小时介绍丰田汽车公司质量和团队精神的重要性。

第二天：首先用两个小时进行主题为“TMM倾听方法——沟通技能训练”的培训。在此过程中，主要强调相互尊重、团队精神和开放交流的重要性。然后将这天其余的时间都用于讲解上岗引导的一般性内容，包括安全、环境事务、公司的生产体系以及图书馆。

第三天：用两个半至三小时进行沟通训练，内容是“TMM 提问与反馈方法”。其余时间用于介绍丰田汽车公司解决问题的方法、质量保证、事故通报与安全。

第四天：上午召开团队精神研讨会，主题包括团队训练、提案制度，以及团队成员活动协会。还要介绍一些作为团队成员应知的基本知识和技巧，如工作小组负责些什么，怎样在一个小组中同他人共同工作。下午，专门进行防火及灭火训练。

如期完成四天的同化计划后，参加活动的员工便潜移默化地接受了丰田的意识，尤其是它的质量使命、团队价值观、不断改进和解决问题的方式。这是赢得新员工对丰田汽车公司及其目标和价值观的认同的重要步骤。

新视点

谁来规划你的职业生涯

跳槽、加薪、升职……今天的职业人或早或晚都会碰到此类状况，而隐藏在这些频繁变化的状况之下的关键词却是“职业生涯发展”。这是一件关乎个人、关乎企业，更关乎服务于个人、企业的职业发展市场切身利益的“大事”，相关者都会从自己的角度出发对待它。个人既是职业生涯发展的主体，也是职业生涯发展管理和服务的对象。然而，有很多人听到职业生涯发展就感到茫然，特别是刚毕业的职场新人，似乎那是很遥远的事，和目前的状况对不上号；有人抱怨企业从不关心员工的发展，从没有人和自己谈过职业生涯规划的问题……究竟谁来规划你的职业生涯？这是一个值得思考的问题。

我们从上幼儿园起，就被告知理想是使人生有意义的重要砝码，从医生、科学家到工程师、飞行员，我们都有过无数憧憬。到了高考结束，选择学校专业的时候，才发现自己要面对的现实和理想有距离，才发现可选择的余地并不多，决定个人发展方向的更多的是外界因素。

小张是毕业于名校新闻专业的研究生，尽管当初他选择的是最贴近理想——财经记者的专业，近两年的实习也是在一家国内著名的合资媒体做记者，但正式毕业的时候，他的选择仍然让众人大跌眼镜——去了一家待遇优厚的国有企业做宣传，过起了按时上下班的员工生活。他的理由是能够解决生计压力才是第一要务，真要做财经记者，风险大，累不说，未来几乎没有什么保障，年龄大了跑不动新闻了去干什么呢？这样一来，小张的职业生涯发展走向了一个全新的方向。

小张是幸运的，即明白自己需要的是什么，也有机会从事与自己需要接近的职业。用专家的话说，他的职业生涯是有目标的。那些临到毕业才不得不先就业再求发展的学生，步入社会的第一个两难选择即是坚持自己的目标还是向现实妥协。个人职业生涯规划还要不要做？

答案是肯定的。如果你没有一个比较清晰的思路，你可能面对的就总是被动选择，你可能会发现自己在不想要的状态中生存，你也可能会发现总是在和自己讨厌的状态妥协……所以，尽管很难，我们还是要对自己未来的职业有一个规划，在不断的修正和努力中无限接近目标。过来人说，一个人成熟的起点就是对自己有所期许。即便过去我们的教育体系没有教会我们规划自己的职业生涯，父母能够帮助我们的也很有限，我们也还是需要学会规划职业生涯，借此连接理想和现实。如果说人的一生有限，那么想要在有限的时间段里尽可能地实现自我，肩负着实现社会自我职能的职业生涯至少应该占40%，剩下的时间留给生活和其他。职业生涯规划的主体无疑应该是自己，需要主动进行。但一个人的社会角色决定了他不可能“两耳不闻窗外事”，必须借助社会资源实现个人目标，实现对自己职业生涯的管理。

曾经有人这样问：除了往上爬，你是否想过其他进行职业生涯管理的可能途径呢？确实，正如企业要通过管理出效益，个人也要通过管理好职业生涯来求发展。企业能够为我们提供些什么呢？一家著名汽车企业的人力资源总监曾经说过：员工在企业得到发展，无论职位、岗位如何不同，大家需要的都是企业能够做到公平、公正，这既体现在过程中，也体现在结果里。企业提供的是同一个绩效管理体系，这给大家制定了公平的“游戏”规则，但有一点需要员工明白，企业在任何情况下资源都是有限的，企业资源会向20%的优秀、关键员工倾斜。这就意味着员工不可能百分之百地得到发展机会。这位人力资源工作者所说的确实是企业的实情。作为个人，我们必须明白：如果企业发展和个人发展方向一致，就一定要努力做到优秀，成为企业的关键员工，在企业得到发展机会；如果个人发展目标只能部分和企业发展目标一致，我们就没有必要完全依赖企业给出个人职业生涯规划，自然也用不着抱怨。

学装饰设计、毕业后进了一家网络企业的Andy的话比较有代表性：“我并不指望企业能够给我什么特别具体的许诺——部门主管之类的，但我还是愿意有关人士能够和我谈谈职业发展的问题，了解我的想法，这也能够让我了解企业对我的期望。这样，哪怕是画一个和自己目标有距离的‘烧饼’，我也会很有动力的。”这大约是很多毕业不久的职场新人所面临的共同问题，也许企业需要扮演的只是一个愿意提供帮助的角色，至于实际能提供多少帮助倒是次要的，毕竟大家对资源分配的问题还是能够达成共识的。

目前，有专家提出将员工职业生涯管理导入人力资源管理，形成生涯导向的人力资源管理（career-oriented HRM）新模式。由于职业生涯管理能够有效地把企业和员工的长期利益和彼此发展结合起来，因此其成为稳定员工队伍、保证企业可持续发展的锐利武器，也是在现实世界实现个人发展理想的微观制度安排。尽管这一新说法在可操作层面上有很多需要探讨的地方，但至少说明企业也意识到企业发展和个人职业生涯规划是密不可分的，这表明职业人关注个人职业生涯发展不仅是个人的需要，也是整个社会发展的需要。

过去，我们说人往高处走，水往低处流，似乎很容易让大家理解为升职是唯一的出路，儒家文化的“达则兼济天下”的说法，也是以“达”为前提的。而在注重人文关怀、推崇个性发展、基本生存条件具备的今天，发展的道路也应该多样化，职业人不一定非要把升职作为目标，完全可以着眼在升值即提升个人价值上。与个体价值观相符、与个人内心需求吻合的选择多种多样，个人进行职业生涯规划所需要的信息量激增，过去父母、亲朋好友就可以提供咨询的情况已不再适用，求助专门职业顾问也不失为一种方法。

总之，个人职业生涯规划是一件着眼于未来的事，就像企业不需要研究现状，不需要模仿竞争对手，只需要研究客户的终极需求，并据以制定企业发展战略一样，我们需要关注的是自己内心的需求，一旦摸清了主体需求，战略目标有了，剩下的就是分析环境、盘点资源，勾画自己的职业蓝图。

□本章小结

1. 职业生涯早期是指一个人由学校进入组织并在组织内逐步组织化，并为组织所接纳的过程。

2. 个人组织化是指应聘者接受雇佣进入组织后，由自由人向组织人转化所经历的不断发展的过程。

3. 现实冲击是指由新员工对其工作怀有的期望与工作实际情况之间的差异所引起的对新员工的心理冲击。

4. 自我实现的预言是指我们对他人的期望会影响到对方的行为，使得对方按照我们对他的期望行事。

5. 组织与员工的相互接纳是新员工在进入组织的职业生涯早期，经过个人组织化阶段之后，个人与组织互相经过进一步的认识与了解，达到认同，员工获得组织正式成员资格，希望在组织中做出贡献，并在组织中获得发展的过程。

□重要术语、概念

职业生涯早期　个人组织化　现实冲击　上岗引导　自我实现的预言　组织与员工的相互接纳

□本章问题

1. 什么是职业生涯早期？
2. 职业生涯早期的个人特征有哪些？
3. 职业生涯早期的任务是什么？
4. 如何实现个人组织化？如何解决现实冲击？
5. 组织如何进行职业生涯早期管理？

第 6 章

职业生涯中期管理

| 本章要点 |

- 职业生涯中期的概念、特征
- 职业生涯中期的问题
- 组织职业生涯中期管理
- 个人职业生涯中期管理

个人职业生涯在经过了职业生涯早期，完成了组织与员工的相互接纳后，必然步入职业生涯中期。本章介绍职业生涯中期的特征及其管理方法。

6.1 职业生涯中期概述

6.1.1 什么是职业生涯中期

小辞典

职业生涯中期指从立业到退休的一段时期，或从 30 岁到 50 岁的职业生涯时期。

上述定义的前半句较多地考虑了人的职业生涯发展状况，后半句则是根据年龄来划分的。在实际生活中，这两种情况有时可能一致，有时可能不一致。如果一个人职业生涯早期发展不是十分顺利，比如职业探索时间长、职业转换太频繁，可能 40 岁左右还没有真正找到自己终生努力的职业方向和目标，那么他的职业生涯中期就会推迟；如果发展基本顺利，则可能与第二种划分的时间基本一致。如果职业生涯早期发展十分顺利，那么职业生涯中期便可能提前到来。比如，一个发展比较顺利的大学教师，在 30 岁左右成为讲师，在 35～40 岁成为副教授；40 岁以后到退休就是职业生涯中期。一个发展比较顺利的管理者，在 30 岁左右晋升科级，在 35～40 岁晋升副处级，40 岁以后到退休则处于职业生涯中期。如果早期发展很顺利，在 35 岁升为正教授或正处级，那么这些人员的职业生涯中期就会提前到来；40 岁左右还没有升为副教授或副处级的员工，其职业生涯中期便推迟了，可能要到 45 岁左右。

由于按职业生涯发展状况来决定职业生涯中期的时间，不同人之间的差异比较大，因此这里我们以年龄为标准来划分职业生涯。

6.1.2 职业生涯中期的个人特征

职业生涯中期是个体生命周期中最重要的阶段，也是个人职业生涯周期中最重要的时期。在这一时期，个人生命周期和个人心理特质都会发生明显变化，并呈现出明显的阶段性特征。

1. 个人总体生命周期

一个人的生命周期包括从受孕形成胚胎到死亡的全部历程。按照施恩的思路，人有三条生命线，即职业生涯周期生命线、家庭周期生命线和生物周期生命线。在职业生涯中期，职业生涯周期处于发展和提升时期，并逐步地达到顶峰；家庭周期处于由组建家庭到生育、培养子女直至子女离家自立的时期；生物周期则处于由精力旺盛到逐步衰弱的时期。

（1）职业生涯、家庭、生物周期重叠时间较长。人的生物周期贯穿人的一生，职业生涯周期则从 20 岁左右开始至 60 岁（或更晚）结束，家庭周期则从 25 岁左右开始贯穿人的后半生。如果从 25 岁算起，至 50 岁为职业生涯中期，那么三者重叠的时间长达 20 多年。而在职业生涯的其他阶段，三者重叠的时间则相对较短。

在职业生涯中期，生物周期与家庭周期有一定的一致性，正是精力旺盛的时候，也是比较忙碌的时候。假如一个人 26 岁生育，父母 32 岁左右孩子入学，38 岁左右孩子上初中，41 岁左右孩子上高中，生物周期所提供的能量基本上是可以接受的。人的精力一般在 40 岁之后显著地下降，但这个时候，孩子已经有了日常生活的自理能力，而自己的事业也基本达到鼎盛时期，生物周期和家庭周期冲突不明显。

在职业生涯中期，职业生涯周期和生物周期也基本一致。30 岁左右，人的精力还比较旺盛，职业发展处于上升时期；在 40 岁左右，职业发展达到顶点，这是人的生物周期能够承受的。如果 40 岁以后还没有达到高峰，还在努力，精力可能就会跟不上，假如不注意调节工作生活的节奏，就可能出现重大疾病。

（2）生命运行任务最繁重。在职业生涯中期，三个周期的任务均是人一生之中最繁重的。

一是生物周期运行任务繁重。面对工作世界的客观现实、婚姻家庭状态及自己所负的财务、教育子女和其他方面的责任，个人需要重新审视、评估自己，重新确立目标，进行自我发展的（主要是职业的）重新选择，处理家庭和职业要求之间的潜在冲突。

二是家庭周期在这一阶段也发生显著变化，并产生相应的问题和任务。人在职业生涯中期由单身变为有家庭和子女，且子女逐渐长大成人，上还有年迈的父母。此种情况下，家庭关系复杂、任务重：既要学会担当家庭责任，处理好同配偶、子女的关系，又要抚养、教育子女，还要为子女自立门户及随之而来的生活方式和角色变化做好准备，及时调整及建立与配偶的新关系，同时要担负赡养父母的经济上和感情上的责任。由于在职业生涯和家庭方面都需要分配大量精力，因此容易产生工作家庭冲突。特别是在子女上小学和中学时期，这种冲突比较严重。我国还没有建立起规范的、市场化的家政服务体系，即使有这样的服务，也有些人觉得不方便，或经济上难以承受，结果在没有帮助的情况下，生活十分紧张。现在，工作上的压力越来越大，许多人工作已经比较辛苦了，回家后还要做大量的家务、照顾孩子的学习和生活。有些岗位的工作，除了上班的8小时外，可能还要在家里做，这时冲突便产生了。此外，还有许多人，为提高自己的竞争力，选择接受成人继续教育，提高自己的文化素质，提高学历，这也需要相当多的时间和精力，这些事显然也是在工作之外的，与家庭事务在时间、精力、经济上产生冲突。一般来说，当孩子处于高中、大学阶段，父母在45～50岁之间时，可能会相对比较轻松了。这时事业和家庭的压力都会有所缓解。最困难的是在30岁前后的一段时间，特别是当有一些突发事件出现时，问题更多，如子女生病、夫妻一方患病，或者夫妻一方出差等，都会出现人手不足的情况。

三是个人职业生涯运行和发展任务重。在职业生涯中期，职业发展呈现复杂化和多元化的特征，既要想方设法在自己的专业领域保持领先地位，以自己丰富的经验和广泛知识获取更多报酬和更高的地位，又要面对职业生涯中期的危机，职业发展任务繁重。

（3）不同周期间的相互作用最强。人的三个周期间存在着相互作用和影响，既有相互促进、互相推动的正向作用，又有相互制约、彼此冲突的负向作用。在人的职业生涯中期，三个周期运行过程中的互相推动和促进的作用很大。一般来讲，这一时期正是个人职业发展向上走并逐步达到顶峰的时期，同时也是家庭关系复杂、家庭任务和负担最沉重的时期，因此，三个周期间的矛盾冲突也最多。日常最易出现的是三个周期在时间分配上的矛盾。时间是一定的，投入自我发展和职业工作的时间越多，相对地给予家庭的时间（用于关心照顾配偶、抚育子女、增进亲情等）必然越少，甚至为了工作，不得不牺牲个人和家庭的利益。如果这种情况发生多了，牺牲家庭利益超过一定限度，家庭周期运行就会制约和阻碍个人生物周期及职业生涯周期的运行。

新视点

人的生命周期

完整的年龄阶段构成人的生命周期。

人的年龄可以分为以下几种：

——生命年龄。从父亲的精子和母亲的卵子结合的一刹那，我们的生命年龄就开始了。在这个过程中，我们从几亿个精子的竞赛中脱颖而出，最先到达胜利的终点。在那次激烈的竞争中，我们是冠军，而且很少有亚军。每一个都是宝贵的，你、我、他都是宝贵生命的主人。

——生日年龄。生日年龄是从我们的出生日期开始计算的。我们平时说的过几岁生日都是指生日年龄。民事权利能力的获得时间、民事行为能力的获得时间也都是根据我们在身份证、户口本上的出生日期确定的。

——生理年龄。生理年龄是以生理器官的发育成长情况为特征的。如果生理年龄与生日年龄基本相符，则为生理发育正常；如果相对迟缓，则为发育不良或发育缓慢；如果发育过快，则为早熟、早衰。

——社会年龄（或称心理年龄）。社会年龄或心理年龄是以我们在家庭或企业、行政机关等各种社会组织中担任某种角色的能力为标志的。我们说一个孩子懂事早，是指由于成长环境的锻炼，这个孩子与他的生日年龄相比较心理成熟更快一些。也有的人生活环境过于优越、舒适，缺乏生活和工作的磨炼而幼稚、脆弱，不足以承担其社会角色的责任。有许多人在职业生涯中受挫，不是由于生日年龄小或生理年龄滞后，而是由于心理不成熟。

——容貌年龄。容貌年龄是指一个人的外表所显示的年龄。容貌年龄可能会与生日年龄有所偏差，或是显得年轻，或是显得苍老。这不仅与遗传直接有关，更与后天的保养、健康状况、生活经历、职业生涯经历及心态紧密相关。

人的生命周期可分为人生生物生命周期和人生社会生命周期。人生生物生命周期是从生理变化的角度看人的发展，其特征为单向性（出生—成长—成熟—衰老—死亡）和不可逆性（生理上的“返老还童”是极个别情况）。人生社会生命周期是从参与社会活动的角度研究人生，其特征是多向性（多种选择）和可重复性（重新回到某一阶段）。

职业生涯发展是在人生生物生命周期的限定性制约和人生社会生命周期的相对开放选择的双重条件下进行的。

---

2. 个人的心理特质

在职业生涯中期，由于客观的职业工作环境和家庭环境的变化，个人心态也发生了不同于职业生涯早期的一系列变化。

（1）职业认同感受到冲击，青春期的心理冲突复活。进入职业生涯中期，特别是人到中年后，开始面临个人梦想和实际成就之间的不一致，青春期曾出现过的选择职业和生活道路时的矛盾与冲突的情感会再现。子女长大成人，子女的职业认同或角色定位尚不明朗，此情此景会引起自己对昔日职业选择的怀疑、不满和焦虑。此外，父母同子女间存在代沟，年轻的子女常常向父母的价值观、成就提出挑战，询问父母为何如此卖命地工作、工作再多再好又如何、谁认同你的工作成就等。这就会进一步影响和加重个人对自己职业生涯的焦虑和怀疑。这些感情和心理的变化会给中年人的职业发展带来一定影响：一部分人会看轻工作和工作要求、组织的准则和政策，并依据个人的价值观和心愿，对其进行重新评估；然后以重新评估后产生的新抱负、新成功标准，审视自己现在的工作。如果个人的认同要素和需要从未得到满足，他就会毅然去寻找新的职业或某种业余爱好。

（2）家庭结构和内部关系改变。人到中年，孩子长大成人并离开家庭，家庭角色结构出现明显的变化：

- 承担照顾和抚育子女任务的父母角色的消失。
- “空巢”家庭下的夫妻二人需要重新分配感情，重新学会处理彼此间的关系。
- 饮食、娱乐休闲等方面的全部日常活动安排都会有所改变。
- 子女的抚养和教育费用支出的停止，使家庭经济负担大幅度减轻。有财力自由地运用于其他活动，如旅游，或者重新评估职业目标。评估职业目标时可以降低收入预期。

进入中年的个人，还要注意处理同父母的关系。这时候对父母长期压制的感情会再现出来，个人会想方设法满足父母的需求、解决父母的困难，在受到配偶的限制、干涉而无法满足父母的要求时会感到内疚、怜悯及怨恨，并易引起家庭关系和感情心理上的混乱。

（3）承认时间有限和生命有限的事实，从而产生心理变化。在职业生涯早期和职业生涯中期的初始阶段，人们往往尚未从感情上意识到时间和生命的有限，总以为有充裕的时间来实现自己的抱负，做自己想做的事情。当步入中年遇到了朋友、同事、父母或者配偶甚至子女的去世时，个人才从感情上真正认识到了死亡的可能性和生命的有限性，并会反思自己的过去，重估自己的抱负和建树，思考在自己的职业和一生中是否完成了预计要做的事情，还有多少时间可以实现未竟之志。当意识到个人学习能力正在下降，感到力不从心，已经没有精力、时间和机会去完成各种梦寐以求之事时，个人常常会出现抑郁、忧虑的心态，产生心理负担。

（4）意识到职业机会有限而产生焦虑。人到中年会逐渐意识到职业机会随年龄增长越来越受到限制，个人更加难以做出职业选择，因此产生焦虑不安的心情。一般会发生在两种人身上：

第一种是正走在成功的道路上的人，如正在向组织的某一高层位置攀升的人。这种人在专业技术水平上已达到一定层次，欲达更高层次时，由于金字塔式职位结构的存在，越向上，路越窄，职位越来越少，同时由于年龄较大的人与年轻人相比竞争力越来越弱，深感自己进一步发展的路可能被堵塞，不免产生焦急与忧虑。

第二种是平日工作平稳，但出于某种变化，想调换职业的人。这种人由于自身年龄较大，适合的职业岗位和机会越来越少，以至于无法找到新的职业岗位，实现职业转换愿望，因此出现烦恼和焦虑。

3. 个人能力和职业生涯特征

在职业生涯中期，每个人的职业发展情况和能力状况千差万别，各不相同，但也存在一些共同特征。主要表现在：

（1）职业能力稳步提高，并逐渐成熟。在职业生涯早期，个人是学习者、新手、缺乏经验的人，经过一段时间的适应和学习后，个人积累了一定的经验，并能独立地在自己的岗位开展工作。职业生涯中期，是事业上取得成就的时期，经过一段积累后，个人的思想日臻成熟，经验越发丰富，职业能力不断得到提高，并逐步达到事业的顶点。表现为：

- 人到中年，已经有了相当的生活阅历，具有了妥善处理人际关系和各种事务的技能经验。

● 价值观成熟，世界观成型，绝大多数人的事业心、责任心增强，逐步形成了沉稳、踏实和一丝不苟的工作作风。

● 有较为稳定的长期贡献区，职业技能娴熟，积累了相当丰富的职业工作经验。

但是，由于人的个别差异、所处的环境不同、家庭状况不同，这个时期，人与人之间的差异也比较大。过去的同学、同事，有的可能发展得非常好，已经早早地达到事业顶点；而有的人，由于走了许多弯路，还在寻找自己理想的职业领域，和老同学、老同事相比，这些人心理压力很大，会觉得有失落感，或努力奋斗、追赶前进，或自暴自弃、得过且过；还有一些人，尽管职业生涯发展比较顺利，但越往上发展，压力越大。由于人才济济，而组织所能够提供的高级职位有限，因此员工相互之间竞争过于激烈。这种发展瓶颈，是许多步入职业生涯中期的人要面对的现实。

（2）创造力旺盛，工作业绩突出。在职业生涯中期，员工一般都是作为组织的骨干和中流砥柱在发挥作用。此时，个人也具有创造一番辉煌业绩的潜在实力。这种潜在实力一方面源于工作能力的增强和经验的积累，另一方面源于其自身长期拥有的个性和能力，及由此激发的创造冲动或未曾施展过的才干。因而，职业生涯中期正是个人创造力最强、工作卓有成效、不断创造辉煌业绩的时期。

（3）职业发展轨迹呈现倒 U 形。职业生涯中期是一个长达约 20 年的时间段，在其初始阶段，职业发展轨迹呈现由低到高逐步上升的趋势，职业顶峰多出现在职业生涯中期的中间段，跨过辉煌的职业高峰后，职业轨迹就会呈现下降的趋势，整个过程呈现为一条倒 U 形曲线。当然，由于个人的情况不同，其职业生涯轨迹的倒 U 形曲线的形状也各有差别。事业成功、大有作为的人，曲线峰高，峰顶平而长；事业有过辉煌但昙花一现的人，曲线形如山峰，峰顶高而尖；事业发展平平的人，曲线低而平缓，无明显的突起。

6.2　职业生涯中期的问题

职业生涯中期正值复杂人生的关键时期，由于三个周期的交叉运行，个人面临诸多矛盾冲突和生命周期运行的变化，以及个人特质的急剧变化，这导致不少人在职业方面产生很多问题，形成所谓的职业生涯中期危机。下面分别介绍个人在职业生涯中期面临的各种问题。

6.2.1　职业生涯中期的瓶颈问题

1. 组织结构的制约

通常来说，组织对各类人员的需求量不同，对初级层次人员的需求较多，对中级层次人员的需求次之，对高级层次人员的需求相对较少。整个组织对不同层次人员需求量的分布类似金字塔形，如图 6－1 所示。

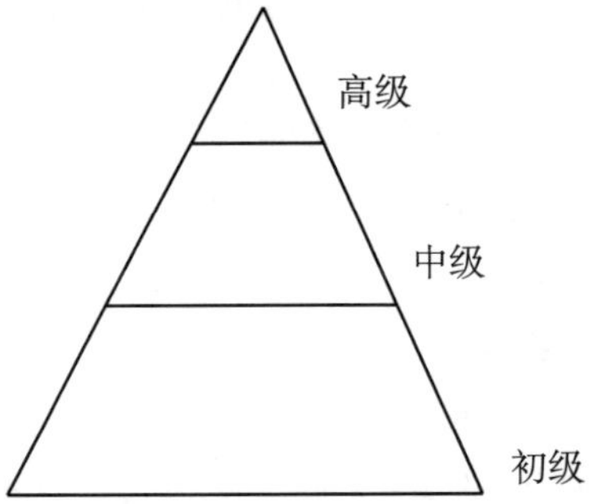

图 6-1　组织对不同层次人员的需求量

刚刚从学校毕业的员工在进入组织后，因为处于初级发展时期，发展机会比较多，组织对这一时期的员工需求量比较大，他们相互之间竞争不是十分明显。有些员工误以为今后的发展也会如此，放松了对自己的要求，满足于现状；而有的员工出于对职业的兴趣或对未来发展的忧虑，不断地努力，从各方面提升自己，兢兢业业、勤勤恳恳地工作，与时代要求一起发展，与社会一同进步；还有一些员工，不仅努力工作、注意方法，而且天资过人，各方面表现优异，很快脱颖而出。这样一来，就形成了初期的分化格局。由于组织对低、中、高级人才需求呈金字塔形，初期和中期的竞争可能不是十分激烈，但争取高级职位就比较困难。职位少，竞争激烈，许多人由于缺乏竞争力，会感到前途渺茫。

2. 组织成熟度的制约

在组织的开拓时期，由于发展很快，不断地产生新兴事业，不断需要人才配合，个人发展机会比较多；一旦组织发展走向成熟期，新的岗位增加缓慢，旧的岗位基本已经被老员工占据，如果这些老员工胜任工作，除非其退休、离职或死亡，否则很难腾出已有岗位，因此导致晋升机会较少、个人发展困难。组织在不同发展阶段对人员的需求状况如表 6-1 所示。

表 6-1　个人与组织成长的配合

组织	个人			
	立业期	提升期	维持期	消退期
成立	X	1	4	6
成长	7	X	2	5
成熟	10	8	X	3
衰退	12	11	9	X

表 6-1 中，对角线上是正好匹配的状况（以 X 表示）。组织成立时，个人处于立业期；组织成长时，个人处于提升期；组织成熟时，个人处于维持期；而组织衰退时，个人处于消退期。如果两者基本同步，不存在矛盾和冲突，个人的发展就比较顺利。处于立业期的个人，对自己的职业生涯发展方向比较明确，有的人甚至会创办自己的组织；而处于提升期的个人则希望组织处于成长期，这样，个人就能获得较多的晋升机会；当个人发展到维持期，而组织也处于成熟期时，个人达到顶峰，组织也达到鼎盛，相互配

合就比较好；个人处于消退期时，如果没有新鲜的血液补充，组织就可能陷入衰退期。

在表 6-1 的对角线上半部分，表示个人成长比组织成长快。1、2、3 三种情况下，由于个人成长速度与组织成长速度相比不是特别快，因此还能够适应组织的发展，而 4、5、6 三种情况下，个人适应组织就比较困难，组织在成立期需要员工精力充沛，富于开拓、创造精神，而处于维持期或消退期的员工除了精力减少、冒险精神减弱外，在处事态度上也趋于守业心态，希望顺利地度过职业生涯的最后时光，因而会出现不适应的状况，产生职业生涯危机。

在对角线的下半部分，表示个人成长比组织成长慢，这是比较普遍的现象，因为常常是先有组织的存在，然后才有员工进入组织，给组织补充年轻的人力资源，使组织形成合理的年龄梯队，保证组织的新陈代谢，进而使组织获得竞争力。因此员工面对组织时，有两种可能：一种是组织的发展能满足个人的要求，如 7、8、10 三种情况，组织的发展机会正好与个人的发展要求相适应，只要个人努力，就可以在组织中取得自己应有的地位；二是组织的发展难以满足个人的要求，如表中的 9、11、12 三种情况，这时组织处于衰退期，但个人还需要发展和提升，因此组织不能适应个人发展的要求，员工在这种状况下往往会选择离职。

6.2.2 职业生涯中期危机

1. 职业生涯中期危机的表现

职业生涯中期危机主要表现在三个方面：

（1）缺乏明确的组织认同和个人职业认同。一个人工作了十余年后，却发现还没找到自己的职业锚，没有明确的专长和贡献区，工作绩效平平。这种情况常发生在一些流水线上的工人、一般职员，甚至某些中层经理身上。他们往往既没有可认同的工作，不被组织赏识，也没有显赫地位，而是处于一种不为人所知、默默无闻的境地，不仅难以向家人或朋友描述自己的职业工作，而且在一个基本的水平上，很难说明自己的贡献区是什么、自己的突出成绩和作为是什么。

如果一个人在其职业范围内出现了这种问题，处于这种境地，那么往往会出现这样两种结果：

- 减少工作参与，转向更多地关注工作之外的自我发展和自己的家庭。
- 对工作本身失去反应，其积极性、兴奋点、注意力已不在工作上，而是在组织的福利奖酬上，例如对报酬、津贴、安全、工作条件等问题的计较。

（2）现实与职业理想不一致。许多人在职业生涯中期陷入一种自我矛盾之中，因为其现实职业发展同其早期的职业目标、职业理想不相一致，一般有三种情况出现：

- 虽然从事自己理想的职业，然而并未取得所期望的成就。
- 自己的职业锚完全不同于最初的设想，现实的职业比最初设想的差，或者与早期的职业设想、抱负相比，更需要职业以外的其他东西。
- 实际获得的职业成就（如职位）比预期的高。

职业生涯中期危机主要是指前两种情况。如果发生第一种情况，个人往往产生失望、郁闷的情绪，感到心灰意冷，丧失信心和工作热情。如果发生第二种情况，个人会感到无奈，决定平平庸庸走完自己的职业生命周期；或者重估预期，反思自己在职业生涯早期对职业、家庭和自我发展之间所做的权衡，重新设计自己的职业与生活。当他全力以赴地工作，不想在家庭和个性发展方面费时过多时，他会根据内在和外在因素的约束，重新设计职业方向或改变自己的抱负，中期可能成为个人发展的一个高成长阶段。或许他决定更少地参与工作，而更多地适应家庭，对待职业工作便多是平平淡淡地予以应付了。

值得注意的是，现实与理想的矛盾结果常常会因员工职业锚的不同而有所差异。具有管理型和安全/稳定型职业锚的人，其成功主要依赖组织，依赖组织的奖酬和给予的机会，他们一般不会轻易减少工作参与或者重新设计职业方向和抱负，他们多数被锚住，即被锁进一种不能放弃的成功模式。具有创造/创业型和自主/独立型职业锚的人，遇到个人理想与现实的矛盾时，一般会重新定义自己的职业目标，容易转设定其他新的职业追求，受外部约束会少些。具有技术/职能型职业锚的人，面对职业生涯中期发生的问题，适应性较强，能够进行多样性选择。他们可以继续在组织中干下去，也可以从事咨询、教育等其他工作。

（3）职业工作发生急剧转折或下滑。在职业生涯中期，特别是人到中年以后，每个人都不可避免地要承担沉重的维持生命周期运行的繁重任务，面对各种矛盾和心理变化；不少人还面临工作不顺心、无成就感、现实与理想矛盾的情境。如果不能正确地对待和处理这些复杂的情况与变化，就必然会出现职业工作的急剧转折与滑坡。常见的情况是：

- 由于工作对他们来讲不再具有挑战性，也就不能再使他们感到兴奋，因此他们会感到落入组织或职业陷阱。
- 对工作不再有进取心，平淡应付，得过且过，没有生机和活力，消沉抑郁。
- 如果经济收入不减少，而其他条件允许的话，会突然地、戏剧性地转换职业。
- 进行“战略”转移，由原来以事业和工作为重心，转向以家庭和个性发展为重心，能量指向个人业余爱好、兴趣、社交关系等方面。

2. 员工职业生涯中期危机的应对类型

导致职业生涯变化的因素是多方面的，有的来自工作内部，比如由于技术革新、新产品应用，需要员工进行改变；有的来自员工本身，比如有的员工认为长期从事一项相同的工作没有意思，希望改变现状。关注短期职业生涯状况时，人们往往特别注重态度和绩效；关注长期职业生涯效果时，人们往往会特别关心同一性和适应性。同一性要解决的问题是自己的职业行为与职业理想是否一致，比如人们会问：在我的余生，我到底想要什么？适应性主要是解决自身的职业生涯发展状况与组织、社会发展要求的一致性问题，人们会问：为了使自己在现有的领域保持领先或变换到一个新的领域，我应做些什么？

在职业生涯早期，控制职业生涯发展的主要是组织，到达职业生涯中期后，员工开始考虑把握自己的职业命运。他们可能选择完全不同于过去角色和环境的新职业；也可能整合原来的自我，扮演新的角色。如过去做行政工作，由于晋升无望、政府裁员，个人可能利用已有的经验，到企业工作。这样，工作环境、工作内容、工作性质都会发生较大的改变。也有一些人甚至开始创业，选择一种全新的职业生涯。

在职业生涯早期，由于目标容易实现，人们往往很容易建立成功的心理循环圈。首先确立一个目标，经过努力实现目标，产生积极的体验，感受到心理成功，进而加强自我评价，对工作产生满意感，并进一步确立更高级的目标。但在职业生涯中期，由于成功的标准提高，成功的机会减少，特别是纵向的晋升机会减少，成功的心理循环圈很可能被打破。

如果职业生涯不成功，就会导致人的心理受挫。是在原有的组织寻求新的岗位，还是到其他的组织寻求职位？个人经常思考这一类问题时，就表明其遭遇了职业生涯中期危机。因为这个时候，人们对自己的过去、未来缺乏明确而一致的认识，似乎在重复职业生涯早期遇到的问题。

中年人在遇到职业生涯中期危机时，会做出不同的反应，根据这些不同的反应，可将其分成四种典型类型：

- 悲伤者。这些人往往事业发展不顺利，对自己缺乏信心，因此消极遁世，得过且过。
- 边缘者。这些人担心失败，为了维护自己的地位，会采取攻击他人的方式，比如压制对自己有威胁的年轻人。
- 异动者。这些人由于对自己的能力比较有信心，因此放松了对工作责任、成就的追求，将重心放在工作以外的一些活动上面，敬业精神下降。
- 激励者。这些人能坦然接受年轻人的挑战，并尽心竭力地工作，丰富家庭生活，并培养接班人。

6.2.3 职业停滞期

停滞期是人人都无法避免的，你的工作和生活总会在某个阶段停滞下来，有时候你只是没有意识到或不愿承认而已。但有一点你无法掩盖，那就是失望、沮丧、厌倦和痛苦的感受，你想摆脱现状而又充满恐惧，因为你害怕失去你现在来之不易的一切——婚姻、权势、人际关系、熟悉的环境等。面对无法确定的将来，变化让你内心充满不安和恐惧。停滞会给个人与组织带来麻烦，停滞对组织的危害更甚于它对个人造成的危害，它将摧毁一个人的自信、忠诚、认同感和创造力，因此作为管理者不能不给予足够的重视。

1. 停滞期的概念

小辞典

停滞是一种自然现象。当生活呈现出一种停滞状态，而我们又无法阻止时，我们就会感到极端的不满足。这种不满足是因为现状激不起人一点热情，而未来又是一片迷茫，从而使我们陷入所谓的停滞期。

停滞期通常是针对领导重视却又没有发展前景的管理者（或者其他任何员工）而言

的。20 年前，结构性的高原期或许发生在四五十岁的人身上，今日这种事情却冲击着 30 来岁的人们……许多人未到达其能胜任的层级就停滞不前了。

2. 停滞期的特点

（1）停滞期是无法避免的。

（2）停滞期是一个描述自然现象的中性词，本身并没有褒贬色彩。

（3）停滞期每个人都会遇到，不同的是人们对待它的态度。

（4）停滞期是人生事业历程中的正常阶段，不正常的是个人的感受。

（5）停滞者的年龄将越来越小。

（6）停滞人口的比例取决于全体人口的素质和经济因素，个人无法改变。

3. 停滞期的表现形态

停滞状态可分为结构型停滞、满足型停滞、生活型停滞和事业型停滞。

结构型停滞是由组织的阶层或结构造成的，表现为晋升的停止。

满足型停滞多表现在专业技术人员身上，尤其是业务熟稔的专家水准的人身上，他们通常觉得没什么好学的了，因此感到非常乏味。满足型停滞几乎是小型机构或家庭企业中员工的“必经之路”。

事业型停滞的人，通常是那些事业有成的人，虽然有数千万的家产，但一点也没有感到愉快轻松，反而经常感到紧张焦虑，甚至失眠。

生活型停滞不像结构型停滞或事业型停滞那么容易定义和描述，但却很容易理解，因为它与一个人的感受有关，它是一种生活态度。当人们陷入生活型停滞时，他们所做的一切事、交往的一切人都不再令他欢悦或振奋了。对于他们而言，生活毫无变化，生活的全部意义就是履行承诺，承担一系列的责任。

4. 停滞期的心理影响

停滞期的职业心理问题主要集中在以下五个方面：

（1）职业方向感：一旦晋升无望，就不知道下一步该怎么办。

（2）职业倦怠感：对工作的前景丧失信心，为工作而工作，对于工作内容和成果缺乏激情，工作效率和产出显著降低。

（3）职业压力感：表现为工作狂。短期来看，工作狂是组织的资产，但长期看来，却是组织的负债，因为组织将无法满足他们的需求。因为他们的全部精力、体力和干劲都投入于一个目标，除此之外，很少有事情能令他们真正开心。他们需要组织给予的激励来满足他们的心理需求，来实现自我价值，因为他们除组织外，别无“安身之所”。

（4）人际关系感：主要是难以妥善处理与上司、同事和下属的关系，无法平衡工作和家庭的冲突。

（5）组织归属感：误以为自己已经付出努力却依旧在原地踏步，结果对组织、主管心生怨恨。他们怨恨组织，因为没有受到重用；他们怨恨上司，因为没有受到赏识；更可悲的是他们也怨恨自己，恨自己陷于被动，怨自己运气太差，经常产生离职的念头等，或是画地为牢，变得极其认命。

5. 停滞期的对策

对于停滞期，个人可以有三种选择：

第一，放弃。留在原地或平级调动，或跳槽另谋出路；

第二，自得。其结果必是陷入满足型停滞，干一些自认为聪明的蠢事。

第三，知其不可为而为之。其结果必是在愿望不能实现时陷于沮丧和郁闷之中。

不幸的是，人们的选择多是最后一种。而要真正解决停滞期问题，需要组织和个人的共同努力。

(1) 决策层应做的事。一旦组织出现停滞问题，就首先必须从决策层开始寻找原因，因为他们决定了影响员工行为的组织政策和基本观念。

管理心理学家常常建议：缩小停滞经理的责任范围，让他们有机会在力所能及的工作中聚集能量，也可以适当增大他们的工作压力。重要的是要让停滞经理们知道，尽管他们处于不顺心和遭遇挫折的时期，组织仍然有待其去实现的目标，特别需要让他们知道如何通过工作上的努力来完成目标。

决策层需要：

- 摆清事实，说明真相。
- 通过教育改变组织的文化。
- 建立一套程序得当、公正、公平、公开的人事制度。
- 增加挑战的价值。
- 变革组织结构。
- 把每位员工都看作有价值的个体，尊重那些虽停滞却有大量产出的员工。
- 适当增大员工的压力。

(2) 管理层应做的事。随着知识快速更新和组织结构日益扁平化，每个组织都或多或少地存在一些晋升停滞的员工，即“升不上去的员工”。这部分员工，要么工作绩效达不到预期的标准或者没有兑现承诺；要么对工作不再投入，只挑顺手的工作做，而且做事固步自封。面对这些状况，想办法维持或激发他们兴趣与斗志，甚至提升他们的技能，都是身为主管不可推托的职责。为了营造和保持高绩效的组织气氛及提升团队的整体绩效，主管必须为晋升停滞的下属创造新的梦想，强调能达成的目标。当然，这些目标不再包括以职级、权势与金钱衡量的晋升发展。

管理者应该尽快做以下几件事情：

- 先说服自己接受停滞的事实。
- 与员工真诚沟通。
- 推进内部招聘与岗位轮换。
- 组建临时团队。
- 鼓励创新。
- 别让员工工作过度。
- 给予真诚的评价。
- 做个令人尊敬和信赖的上司。

练习与测试 | 停滞期职业心理的自我测评

下面是关于心理行为的若干描述，请你认真理解，参照给出的打分标准，就可以知道你是否遭遇了停滞期，在性质上属于哪个类型的停滞。

1. 逃避做决定。

A. 经常□　　B. 偶尔□　　C. 看情况决定□

2. 没有学习的欲望。

A. 是□　　B. 否□

3. 老想着提早退休。

A. 是□　　B. 有时这么想过□　　C. 否□

4. 莫名地焦虑。

A. 经常□　　B. 偶尔□　　C. 从未□

5. 总是有许多替罪羊来为你的痛苦承担责任。你总可以责备其他的人或事，从而不必努力使自己从痛苦中解脱出来。

A. 经常□　　B. 偶尔□　　C. 否□

6. 以升职加薪为衡量成败的标准，总把升职看作自我价值的提高，并因此自鸣得意。

A. 经常□　　B. 偶尔□　　C. 从未□

7. 同一件事跟朋友说了好几个星期。

A. 经常□　　B. 偶尔□　　C. 从未□

8. 失眠（近一段时间）。

A. 经常□　　B. 偶尔　　C. 从未

9. 经常为小事感到愤怒。

A. 是□　　B. 否□

10. 谈论你即将要做的事，“我明天就开始做”，却从来没有去做或认真地完成。

A. 是□　　B. 否□

11. 不愿为自己的生活负责；容许环境或其他人左右你的生命、决定和方向。

A. 是□　　B. 否□

12. 一直过着墨守成规、虽然单调但却安全舒适的生活。因为人际关系，不愿或害怕将住所搬迁到新地方去。

A. 是□　　B. 否□

13. 几近刻板的时间观念，事事讲究计划，认为遇事只要看看计划就行了，不必去动脑筋思考。

A. 是□　　B. 看情况□　　C. 否□

14. 认为还是保持现状来得容易，不愿冒险或尝试新事物。认为这样做是“成熟的行为”，从而固守熟悉事物并以此自我安慰。

A. 是□　　B. 否□

15. 目前的工作没有任何发展与提高的机会，而又不愿调换工作。即使不喜欢自己的工作也不愿意放弃，不是因为你必须干，而是害怕换新工作。

A. 是□　　B. 否□

16. 夫妻感情已完全破裂，却依然要勉强维持婚姻关系，同时幻想着情况会有好转。

A. 是□　　B. 否□

17. 有心花一天或一个小时高高兴兴和孩子们一起玩玩，却因为工作太多或有要事缠身而一拖再拖。同样不能在晚上抽时间与家人出去吃顿饭、看场戏或观看体育节目，总以“太忙”为理由拖延。

A. 是□　　B. 否□

18. 当与上司、朋友、家人、推销员或售货员产生误解时，避而不说，不愿去澄清事实，与别人交往时遇到的各种问题，一拖再拖，尽管当面把问题讲清楚可能会改善相互的关系，但只是消极等待事态的自然转变。

A. 是□　　B. 看情况□　　C. 否□

19. 以“没有时间”为借口，这样你就可以名正言顺地不去做某件事。实际上，你若真心想做一件事，就总会挤出时间来的。

A. 是□　　B. 有时会□　　C. 否□

20. 总是在盼望休假或旅行。

A. 是□　　B. 否□

21. 通过评论别人来掩饰自己的无所作为。

A. 经常□　　B. 偶尔□　　C. 从未□

22. 对生活感到厌倦。

A. 是□　　B. 否□

23. 如果将事情弄得很糟时，那么你会：

A. 一直感到惭愧自责□

B. 只允许情绪低落一下子□

C. 感到庆幸，“太棒了，我又学到一招，下次又有机会尝试其他处理方法”□

24. “我与众不同，所以我只做我想做的。如果我要做，就做 NO. 1。”

A. 经常这么认为□　　B. 偶尔这么认为□　　C. 从未这么认为□

25. 加班加点地工作。

A. 经常□　　B. 偶尔□　　C. 从未□

26. 每天只看几份相同的报纸、杂志和电视节目。

A. 是□　　B. 否□

27. 强迫自己在学习或工作中取得成功。

A. 是□　　B. 否□

28. 不管你干什么，总是用成败权衡；想方设法获得重要称号和头衔、高级汽车、名牌商品或其他象征社会地位的东西。

A. 是□　　B. 否□

29. 生活的全部意义就是履行承诺，承担一系列的责任。你认为：

A. 对□　　B. 有时对□　　C. 不对□

30. 对于“唾沫星子淹死人”“众口铄金”的说法，你认为：

A. 是这样□　　B. 有可能□　　C. 不可能□

31. 你为什么沮丧？

A. 上司待我很不好□

B. 事情不太顺利□

C. 我太担心别人会怎么看□

32. 你为什么这么高兴？

A. 某领导对我很有好感□

B. 最近工作上没人找我麻烦□

C. 我为自己创造了有利条件□

33. 你是否经常使用“希望”“但愿”“或许”这三个词？

A. 是□　　B. 也许是□　　C. 不是□

34. 你的年龄阶段？

A. 45～55 岁□　　B. 35～45 岁□　　C. 25～35 岁□

35. 你的性别？

A. 男性□　　B. 女性□

评分标准：A——＋3 分；B——＋2 分；C——－1 分

说明：

1. 得分在 33 分以下。

你尚无任何停滞的征兆，你目前工作、家庭、事业一帆风顺，好好把握，停滞期对你来说还只是将来的事情。

2. 得分在 33 至 75 分之间。

你已经出现停滞的征兆，要充分注意停滞期对你的生活、事业带来的影响，要做好改变自己的心理准备。

3. 得分在 75 分以上。

你正身陷停滞期的旋涡里不能自拔。

6.2.4 工作家庭冲突的问题

职业生涯中期，是家庭周期、职业生涯周期、生物周期相互作用最强烈的时间段。处于职业生涯中期的人，基本上都有家庭和孩子，孩子的教育、抚养是一个需要花费时间和精力的任务；与此同时，处于这个时期的员工在积累了一定的工作经验后，事业也处于上升时期，正是做贡献的时候，组织特别需要他们的积极工作态度；而到了 40 岁左右，生理上的制约也开始出现，如体力下降、身体状况衰退等。从家庭和事业角度看，二者对人的时间和精力的需求都在增加，而从生理的角度看，个人的精力又有下降趋势，因此冲突在所难免。

1. 工作家庭冲突的形式

工作家庭冲突有三种基本形式，即时间性冲突、紧张性冲突和行为性冲突。

（1）时间性冲突，指由于将时间投入一个角色中而使满足另一角色提出的要求变得困难。个人的多重角色会争夺时间。比如，一个员工的家人计划周末去郊游，而组织安排他在这个时间与外商谈判。

（2）紧张性冲突，指由一个角色产生的紧张使满足另一角色提出的要求变得困难。

比如，一位员工要应付繁重的工作，这时家庭中又出现了严重矛盾，就会使他精疲力竭，感受到紧张性冲突。

（3）行为性冲突，指一个角色要求的行为使满足另一角色提出的要求变得困难。一个角色的行为模式可能与另一角色的行为期望不相容。例如，一方面，人们通常认为管理者在工作中应该情绪稳定，有自信心、判断力、独立性、攻击性和逻辑性；另一方面，家庭成员可能希望他在与他们的交往中是温和的、体贴的、情绪化的。假如个人不能调适自己的行为使之符合不同角色的期望，他就可能体验到角色之间的行为性冲突。

早期研究多将工作家庭冲突视为一个整体的、双向的结构，即工作对家庭有影响和家庭对工作有影响。但许多近期的研究发现，家庭对工作的影响和工作对家庭的影响既有联系又有区别。工作对家庭的影响是指由于工作的一般要求、投入工作的时间和工作产生的压力妨碍了员工履行家庭责任。比如，员工为了工作整天待在实验室，即使到了节假日，也不能与家人团聚，无暇顾及子女的教育，也不能分担家务。而家庭对工作的影响是指由于家庭的一般要求、投入家庭的时间和家庭产生的压力妨碍了员工履行工作责任。如有的员工觉得自己的职业发展没有希望，便将大部分精力花在孩子身上；有些员工家庭负担重，影响了工作；还有一些员工凡事以家庭为中心，将休闲时间看得非常重，不愿意在 8 小时之外的时间安排任何工作。

2. 工作家庭冲突的原因

（1）工作特征原因。比如，工作时间过长、经常加班、无规律的轮班、工作时间表没有弹性等，可能引起时间性冲突。工作角色模糊、角色负担过重、缺乏领导支持等可能引起紧张性冲突。此外，工作环境的变化、频繁出差、交往中的压力、工作要求思想集中的程度、工作的性质等都与工作家庭冲突有关。比如，工作具有挑战性、多样性、重要性和自主性的人更容易产生工作家庭冲突。

（2）家庭原因。比如家庭的规模与结构、婚姻状态、父母身份、孩子的年龄与数量、配偶的工作类型、家庭成员的支持等。与工作领域中一样，占用过多时间的家庭角色也可能直接或间接地引起冲突。已婚的人比未婚的人感到有更多的工作家庭冲突；做了父母的人可能比未做父母的人经受更多的工作家庭冲突；年幼儿童（他们尤其要占用其父母的时间）的父母比年长儿童的父母感到有更多的工作家庭冲突；大家庭比小家庭要投入更多的时间。高度地投入职业的男人花在家庭上的时间极少，因此加重了妻子身上本来已经很重的大家庭的时间负担。妇女的工作家庭冲突水平与其丈夫每周的工作时间直接相关。此外，妻子从事管理或专业工作的丈夫比妻子从事非管理、非专业工作的丈夫感受到更多的工作家庭冲突。在管理或专业职位上工作的妇女将较长的时间用于工作，从而使丈夫产生了更多地参与家庭活动的强大压力，这种压力反过来可能使他产生工作家庭冲突。

3. 工作家庭冲突的后果

工作家庭冲突会对工作满意度和生活满意度产生消极影响，从而影响总的健康和幸福状况。工作家庭冲突还会产生一些其他工作后果，如离职、缺勤等。此外，工作家庭冲突还可能引起一些具体的身心疾病（见图 6－2）。

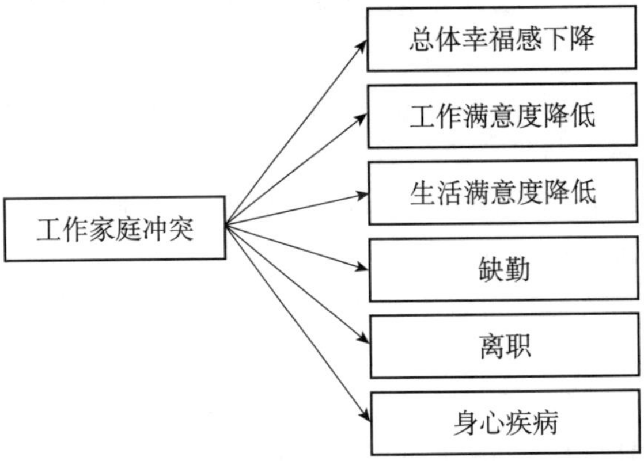

图 6-2 工作家庭冲突的后果

6.2.5 精神压力过大，健康状况不佳

职业生涯中期往往是个人发展的一个相对顶点，通常人们可以暂时改变紧张的工作生活方式，恢复自己的身体健康。然而，由于我国社会变革加剧，鼓励人们开拓进取，注重业绩表现，因此，经过了多年艰辛的中年人仍然不能喘气，还要百尺竿头，更进一步，特别是要应对年轻人的挑战，以巩固自己多年辛勤劳动换来的地位。这些人在追求事业成就、社会地位的同时，往往忽视必要的身体锻炼、户外活动、心理保健，结果身心都受到伤害。

事实上，中年人的身体状况处于下降时期，相对于处于探索阶段的人，他们在工作上比较熟练，因此许多重要工作都落在他们身上，结果其工作负担相对比较重，而且这个时期中年人的子女多在中小学阶段，升学压力比较大，为了孩子的未来，也需要他们投入一定的时间和精力。此外，处于职业生涯中期的员工，一般还有年迈的父母需要照顾和赡养。

可见，中年是人生最劳累的阶段，事业发展、子女教育、父母赡养都需要精力，而就在这一阶段，个人生理素质却开始下降，如果不能妥善地处理这些事务，往往容易罹患疾病，甚至英年早逝。有调查研究表明，现在许多老年性疾病都已经提前，如高血压、高血脂、心律不齐、冠心病、偏头痛等都已在 35～40 岁人身上发现。有专家研究发现，35 岁以前是健康期，35～45 岁为疾病形成期，45～55 岁为疾病暴发期，而 65 岁以后则为相对安全期。中年人死亡的病因主要是癌症、心血管疾病、脑血管疾病，占死亡比例的 81.51%。

尽管健康状况不能直接决定职业生涯发展成就，但健康却是职业生涯发展的坚强后盾。没有健康的体魄，再辉煌的事业前程也像搭在沙滩上的建筑，随时有坍塌的危险。

案例 6-1

---

35 岁，黄金时刻的职业危机

35 岁是职业生涯的黄金期，这一时期的人往往在公司中身任要职，收入颇丰，生活物质条件比较富足，但是在这春风得意的背后却隐藏着严重的职业风险。

大学毕业后工作七八年，顺利的话，应该能够晋升到部门经理一类的位置；再在部门经理的位置待上五六年，如果没有升迁，看不到 40 岁以后的发展，人生的坐标点不再上升跳动，就会产生困惑，面临选择。

无法跳出自己的圈子

A 最早在一家合资的灯具公司工作，负责上海地区的销售业务。他读在职 MBA 的事情，在快毕业的时候，被老板知道了。老板其实蛮嫉妒他的，因为上海的销售业务主要靠他。老板要他做出选择，要么读书，要么辞职。结果他辞职了，继续读书。那时候他只有三十一二岁。

辞职以后的经历并不太顺利。开始是自己开公司，但公司只开了一个月，没有做下来。他想做一个代理品牌在上海的负责人，但也没有成功，因为类似的职务大多不是外方直接派人过来，就是合资方这边上级任命的。没办法，他只能继续求职，把求职的职位降低，还是做销售经理。结果一家欧洲的公司和一家美国的公司都要他，他接受了美资公司的职位，到国外进修了两年，还是做销售经理，负责南方区域，经常出差，将原来的客户重新拜访了一遍。这样做了一年多，他就产生厌倦情绪，因为他做的工作跟原来的没有多大差别，而且许多事情还是做不了主，他的上面还有客户总监。

他的想法是，如果跳槽，那么职位还是跟过去一样，因为人家要他，还是基于他的工作经验。他现在最大的问题就是在职务上没法出头，在这样的工作上，他已经做到顶了，他很清楚，再做五六年自己还是一个销售经理，而他希望做一个外资企业驻沪办事处的首席代表，或是一个完全独立的代理人。

换个更大的缸

B 读 MBA 的境遇比较好，公司不仅同意，而且据说还承担了学费。他快毕业的时候，从销售经理转到了人事经理的位置。公司让他读书，自然是想培养他，包括让他做人事工作，是有考虑的，想让他再去下面子公司任职。而一般在职再去读 MBA，总是期望能够在职业上有新的转机，就像一条鱼在一个缸里待久了，总有换一个更大的缸的期望。读书期间，外面的猎头公司找过他，他回绝了，因为觉得自己的公司对他不错。但一圈下来，不知道什么原因，他就在人事经理的位置上不动了。

他觉得这样下去就比较平庸了。他明白，想从一个缸换到另外一个大缸，不是自己可以决定的，还有很多外部的因素。所以一度还产生了移民的想法，毕竟在公司里干了十几年，自己没有多少发展，也要为小孩的将来做些打算。但思来想去，觉得还是国内发展机会多些。后来，他要求到外地的分公司工作，迫使自己再去开辟一块新的领域。他现在干得还是比较开心的。

追求喜欢做的事情

C 是个比较活跃的人。他最早在外资企业里做行政方面的部门经理，待了七八年，就离开了，那时只有 30 岁，也正值互联网比较热的时候，通过猎头公司进入一家网络公司当副总裁。做了不久，这一波的网络热就过去了，境外资金停止投入，他的 CEO 待在国外也不常来，整个公司就由他来维持运作。这家网络公司规模还不小，尽管没人继续往里扔钱了，但公司本身还有数千万美元的现金，要再撑个五年是没有太大问题的。可这只是在帮别人撑而已，对自己的发展却并不利。这时候也有猎头公司找上门，但因为整个网络公司热在降温，所以提供的都是部门经理一类的职位，他不满意。

34 岁的他下了个决心：跳槽到一家民营企业工作。类似他这种情况，一般总是从外资企业再流到外资企业，而且他最早待的公司规模很大，那家网络公司在业界也属于中上端的，但却一下子去了一家并不很有名的民营企业做副总，而且是在外地的。

而他感觉不错，觉得自己的才干能得到发挥。公司虽然只有 100 多人，但老板给了他股份，他在那儿干，带有点合伙人性质。

他的这种情况带有一定普遍性，很多人就是想追求这种感觉：在物质条件基本不变的情况下，工作就是做自己喜欢做的事情。

6.3 组织与个人职业生涯中期管理

如前所述，职业生涯中期主要的问题是：职业生涯上升发展到顶点之后，开始出现下降趋势，呈倒 U 形轨迹；职业生涯出现认同危机，有的人在晋升无望后，开始反思自我的价值；工作家庭冲突严重，容易引发身心疾病。针对这些问题，职业生涯中期管理主要从两个方面出发，即组织实施的职业生涯管理和个人实施的自我职业生涯管理。

6.3.1 组织职业生涯中期管理

1. 组织职业生涯中期管理原则

处在职业生涯中期的员工的职业生涯管理应遵循如下五个管理原则：

（1）双赢原则。在职业工作岗位上，员工同组织是休戚与共、息息相关的，二者的利益具有明显的一致性。员工个人职业发展辉煌，必然极大地促进组织的兴旺发达；相反，个人发生职业危机，必然制约组织劳动生产率和经济效益的提高。同时，二者的利益也有矛盾的一面，特别是在员工职业生涯中期容易出现，例如员工个人的晋升愿望与组织有限的职位空缺之间的矛盾、员工的培训需求与组织提供的培训机会之间的矛盾、员工工作和家庭之间的矛盾等。如果这些矛盾得不到很好的协调与解决，员工的职业生涯发展将会受阻，这不仅影响员工的个人利益和工作积极性，使员工丧失信心，滑向下坡路，同时也会影响组织的利益。所以，在职业生涯中期管理中，组织必须兼顾组织与个人双方利益，尤其注意不要忽视员工的利益，应想方设法协调双方的需要。

（2）与员工个人沟通的原则。管理沟通非常重要。通过沟通，详尽地了解员工的实际情况，并根据员工的需要，设置可行的职业通道，防止管理的盲目性；通过沟通，了解员工个人在职业生涯中期的心理变化、新的需要与目标，以及未来的打算，提高组织职业生涯中期管理的科学性、针对性和有效性；通过沟通，组织不仅能接收到来自员工个人的信息，而且能将组织的信息传递给员工，依靠互通信息帮助员工更好地客观评估自己，审视自己的职业需求及其实现的可能性，从而有助于员工顺利度过职业生涯中期，做出实事求是的、具有可行性的决策。此外，与员工沟通体现了组织对员工的关心，可增强员工对组织的信任和情感，有利于员工工作积极性的保持和发挥，预防员工职业生涯中期危机的出现。

（3）因人而异、对症下药的原则。职业生涯中期是人生最复杂和任务最繁重的时期，每个员工的生物周期、职业生涯周期和家庭周期的具体运行情况千差万别；各周期相互影响、互相作用情况也存在着很大的差异；每个员工所面临的各个周期运行任务和所负责任大小不同，轻重程度不同，繁杂程度也不相同，由此决定了每个员工在职业生涯中期的心态、理念、价值取向必然有别。因此，对员工职业生涯中期的开发与管理必须细致入微，因人而异，针对不同情况对症下药。

（4）重点管理原则。在组织职业生涯中期管理中，加强对全体员工的管理十分必要，但在坚持普遍性的同时，组织应当突出其管理的重点性。管理的重点对象应当是面临职业生涯中期危机的员工，而不是在职业生涯中期能获得晋升或进一步发展的员工。因为一般而言，在员工总体中，在职业生涯中期仍能获得进一步发展的员工所占的比例并不很大，且这些人在组织的关怀下会顺利发展。而相当数量的员工因其职业生涯发展停滞了而变得不关心组织的工作，失去了工作兴趣、热情和信心，无进取心，得过且过，企求安稳，究其原因是多方面的，但令人惊讶的是，对于这些员工，组织却很少注意到，甚至不闻不问，而这正应是组织职业生涯中期管理的重点所在。因此，组织必须对员工职业动力不足的情况及其原因进行深入分析，并有针对性地采取措施，激发员工的工作活力、热情和积极性，预防和化解职业生涯中期危机。

（5）动态管理原则。无论是员工还是组织，都是处在动态化之中的。在职业生涯早期，员工对组织及其文化采取服从和接纳的态度，尽量将自己融入组织之中，尽心尽力地工作。到职业生涯中期，员工已处而立、不惑之年，职业工作已完全能胜任，个人能独当一面，谙熟组织及其中的人与事，有了一定的人生阅历，面对复杂多变的客观世界，有个人的独立思考和见解。此时，他们的人生态度、价值观、心理、理念已发生了很大变化。在职业工作上，员工队伍也发生了明显的分化：有的如日中天，走向顶峰；有的平平稳稳，尽职尽责；有的则在工作上安于现状，重心由工作转向个人与家庭。在员工职业生涯中期心理、理念、行为动荡变化的紧要关头，组织切不可停留在对员工职业生涯早期认识的基础上进行管理，而必须依据员工变化了的情况实施动态管理，这样才能取得最佳的效果。

2. 组织职业生涯中期管理措施

在职业生涯中期，很少有哪种需要能够比实现自己的理想、充分发挥自己的才能、取得与自己能力相称的成就更为强烈。那些未能满足员工这方面需要的组织，往往会失去它们最优秀的员工，或者是导致员工越来越愤懑、不满，献身精神越来越差。

心理学家马斯洛提出，人的最终需求就是“越来越接近自己希望的那种样子，越来越变成自己能够成为的那种人”。马斯洛所说的自我实现的意思是指“人能够做到的，他就一定要做到……它是指一种自我满足的愿望，即变成他具有潜在能力去做的那种人”①。

① Maslow A. A theory of human motivation. Psychological Review，1943（50）.

组织赢得员工献身精神的一个关键就是帮助他们完成自我实现——使他们都充分发挥自己的潜能并获得职业生涯成功。

许多优秀的组织都在努力帮助员工满足他们的这种需求，像达美航空公司、萨顿公司以及联邦快递公司等所进行的管理实践都是以确保所有员工都有机会自我实现，发挥他们的潜能并获得成功为出发点的。当然，实现并不一定意味着得到晋升或者获得职业上的成功。虽然这些方面确实十分重要，但更为关键的是员工是不是有机会充分发挥他们的技能以及在工作中解决问题的能力，组织能否丰富他们的工作内容，授权他们自己制定工作计划和开展监督，帮助他们接受继续教育和不断成长。这些都是帮助员工达到自我实现这一目标的重要方法。

组织开展的帮助员工自我实现的措施主要有：

（1）畅通职业生涯通道，为员工提供更多的职业发展机会。按组织发展的常规思路，其对员工的人力资源需求呈金字塔形，而且随着组织的扁平化，中层和高层人员的数量更加有限。如何在这种情况下，给发展到一定阶段的员工创造发展机会，是组织留住员工的关键。

员工职业发展的通道主要有三条路径：

- 行政职务的提拔晋升。如根据员工的具体情况，由行政管理科员提升为副科长、科长、副处长、处长等；由业务员提升为业务主管、部门经理，直至总经理等。
- 转变职业，由操作工提拔为管理者。对于有思想、有才干、业绩突出的处于职业生涯中期的普通操作工人，要为其铺设发展通路，适时地将其由操作工转变为管理者。
- 技术职务的提拔晋升。通过承担重要的技术工程项目和任务，督促员工成为技术专才，由助理工程师提升为工程师、高级工程师等。

（2）转变观念，提高员工的竞争力。由于社会的飞速发展，组织的变革越来越快。要适应组织的变化，需要人们付出比过去更多的努力。过去的秘书只需要接电话、发传真、写文稿，现在还需要懂电脑、会打字、熟悉网络；过去的工程师是手工制图，现在还要掌握电脑制图等技术；过去的教师要练就一手粉笔板书，现在还需要掌握各种信息化教学手段……新技术的引进和经济状况的变化，常常使一些人失去原有的岗位或被安排到新的岗位，需要学习新的知识和技术。如果一个组织平时注重成长性和学习，将员工个人发展融入人力资源的政策之中，比如鼓励工作轮换、鼓励管理人员跨部门流动或提升，那么遇到经济或行业发展不景气时，员工就会有较强的调整能力和竞争能力，其职业生涯中期就不会因偶发事件而中断。

（3）安排富有挑战性、探索性的职业工作。美国学者库克（Kuck）绘制了一条时间与创造力发挥程度的曲线（见图 6－3）。

图中 OA 是一个人工作之前的学习阶段，在这一阶段个人的知识不断增长；AB 为个人参加工作的初期，进入新环境第一次承担任务的新鲜感、挑战性使其成长迅速；BC 为个人创造力发挥至顶峰、出成果的黄金时期；此后，个人创造力开始下降，进入 CD 段，即衰退期；而 DE 为稳定的衰退期。如果不改变工作环境和工作内容，创造力将在低水平上徘徊。

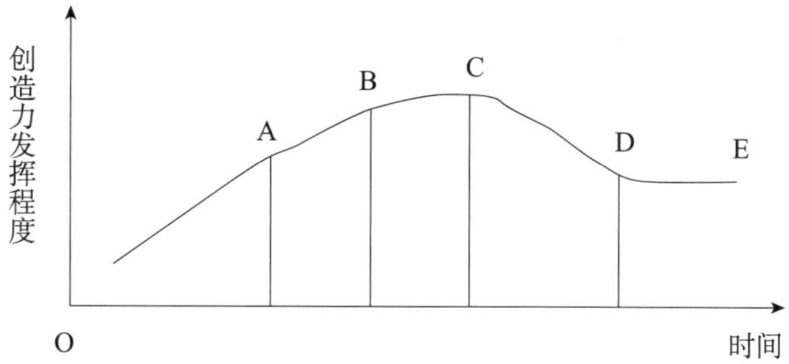

图6-3 库克曲线

因此，组织要大胆地将富有挑战性和探索性的新工作任务交给员工，以不断激发他们的创造力。处于职业生涯中期的员工，年富力强、经验丰富，委派他们担负富有挑战性工作，或者负责某项新的或特别的任务，一方面表明组织看重他们的才能，对其能很好完成任务充满信心；另一方面也给予员工表现自己才干、实现自我价值的机会，以增强其成就感。对于圆满、出色地完成任务的员工，组织应予以各种形式的表扬和奖励，这样必然起到增强员工工作的自信心、上进心，鼓励他们创造更好的业绩，调动其积极性的作用。

（4）帮助员工形成新的职业自我概念。在职业生涯中期，由于个人的职位、地位上升困难，许多员工早期确立的职业理想产生动摇，因此需要重新审视自己的理想和追求，建立新的自我。对职业生涯中期的模糊和不确定性认识，使个人强烈需要获得相关的信息，如关于职业发展机会的信息，自己的长处和不足的信息等。许多人由于长期在一个组织工作，很少考虑其他的工作机会，一旦失去组织内部的工作保障，就会变得手足无措，迫切需要相关的信息支撑。

自我评价的信息常常是通过工作成绩、工作表现等获得的；而兴趣、价值观、工作风格、生活风格则需要靠自己来摸索。福特汽车公司曾经尝试让员工了解自己的兴趣、价值观、技能，提供可能的空缺信息，制定职业生涯规划，并支持其落实，取得了非常好的效果，留住了许多有潜力的员工和管理人员。美国孟山都公司也曾经系统地开展过职业生涯管理项目。在项目开始前，该公司进行了问卷调查，之后又举行了职业生涯研讨会，员工对为促进职业生涯发展所进行的横向流动甚至是向低一级岗位的流动有了理解，也更加乐观，希望重新安排工作。40％～70％的员工感到，通过这种活动，他们在组织中的地位更加稳固了。此外，他们关于职业探索活动的愿望和行动也增加了。职业生涯研讨会后的问卷调查显示：60％的员工感到自己的最大收获是对自己的优点和缺点认识得更加清楚；此外，员工对职业信息更加清楚，并澄清了职业生涯目标，明确了自己在组织中的地位。

在进行工作岗位变动时，个人特有的工作经验和技能是非常重要的。个人应该依靠原来的资源，否则全新的学习挑战性和风险性太大，新的岗位也未必接受这种变动。工作岗位的变动，通常是向上移动或横向移动，有时也有例外。比如一些员工希望工作有所变化，甚至愿意向较低一级的岗位移动，以此丰富自己的经验，增强自己的竞争力。

绝大多数职业生涯中期开发似乎是成功的心理循环圈被打破后才被动开始的。职位越高，获得工作能力反馈的机会越少。在初级岗位上，经常有上级、同事、导师等的指导和帮助，而上升到高一级岗位后，这种帮助和指导就会变少。组织应该较早地鼓励员工进行职业生涯探索，给他们提供必要的职业信息，对其职业探索的结果尽可能地予以支持，帮助员工熟悉新的环境，使员工改变对职业自我的认识，增强其对职业变化的适应性，从而提高其自我管理职业生涯的能力。

（5）实施工作轮换，丰富员工的工作经验。美国学者卡茨（Katz）等人的研究发现，员工的工作满足源会随着一个人从事一项给定工作的实际时间的长度发生系统的变化。在员工从事某项工作的最初几年，工作的丰富化、工作再设计等都会对员工产生很大的吸引力、刺激力，员工会对工作的任何变化与改进都感到兴奋，也会不遗余力地做出自己的贡献。这被卡茨称为“反应期”。特别是在从事一项工作的最初半年里，个人充满了新鲜感，有检验自身知识和能力的愿望与需求，以及渴望获取成效的激情。在持续工作的五年中，个人的追求与满足集中于尽快了解、熟悉工作和适应工作需要。然而，当个人工作资历达到五年以上的时间时，他对工作再设计便可能失去反应，从而对工作本身产生疲顿倾向，出现失去进取心和创新精神的潜在危险。这时其工作满足源会转向工作以外的因素，如监督的性质、工作场所的人际关系、作业环境与条件、报酬和福利、退休方案及待遇等。

员工的疲顿倾向在职业生涯中期会突出表现出来。因此，从组织角度来看，一个重要的预防措施就是制定明确的工作轮换计划。有计划地、适时地变换工作部门，或者更换组织，是有利于激发员工创造力的。这种效果产生的机制很简单：人们到一个新的环境，总是希望能树立一个新形象，在树立新形象的努力中，就会爆发出无穷的创造力；如果工作处于稳定期，形象已经树立，就会躺在成绩簿上享受，就会失去活力。另外，换一个环境，换一个交往群体，不同的观念之间有碰撞，这也是产生创造力的原因。创造就是要寻找不同之处，而同一个群体成员，由于长期的相互学习和影响，观念趋同的可能性较大，创造力较弱。因此，为员工创造更多的机会，不但能使员工成长和发展，也会为组织带来更多的活力。

组织安排员工岗位轮换，要做三项工作：一是检查在同一职业岗位上连续干了五年及以上的所有员工（包括经理在内）的人事文件。二是评价这些员工的工作情况，认清其工作专长，了解其个人特征、才干等。三是调查这些员工的变化，包括心理、价值取向、需求及未来打算等。在这些工作的基础上，制定具体轮岗的实施方案，在征求员工意见后，进行工作轮换。这样可以使员工获得发展新技能的机会，重新激起他的新鲜感和兴趣，激发其工作的活力和干劲，以便为组织做出更大贡献。

案例 6-2

索尼的内部跳槽

有一天晚上，索尼董事长盛田昭夫按照惯例走进员工餐厅与员工一起就餐、聊天。他多年来一直保持着这个习惯，以培养员工的合作意识和与他们的良好关系。

这天，盛田昭夫忽然发现一位年轻员工郁郁寡欢，满腹心事，闷头吃饭，谁也不理。于是，盛田昭夫就主动坐在这名员工对面，与他攀谈。几杯酒下肚之后，这个员工终于开口了："我毕业于东京大学，有一份待遇十分优厚的工作。进入索尼之前，对索尼公司崇拜得发狂。当时，我认为我进入索尼，是我一生的最佳选择。但是，现在才发现，我不是在为索尼工作，而是在为课长干活。坦率地说，我这位课长是个无能之辈，更可悲的是，我所有的行动与建议都得课长批准。我自己的一些小发明与改进，课长不仅不支持、不解释，还挖苦我癞蛤蟆想吃天鹅肉，有野心。对我来说，这位课长就是索尼。我十分泄气，心灰意冷。这就是索尼？这就是我的索尼？我居然放弃了待遇优厚的工作来到这种地方！"

这番话令盛田昭夫十分震惊。他想，类似的问题在公司内部员工中恐怕不少，管理者应该关心他们的苦恼，了解他们的处境，不能堵塞他们的上进之路，于是产生了改革人事管理制度的想法。之后，索尼公司开始每周出版一期内部小报，刊登公司各部门的求人广告，员工可以自由而秘密地前去应聘，他们的上司无权阻止。另外，索尼原则上每隔两年就让员工调换一次工作，特别是对于那些精力旺盛、干劲十足的人才，不让他们被动地等待工作，而主动地给他们施展才能的机会。在索尼公司实行内部招聘制度以后，有能力的人才大多能找到自己较中意的岗位，而且人力资源部门可以发现那些"流出"人才的部门的管理者所存在的问题。

这种内部跳槽式的人才流动的目的是给人才创造一种可持续发展的机遇。在一个组织或部门内部，一个普通员工可能对自己正在从事的工作并不满意，认为本组织或本部门的另一项工作更加适合自己，但想要改变却并不容易。许多人只有在干得非常出色，以至于感动得上司认为有必要给他换个岗位时才能如愿，而这样的事普通人一辈子也难碰上几次。当员工们因自己的愿望无法满足而常常感到失望时，他们的工作积极性便会受到明显的抑制，这对组织和员工本身都是一大损失。

一个组织，如果真的要用人所长，就不要担心员工们对岗位挑三挑四。只要他们能干好，就尽管让他们去争。争的人越多，相信也干得越好。对那些没有本事抢到自认为合适的岗位，又干不好的剩余员工，不妨让他待岗或下岗，或者干脆考虑外聘。索尼公司的内部跳槽制度就是这样，有能力的员工大都能找到自己比较满意的岗位，那些没有能力参与各种招聘的员工才会成为人事部门关注的对象，而且人事部门还可以从中发现一些部下频频"外流"的上司所存在的问题，以便及时采取对策进行补救。这样，公司内部各层次人员的积极性都被调动起来。当每个领导和员工都朝着"把自己最想干的工作干好，把本部门最想用的人才用好"的目标努力时，组织人事管理的效益也就会实现最大化。

（6）协助员工解决工作家庭冲突。研究表明，来自家庭和来自工作场所的社会支持有助于减少工作家庭冲突。这些社会支持可以是情绪性的（如倾听、表示同情），也可以是工具性的（如对解决问题的实质性的帮助）。工作环境中的支持主要体现在组织的一些政策和管理者的行为上。组织可以有意识地采取一些政策和措施以部分地减轻员工的家庭负担，帮助员工平衡工作与家庭责任。比如，设立幼儿日托机构，提供产假和家庭休假，设计灵活的职业发展通路，实行弹性工作制，等等。与此相似，支持性的管理者是指乐意帮助员工寻求家庭和工作之间平衡的人。这种支持可能包括乐于让员工使用弹性工作时间表，允许员工给放学后的子女打一个简短的私人电话，同意调换一次工作时间以便员工能检查新来的看护对老人的照顾是否妥当，甚至是当员工被家庭问题困扰时讲几句安慰的话。

工作和家庭生活的相互依存对组织中的个体有重要影响，并最终对组织功能本身产生影响。家庭责任会影响员工的工作意愿，如加班、轮班、出差、承担更重大的工作责任以及寻求提升等。而且，家庭责任还会侵入工作领域，导致员工迟到、缺勤的现象以及专心于家务事等现象增多。另外，家庭压力能导致员工产生紧张感和工作不满意感。但很多组织并没有认识到情况的严重性或采取具有建设性的措施。一些组织不知道如何对工作家庭冲突做出反应，另一些组织则不愿承认有工作家庭冲突。回避对这些问题进行严肃考虑的原因很多，比如组织在文化本质上把工作家庭冲突看成是妇女们的问题，强调短期问题和解决方法，以及不能看到解决工作家庭冲突对一个组织的好处，等等。

为了减少工作家庭冲突，贝林（Bailyn）提出了一种缓慢消耗的职业发展模式。按照这种模式，在员工职业生涯的最初几年，组织在工作任务上只要求有中等水平的工作卷入，提出的要求较少，对员工家庭生活的干扰也不严重；然后，随着时间的推移，员工的家庭责任开始减少，组织就可引入更多的挑战、责任和更高水平的工作卷入。在这种缓慢消耗的方式下，尽管职业发展和取得成就的速度较慢，但当员工能较容易地平衡他们的工作和家庭生活时，员工最终可能变得更有效率。一个组织即使没有在所有部门采取这种方式，仍然可对那些有沉重家庭责任的员工使用这种“职业轨迹”。现在又有一种新的方法可以使员工平衡工作和家庭生活，这就是在家工作。技术的提高允许一些使用计算机承担工作的员工将一部分工作带到家里做。但也有人认为，这种方法虽然能解决一些工作家庭冲突，但在家工作的员工可能会产生其他的问题，比如产生社会疏离感。

（7）赋予员工良师角色，提供适宜职业生涯发展的机会。现实中，对于处在职业生涯中期且年龄较大的员工，由于其进取心和工作参与感的降低，组织应当安排其担任适当的角色并提供相应的发展机会，以获得最佳组织效益。

一是让年长的员工充任良师角色。对于在技术领域已达到顶峰或失去进取心的员工，组织正可以更多地利用其经验与智慧，让其担任年轻人的导师、辅导员或教练，以便进一步发挥其作用。

二是为中年员工提供适宜的职业发展机会，让其担当临时性组织者角色。如让员工在做好本职工作的同时，到另一领域尝试其想法，或发挥其长处。有些员工虽无强烈上进心，但尚有较强的工作欲，组织不妨通过提供职业机会，对其工作需要做出反应。例如，让一名资深的工程师去负责一项针对初级工程师的培训，请年长的工程师担负充当作业组负责人的临时任务，等等。这样做能够调动员工的积极性，保持员工的工作参与欲，充分利用员工之所长为组织服务，达到促进组织发展的目的。

（8）改善工作环境，预防员工职业生涯中期危机。工作环境和条件对员工的发展具有重要影响，组织的硬环境和条件，如机器设备，厂房，各种设施，工作场所的温度、湿度、照明度、卫生清洁度、噪音粉尘的污染度和绿化水平等，会对员工的身心健康产生直接的影响；组织软环境和条件，如组织文化、目标、价值观、具体规章制度、人际关系、组织风气等，会对员工的进取心、归属感和工作积极性产生重要影响。组织进行职业生涯管理的一个重要职责和措施，就是要不断更新改善上述工作环境和条件，促进员工的职业生涯发展。特别是对处于职业生涯中期的员工来讲，优化组织工作环境和条件，提高薪酬、津贴、奖金，使他们享受更多的福利待遇，不失为一项预防职业生涯中期危机、调动员工积极性、激发其活力的有效措施。

对于那些已处于职业生涯中期危机之中的员工，如组织实难调动其积极性、进取心，其工作参与感确实已经下降，而其参与家庭生活、社会活动和开发个人爱好等的需要与日俱增，这时组织可采取灵活机动的形式与处理方案。这些方案包括允许其从事非全日制工作、灵活调整工作时间、休假、半休等。只要这些员工的工作对组织来讲仍有价值，那么某种形式的非全日制工作总是比终止他的职业工作更有意义。

案例 6-3

国外公司员工职业生涯开发计划

本杰瑞公司（Ben & Jerry's）

在本杰瑞公司，晋升开发是受到职业规划、公司实习期计划以及学费资助计划鼓励的。本杰瑞公司的员工被要求参加一个前后为时共 8 小时的职业规划研讨会。这一研讨会的目的是帮助员工思考和规划自己的职业。参加过这一研讨会的员工如果希望学习公司其他工作岗位上的知识，那么他们还可以花 2～3 天时间在这些工作岗位上见习，这几天时间公司同样是付报酬的。公司每年还对三种以上的课程提供学费资助。公司还会开展或举办许多教学课程、学术研讨会、咨询指导会等，这些都是由公司支付费用的。其中包括社区和大学的教学课程，比如由佛蒙特（Vermont）社区大学讲授的商业写作课程、计算机课程，通过相关课程的人可以从本杰瑞公司的信息服务部获得一个证书；还包括成人基础教育指导课程、专业技术开发课程；等等。

IBM

IBM 制定了一项在本行业中最具综合性的培训和教育计划。公司资助员工到公司外部的大学或学院学习脱产或在职的高等教育课程。"这与 IBM 管理个人职业生涯开发的目标是相一致的。" IBM 的员工们还可以在从事两年全日制工作并得到公司认可之后得到一种不带薪的教育假待遇，这是 IBM 教育假计划的一个组成部分。

IBM 所实行的广泛的员工职业生涯开发计划是以所有的员工为对象的自愿参与计划。IBM 强调，根据自己的工作兴趣和未来目标决定是否参与此开发计划是每一位员工的责任。这样，管理人员就负责确认他们的员工是否有兴趣参与这些计划以及弄清楚自己下属员工的开发需要。尽管 IBM 的员工们通常都是根据自己的时间和精力状况来确定自己参与何种开发活动，但他们在进行自我开发的过程中都是得到公司的鼓励的："尽管参加这些员工开发计划本身并不能保证你一定会得到提升、调动或变换工作，但它却肯定能够帮助你确定自己的工作目标、提高自己的能力。" IBM 还制定了学费返还计划。当员工参与公司批准的由信誉较高的大学、学院、商业学校或技术学校开设的课程或学习计划时，公司将全额返还员工所交纳的学费以及其他各种合理的教育收费。

萨顿公司

萨顿公司的职业成长研讨会运用各种职业指导工具（包括技能评价盘以及其他的职

业差距分析工具）来帮助员工确认自己与工作有关的技能以及他们的开发需要。按照萨顿公司一位员工的说法，职业成长研讨会“帮助你用上4～6个小时的时间进行自我评价。然后，你再运用这些资料来开发自己的职业潜力。技能评价盘帮助你确认自己的长处和短处：先是由你自己评价自己，然后是你的小组成员来评价你”。萨顿公司也有学费返还计划和其他一些对员工开发活动的资助，这些计划帮助萨顿公司的员工们努力提高为使自己进一步达到职业目标而必需的一些技能，还通过使每一位员工学习新的东西以及面临新的学术挑战，为他们提供了一个继续成长的机会。萨顿公司的一位装配工对此进行了很好的总结：“我现在是一位装配工，同时担任一个工作小组的组长达两年半。我的目标是进入我们的人员管理系统（人事部门）。我知道事情现在已经很紧迫了，但我也知道这里的哲学是：公司会为我做长期打算——他们希望自己的员工成为自己能够成为的那种人。我知道在这里我能够竭尽所能去做自己能够做的事情，这也正是我忠于萨顿公司的一个重要原因。”

6.3.2 个人职业生涯中期管理

职业生涯管理除了组织的作用外，个人的因素也很重要。在职业生涯中期，个人要克服这一时期出现的职业问题，应付人到中年时面临的生命周期的变化，需要担负起该阶段个人职业生涯的特定管理任务。

1. 个人职业生涯中期管理的任务

（1）保持积极进取的精神和乐观的心态。人到中年，面对着诸多问题和生命周期运行的变化，这成为人生的一个关键时刻和转折点。对于有信心和把握获得晋升和发展的人来讲，他们劲头十足，有充分的潜力进步，将来或获得高层领导职位，或成为组织中的稳定贡献者。但是，相当数量的中年员工，由于面临职业生涯中期危机和各种家庭问题，减弱以至丧失了原有的工作热情、积极性和进取心，只求平平稳稳安度职业生涯后期，不想也不肯对工作投入太多、参与太多。少数人因为职业发展遇到的困难和问题较多，以至于失望、沉沦，并开始走下坡路。后两种情况的出现对个人、家庭和组织都十分不利。诚然，职业生涯中期的诸多问题会给个人造成巨大压力，但同时也提供了发展的新机遇。如果能够正确地控制自己的感情，正视客观现实，保持积极进取和乐观的心态，积极寻找解决矛盾和问题的新方案，那么职业生涯中期危机就可能成为新的机会，从头再来，还可以实现职业发展的新跨越。

（2）做好新的职业与职业角色选择决策。在职业生涯中期，每个人都经历了较长时间的职业工作，也面临着新的职业角色选择，这时，个人必须反思自身的生活目标和价值观，以便形成一种更稳定的生活结构，摆脱以往的角色模式或压力，选择新的角色：

- 继续留在原来的职业锚上，使自己的知识和技术更加精深和熟练，成为骨干或专家；
- 通过一定的方式使自身的技能通用化，更多地充当项目带头人和良师角色；
- 离开原职业工作，寻求新的适宜的职业角色；

● 进入行政管理领域，成为主管，从根本上改变职业角色。

每个人都需要在某个时点上做出选择和决定。这一选择和决定受到内外两方面因素的影响。从内部因素来看，主要受个人职业锚约束和指导，个人所积累的经验和智慧会强化其潜在的贡献，影响其角色选择。从外部因素来看，主要是组织对个人才干和个人经验的价值的判别。当组织觉察不到或识别不清楚一个人具有成为技术专家或业务主管所需要的才能时，就会限制其发展机会，他只能选择其他职业角色。

（3）成为一名良师，担负起言传身教的责任。随着个人职业生涯的发展、职业锚的稳固，自己在工作的经验日益丰富，而这些对于正处在成长中的年轻员工来说，是十分宝贵的。因此，处于职业生涯中期的员工，不论其是否扮演着一种正式的主管角色，都不可避免地要肩负起言传身教的良师责任，给年轻人以监督、教诲和支持。老员工的主要的言传身教角色有：

● 导师、辅导员或教练；
● 正面的榜样角色；
● 充当伯乐，作为人才的发现者；
● 指路人或开门者，给予年轻人承担具有挑战性和能出成果的任务的机会；
● 保护人；
● 成功的带头人，在自己成功的同时，保证自己的支持者和年轻人一起受益，提携年轻人。

在现实中，有些处在职业生涯中期的员工往往并未意识到自己应担负的良师益友的责任，不愿意对新员工言传身教，或者不能负责任地进行言传身教。例如，有的老员工对年轻人有敌视或偏见，不愿意接触或故意压制年轻人；有的仅向年轻人讲述组织的各种阴暗面，提供错误的引导；有的利用言传身教的关系形成自己的帮派势力；有的扮演附和者的角色，企图依赖年轻人；等等。这些做法都有悖于良师的角色和责任。所以，处于职业生涯中期的员工应当主动、自觉地承担好良师的责任和角色。

（4）维护职业生涯、家庭和生物三个周期间的均衡。在职业生涯中期，每个人都面临着来自职业生涯、家庭和生物三个周期的问题，及其相互影响、互相制约的矛盾。因此，解决职业生涯中期的问题，正确处理三个周期运作之间的关系，求得三者的适当平衡，是处于这一阶段的员工必须完成的重要任务。

要完成这一任务，可以从两个方面入手：

一是自我重估。包括重估自己的职业锚和贡献区，现实地看待自己的职业才干、表现和业绩，重新思考自己的成功标准和目标定位等；

二是对今后的人生进行重新定位，对职业生涯、家庭和生物三个周期的运作模式做出决策。以自我重估结果为基础和前提，对今后如何参与工作、如何适应家庭生活、如何取向自我的活动做出决策。虽然这种决策不一定是永久性的，然而它代表着对未来的一种承诺。

由于三个周期的运行本身就存在着矛盾，因此做出决策、做好决策是十分困难的，往往会出现顾此失彼、捉襟见肘的情形。例如，如果决定在今后的工作中全力以赴，力求获得更高的领导职位，这就意味着给予家庭的时间和精力减少，家庭要有更多的牺牲，但同时，也会因“高官厚禄”，给家庭带来物质利益和精神上的满足。相反，接受一种低水平的抱负，虽然会有更多精力和时间投入家庭，但却意味着收入上的牺牲，随之可能改变家庭生活方式，给家庭带来新的问题。还有一种情况是，个人从原来的职业事务和家庭事务中解脱出来，沉溺于个人业余爱好，从事纯粹的个人活动，个人发展虽获满足，但却是以职业生涯和家庭的牺牲为代价的。因此，处于职业生涯中期的个人在进行职业生涯发展决策时，要懂得“鱼和熊掌不可得兼”的道理，根据自我重估后的需求综合考虑各方面的因素，妥善处理职业生涯、家庭和生物三个周期的关系，求得三者的适当平衡。

（5）注意身心保健。中年时期是人生负担相对比较重的时期。越是负担重，越是应该科学应对，否则伤害了身体，也等于损害了职业生涯的发展。中年人应对压力的方式有许多，下面简单介绍几种常用的，以帮助员工个人和组织采取措施和方法予以落实。

第一，应该寻求继续学习、提高的机会。更新知识和技能，克服人生事业发展的高原期，提高自信，以更加积极的心态应对年轻人的挑战，而不是靠自己的阅历、关系、地位、权力压制年轻人，进行不公平的竞争。

第二，应该进行定期的身体健康状况检查，尽早发现问题并及时治疗。组织应积极改善工作条件，让员工工作更加舒适，降低疲劳程度；如有条件，还可以建立疗养制度，让员工在工作一段时间后，有恢复、调整、休息的时间。还应该给员工举办一些健康保健讲座，或印刷一些保健资料，让员工学习，如注意合理的饮食、保证必要的睡眠时间、戒除一些不良的生活习惯等。

第三，加强心理保健。心理健康会影响到身体健康，在中年时期，由于名利的诱惑，有些人会患得患失，一旦有一点不如意，就容易烦恼，长期的不良情绪会导致疾病的发生。因此，保持平和的心态有利于身心健康。

第四，合理地安排时间，做到有张有弛。由于这一时期工作压力大，工作往往会占用很多时间，员工应该注意必要的休息和调整，从事脑力劳动的人特别要注意增加体育锻炼的时间。

2. 个人职业生涯中期管理的技术

如何根据自己的特点，制定有针对性的职业生涯中期管理措施，是一项高度技巧性的工作。在实践中，个人职业生涯中期管理涉及以下几个方面：如果职业生涯目标过高，就要降低自己的职业生涯目标；如果发展领域不合适，就需要重新发现自我，更换合适的职业领域；如果组织没有发展机会，就应重新选择合适的组织；如果压力太大，就应注意身体健康。

（1）适当考虑降低职业生涯目标。不是所有的人都能获得职业生涯的成功，特别是当这种成功的标准定得很高时，更是如此，因为院士、教授、教授级高级工程师、总经理毕竟只是少数，而大多数人是能很好地完成自己的岗位职责、为社会的正常运转奠定基础的人。

在年轻的时候，人们有许多的梦想和追求。如果由于种种原因，个人的潜力没有充分地展示出来，那么这对于个人是个遗憾，对于组织也是遗憾。但如果组织措施得力，个人也努力了，目标还是实现不了，那么这就不是选择的问题，也不是外部环境的问题，而可能是能力问题。能力的差异是客观存在的，并不是每个人都适合用社会精英的标准来苛求自己。人到中年应该以更加实际的态度调整自己的职业目标，以更加豁达的眼光来对待自己的禀赋。如果我们制定的目标是通过自己的努力能实现的，我们就会产生成就感，而不是总生活在失败的阴影里。

案例 6-4

你在为谁打工

齐瓦勃出生在美国乡村，只受过很少的学校教育。15 岁那年，家中一贫如洗的他就到一个山村做了马夫。然而雄心勃勃的齐瓦勃无时无刻不在寻找着发展的机遇：三年后，齐瓦勃终于来到钢铁大王卡内基所属的一个建筑工地打工。

一进建筑工地，齐瓦勃就下定要做同事中最优秀的人的决心。当其他人在抱怨工作辛苦、薪水低而怠工的时候，齐瓦勃却默默地积累着工作经验，并自学建筑知识。

一天晚上，同伴们在闲聊，唯独齐瓦勃躲在角落里看书。那天恰巧公司经理到工地检查工作，经理看了看齐瓦勃手中的书，又翻开了他的笔记本，什么也没说就走了。第二天，公司经理把齐瓦勃叫到他的办公室，问："你学那些东西干什么？"齐瓦勃说："我想我们公司并不缺少打工者，缺少的是既有工作经验，又有专业知识的技术人员和管理者，对吗？"经理点了点头。不久，齐瓦勃就被升任为技师。打工者中，有人讽刺挖苦齐瓦勃，他回答说："我不光是在为老板打工，更不单纯是为了赚钱，我是在为自己的梦想打工，为自己的远大前途打工。我们只能在业绩中提升自己。我要使自己工作所产生的价值远远超过所得的薪水，只有这样我才能得到重视，才能获得机遇。"抱着这样的信念，齐瓦勃一步一步升到总工程师的职位上。25 岁那年，齐瓦勃成为了这家建筑公司的总经理。

后来，齐瓦勃终于自己建立了大型的伯利恒钢铁公司，并创下非凡的业绩，真正完成了从一个打工者到创业者的飞跃。

（2）学会成功求职的技巧。如果组织缺乏合适的机会和岗位，而个人又有能力，那么员工可以考虑寻求新的发展机会。这时就需要员工复习或学习有关求职的技巧，比如如何搜集职位空缺信息、如何填写求职申请表、如何进行成功的面试等。

第一，如何搜集职位空缺信息。搜寻职位空缺信息有许多途径，如通过媒体、亲朋好友了解信息，直接向有关组织人事部门询问，关注人才市场的招聘信息等，都是有效的方法。

第二，如何填写求职申请表。获得了职位空缺的信息，还要学会表现自己，让组织觉得你是最合适的人选。填写求职申请表是成功求职的第一步，也是人事部门考察员工的起点。"人们购买广告做得最好的商品超过品质最好的商品。"一份好的求职书，就像"临门一脚""登机证""入场券"。求职申请表的主体通常是个人履历，包括个人的资料、记录、曾经完成的事和求职信函。

按照工作经历一栏的写作方式，可以把履历表分成三种：年表式履历表、功能式履历表、综合式履历表。年表式履历表的填写原则是把工作经历按时间由近及远依次列出。

功能式履历表把重点放在求职者能力的呈现上，并且说明求职者在哪一份工作中获得这种能力，但不强调时间顺序。综合式履历表的填写特点是把求职者拥有的相似的工作经历归成一类，如把当研究助理与曾经发表的论文归成一类，即专业研究经历。在这小标题下，求职者把与研究有关的经历按时间先后用回溯式的方式列出来（时间近的先列出来）。

雇佣者一般喜欢年表式履历表，主要是这样的履历表让雇佣者可以对求职者的能力和特长做出自己的判断。此外，年表式履历表很难隐藏中断的工作经验，也很难掩饰不吸引人的工作经验。某些专业领域如教育、法律和会计等较多地采用年表式履历表。功能式履历表主要适合以下人群：经常换工作的人；一段时间没有工作后，重新回到职场的人；更换工作领域，找一份和先前工作领域不相同的工作的人；等等。综合式履历表，可以有组织地呈现自己的能力，又不完全违反雇佣者或人力资源部对时间顺序的偏好，也是比较理想的。

除了书面方式呈现的履历表外，现在还出现了集声音、图像、文字于一身的电子化履历表。随着网络招聘的增加，使用电子化履历表的趋势还会加强，电子化履历表的形式有录像带履历、多媒体履历等。

写好求职申请的关键是：要为自己量身定做；要了解雇佣者对应聘者的要求（如沟通能力、智力、自信心、责任心、主动性、领导能力、想象力、精力、人际相处能力、对自己的了解、处理冲突的能力、达到目标的能力、专业能力、管理能力等）；要想象招聘者看你的求职书时关注的重点是什么（版面安排、标题顺序、具体内容等）。

第三，如何进行成功的面试。应聘者要准确地把握招聘者的心态，不要总是站在自己的立场要求对方，否则就会给人留下不好的印象。要知道，也许招聘者的思路或观念是错误的，但你现在没有改变他的可能，只有当你成为组织的一位要员后，才会有机会更正这些错误的观念。比如，许多组织招聘时，过分强调学历而忽视能力；有些组织对女性员工有歧视性的政策，对女性员工的要求更加苛刻；有些组织过分强调工作经验，不愿意培养有发展潜力的新手；等等。你需要做的是尽量准确地估计招聘者的招聘标准，如果你能站在招聘者的角度来思考对应聘者的期望，就能在面试以前做些有针对性的准备。

要想清楚、正确地把握招聘者的出发点，对组织文化的认识就比较重要。可以通过各种渠道了解该组织的文化：是保守，还是开放？是重视业绩，还是重视身份？是看重品德，还是注重绩效？是重视关系，还是重视能力？是重视过去的阅历，还是重视未来的潜力？是重视产品质量，还是更关注消费者？是改革型，还是保守型？等等。有的组织喜欢循规蹈矩的员工，比较注重学历门槛，十分重视关系。如果遇到了这种组织，那么你的合理选择是先找关系，将自己打扮得严肃、保守，符合传统的行为规范，这样成功的可能性更大。如果穿着过于时髦，行为比较随便，而且自以为是，就可能给招聘人员留下非常差的印象，从而失去机会。

（3）树立终身学习的理念。在知识经济的社会，许多仅仅靠体力挣钱的工作岗位竞争越来越激烈，而且这些岗位既辛苦，回报又低。现在一些技术含量较低的岗位也在逐渐被高技术设备所取代。如何不断地学习新知识、新技术，与社会一同进步，是生活在信息社会的人不得不面对的问题。

在知识界，许多中青年学者利用各种机会重新学习新知识；许多老同学变成了师生；许多师生则变成了同学。这种以发展为目的的观念和行为，使人们不断地更新知识、转变观念，也为增强在劳动力市场上的竞争力打下了坚实的基础。

与此不同的是，那些过去不注重学习、没有自己的主业、随波逐流的人，由于没有核心竞争力，就可能成为组织的负担，个人也会感受到极大的压力。许多在组织工作的员工，因为缺乏对新技术的适应性，处于待岗、下岗状态。俗话说得好，人无远虑，必有近忧。只有积极行动起来，将压力转化为动力，制定合理的学习计划，不断进取，才会有进步，才能远离困境。

□本章小结

1. 职业生涯中期指从立业到退休的一段时期，或从30岁到50岁的职业生涯时期。

2. 职业生涯中期危机主要表现在：(1) 缺乏明确的组织认同和个人职业认同。(2) 现实与职业理想不一致。(3) 职业工作发生急剧转折或下滑。其反应类型分为四类：悲伤者、边缘者、异动者、激励者。

3. 停滞是一种自然现象。当生活呈现出一种停滞状态，而我们又无法阻止时，我们就会感到极端的不满足。这种不满足是因为现状激不起人一点热情，而未来又是一片迷茫，从而使我们陷入所谓的停滞期。

4. 职业生涯中期工作家庭冲突有三种基本形式，即时间性冲突、紧张性冲突和行为性冲突。

5. 库克曲线是美国学者库克绘制的反映时间与创造力发挥程度关系的曲线，其基本思想是：随着时间的推移，创造力先上升再下降。

□重要术语、概念

职业生涯中期　职业生涯中期危机　职业停滞期　工作家庭冲突　库克曲线

□本章问题

1. 职业生涯中期的个人特征是什么？
2. 职业生涯中期的问题有哪些？
3. 组织如何进行职业生涯中期管理？
4. 个人如何进行职业生涯中期管理？

第 7 章

职业生涯后期管理

| 本章要点 |

- 职业生涯后期的概念、特征
- 职业生涯后期的问题
- 组织职业生涯后期管理的原则
- 退休管理、继任管理、离职管理、裁员下岗管理
- 个人职业生涯后期管理

职业生涯后期在西方通常是指在 45～60 岁之间的一段时间。而在我国，45 岁左右还属于精力比较旺盛的时期，员工的经验丰富，处于事业的高峰。50 岁左右时，大多数人的事业已经达到顶点，体力、学习能力下降，适应能力也开始减弱。本章将系统介绍职业生涯后期的特征及其管理。

7.1 职业生涯后期概述

在我国，除特殊情况外，不论脑力劳动者还是体力劳动者，男性退休的年龄都是 60 周岁；女性则有一些差别，在企业、事业单位和党政机关、群众团体中，干部退休年龄是 55 周岁、工人退休年龄是 50 周岁；但党政机关、人民团体中的正、副县处级及相应职务层次的女干部，事业单位中担任党务、行政管理工作的相当于正、副处级的女干部和具有高级职称的女性专业技术人员，退休年龄为 60 周岁。如本人申请，可以在 55 周岁时退休。

2024 年 9 月，为了深入贯彻落实党中央关于渐进式延迟法定退休年龄的决策部署，适应我国人口发展新形势，充分开发利用人力资源，根据宪法，第十四届全国人民代表

大会常务委员会第十一次会议决定：同步启动延迟男、女职工的法定退休年龄，用 15 年时间，逐步将男职工的法定退休年龄从原 60 周岁延迟至 63 周岁，将女职工的法定退休年龄从原 50 周岁、55 周岁分别延迟至 55 周岁、58 周岁；实施渐进式延迟法定退休年龄坚持小步调整、弹性实施、分类推进、统筹兼顾的原则。

由于多数家庭只有一个孩子，加上结婚比较晚，如果按男性 26 岁、女性 24 岁生育算，孩子 20 岁左右离家相对独立地生活，父母的年龄分别在 46 岁、44 岁左右。在这个阶段，少部分比较优秀的员工可能还没有达到事业的顶点，还有发展的空间，而大部分员工都已经达到了顶点，在 50 岁以后呈逐步下降的趋势。因此，综合考虑各方面的因素，我们将职业生涯后期划定在退休前 5～10 年。退休前员工的主要任务是完成交接班，带徒弟，并为退休做准备，以便适应退休生活，健康地安度晚年的时光。

小辞典

职业生涯后期，在西方通常是指在 45～60 岁之间的一段时间；在我国指退休前的 5～10 年这一时间段。

7.2　职业生涯后期的个人特征

在职业生涯后期，个人的职业工作、生活和心理状态都发生了与以前不同的变化，并呈现出某些明显的特征。

7.2.1　个人家庭与心理特征

1. 员工的家庭境况发生很大变化

员工家庭出现“空巢”，夫妻相依为命，产生了对家庭的依赖感，温馨的天伦之乐成为职业生涯后期员工的一大需求。

2. 自我意识增强，怀旧、念友心重

突出表现在三个方面：一是追求自我发展，觉得干了一辈子，现在应该是从事个人感兴趣的活动、实现个人爱好的时候了。二是从内心深处意识到健康的重要性，自我保健意识极大增强，重心转移至维持自我生命健康。三是人已近老年，怀旧念友之情油然而生，渴望与过去的亲朋好友交往，回到过去的岁月，以满足精神上的需求。

3. 进取心显著下降，开始安于现状，淡泊坦然

随着年龄的增长，个人的体力、精力、生理机能开始退化，学习能力下降，职业工作能力也明显衰退，深感力不从心，进取心也逐渐削弱乃至消失。“五十而知天命”，人到了职业生涯后期，已走完了人生的大半，酸甜苦辣、美丑善恶均已经历过，凡事看透，不再有奢望和追求，而是平静自若地面对人生，安于现状，淡泊坦然。

7.2.2 个人职业特征

1. 进取心、竞争力和职业能力明显下降

知识经济时代，科学技术迅猛发展，知识老化和技术更新的速度非常惊人。处在职业生涯后期的员工，由于其体能和精力不可避免地衰退，学习能力及整体职业能力呈下降趋势，其知识、技能明显“老化”和“磨损”，且已无力更新与恢复，职业工作能力和竞争能力逐渐减弱以至丧失。

2. 权力、责任减少，地位下降，角色发生明显变化

职业生涯中期正值员工年富力强、职业发展至顶峰的时期。有的员工攀升至中高层领导岗位，拥有相当大的权力，负有重要的责任；就是一般员工，也多是职业工作中的骨干，娴熟的技能和丰富的经验使他们处于良师角色和工作中心的位置。但是，到达职业生涯后期，这一个个夺目的光环会渐渐消失；领导职务往往逐渐被年轻人所取代，权力与责任随之减少，地位逐步下降。

3. 优势尚存，仍可发挥余热

尽管进入职业生涯后期的员工在体能、智能方面已明显下降，在职业工作中处于次要地位，但是他们仍然有其优势存在。处于职业生涯后期的员工的优势主要体现在两个方面：一是经验丰富。不论是在工作上还是在人际关系上，他们都基本处于成熟时期，尽管其精力下降较多，身体状况较以前差，但知识经验相当丰富。二是个人的社会地位和影响力较高。经过一生的职业发展，人们多多少少积累了一定的成就，取得了一定的地位，相对于一般的年轻人，有更高的影响力。一些年老的员工熟知组织及其发展过程，已深深融入组织文化之中，对组织颇有感情；在长年的职业工作中，练就了娴熟的技能，积累了丰富的生产、业务实践知识；他们有丰富的人生阅历，见识广，具有处理工作中各种复杂的人与事、人与人之间矛盾的能力和经验。因此，进入职业生涯后期的员工，完全有条件凭借自身的经验、技能和智慧优势，担当良师角色，继续在职业工作中发挥自己独有的作用。

7.3 职业生涯后期的问题

7.3.1 面临职业生涯的终结

组织中的重要岗位，通常由经验丰富、熟悉历史、能力较强的员工负责。然而，随着组织事业发展的规范化，组织中新老员工的交替工作衔接得越来越好。老员工往往在过了 50 岁以后，就应该考虑从重要的岗位上逐步离开，而将重担交给年纪较轻的员工。

此外，观念也是个重要因素。在我国，年轻总是与不成熟联系在一起，因此，许多重要岗位都由经验丰富的年长者担任。许多人即使年轻时艰苦创业，少年得志，成就非凡，但一旦到了自己退休的时候，也变得保守起来，觉得年轻人不可信、太稚嫩，不愿意将权力和岗位交出去。

7.3.2　不安全感增强

即将退休的人，不安全感很强，主要表现在如下几方面：

1. 经济上的不安全感

退休后，收入急剧减少，而通货膨胀总是客观存在的，在社会保障体系还不健全、不完善的情况下，退休后的生活来源自然成为主要的担心。因此，完善保险制度，按时足额发放退休金，使员工的衣食住行有保障，是减少这种担心的关键。

2. 心理上的不安全感

害怕被社会、家庭、子孙们冷落和歧视。通常，社会对老人是尊敬的，然而受西方自我中心观念的影响，现在有些年轻人开始嫌弃老人，觉得他们啰唆，观念老化，思想僵化，生活习惯与其不合，疾病多，医疗开支大，不愿意和他们生活在一起。当然，大多数子女还是比较孝顺的，至少在经济上支持，在疾病治疗方面关心。但总是有一些人，过于自私，不愿意帮助老人，甚至是自己的亲生父母。

因此，老人希望能建立和谐的人际关系，得到子孙的理解，形成老有所养的社会氛围。另外，还有对生活的担心。老伴、好友陆续去世，使老年人感到恐惧和孤独。希望能建立相关互助组织和机构，使老人不孤独，有人安慰，充实地度过余生。

3. 疾病增多

由于身体机能衰退和老化，抵抗力降低，疾病会显著增加，因此老人会担心医疗服务跟不上，身体健康没有保障，希望社会提供符合老年人特点的特殊医疗服务及相关的卫生保健服务。

4. 不适应退休后的生活

过去提倡对组织和工作的无私奉献，许多员工牺牲家庭、牺牲休闲时间，将自己的整个身心都贡献给了组织。这些员工是组织生存、发展的栋梁，是组织的有功之臣。其中有些人由于过度专注于工作，业余爱好没有得到很好的培养，除了工作外别无所好。当从工作岗位上退下来时，他们便不知道该干些什么，从而很容易产生空虚感和失落感，甚至导致身体健康状况恶化。

7.4　组织职业生涯后期管理

职业生涯后期管理是一个值得关心的问题。老年员工往往被视为在如下几方面处于劣势地位：产值、效率、压力下的工作能力、进取心、新观念接受能力、适应性、灵活性、发展新技能的能力等。尽管这种刻板印象并不一定正确，但是这些偏见会显著影响组织对老年员工的态度和管理方式。这些偏见的体现如下：

（1）如果老年员工被看作是顽固的和抵制变化的，那么组织就可能很少去帮助他们改进其绩效；

（2）如果老年员工被认为无力赶上时代的变化，那么组织就很少愿意为他们的技能改进做投资；

（3）如果老年员工被看作缺乏创造性，那么组织就很少愿意安排他们从事创造性的职位。

对老年员工的这些偏见会导致不恰当的管理行为，而不恰当的管理行为则会剥夺老年员工发展技能和保持活力的机会，使得对他们的偏见成为一种自我实现的预言，由此进一步导致他们在个人选拔、绩效考评以及培训等方面受到不公正待遇。

态度决定行为。组织应该首先摒弃对老年员工的认知偏见，充分认识老年员工的价值。有研究表明，老年员工不仅在生产效率上与年轻同事一样高，而且他们有较低的缺勤率、流动率和事故率，较高的工作满意度和更为积极的工作态度。因此，老年员工可能是忠诚的、有生产效率的、有工作热情的，应该受到尊重。

现在，许多管理者或人力资源部门的人，将工作的重心放在了年轻人身上，注重开发其未来的潜力，相对忽视处于职业生涯后期的员工。有些企业甚至将这些员工看成包袱，不闻不问。这种过河拆桥、“兔死狗烹”的不良组织文化，不但会极大地伤害老年员工的感情，也会挫伤其他员工对组织的认同感，因为人终有变老的一天。如果希望将自己的组织延续百年，这种短视的做法是不可取的。

新视点

寓言：鸬鹚罢工

一群鸬鹚辛辛苦苦跟着一位渔民十几年，立下了汗马功劳。不过随着年龄的增长，它们腿脚变得不灵便，眼睛也不好使了，捕鱼的数量越来越少。不得已，渔民又买了几只小鸬鹚，经过简单训练，便让新老鸬鹚一起出海捕鱼。很快，新来的鸬鹚学会了捕鱼的本领，渔民很高兴。

新来的鸬鹚很知足：只干了一点微不足道的工作，主人就对自己这么好，于是一个个拼命地为主人工作。而那几只老鸬鹚就惨了，吃的住的都比新来的鸬鹚差远了。不久，几只老鸬鹚瘦得皮包骨头，奄奄一息，被主人杀掉炖了汤。

一日，几只年轻的鸬鹚突然集体罢工，一个个蜷缩在船头，任凭渔民如何驱赶，也不肯下海捕鱼。渔民抱怨说：“我待你们不薄呀，每天让你们吃着鲜嫩的小鱼，住着舒适的窝棚，时不时还让你们休息一天半天。你们不思回报，怎么这么没良心呀！”一只年轻的鸬鹚发话了：“主人呀，现在我们身强力壮，有吃有喝，但老了，还不落得个像那群老鸬鹚一样的下场？”

伴随着组织管理由小作坊式的粗放型向制度化和人性化过渡，员工的需求层次也在逐步提高。工作不再是必需的谋生手段，人们越来越注重将来的保障机制，以及精神上的享受和自我实现。鸬鹚从最初有吃有喝就感恩戴德，到希望年迈体弱时也有小鱼吃，就反映了渐进的职业需求。倘若人力资源管理忽视了这些需求，最终就只能导致“鸬鹚罢工”。

7.4.1 组织实施职业生涯后期管理的原则

对处于职业生涯后期的员工，如果管理得好，可使这些人力资源成为财富；如果管理得不好，就会导致许多冲突，出现许多矛盾，影响组织的工作。

对职业生涯后期员工的管理，主要应遵循如下原则：

1. 制度化与差别化管理相结合的原则

针对退休的问题，组织应该根据自己的实际情况制定相应的政策和措施。比如，关于技术人员什么时候退休，管理人员什么时候退休，哪些人员可以延聘，哪些人员可以提前退休，退休金如何发放，退休保险金如何安排，社会保险费如何落实，退休后的医疗费用如何支付，退休后的生活如何保障，如何丰富退休后的生活等，都应该有相应的、连续的符合组织实际的制度。这些制度不能违背国家的法律法规和政策规定。

一般情况下，应该严格地按组织规定的相关制度对待退休员工，但也要考虑组织实际，做一些符合市场变化、特殊情况的差别化处理。僵化的制度不适合当今社会，但凡事凭长官意志、没有章法，又不利于管理的透明、公平、公正。在员工退休问题上，一刀切的好处是好操作，但对于那些身处关键岗位、掌握生产诀窍的高级员工或经验十分丰富的技术人员，就不宜采用一刀切的办法，否则可能造成人力资源的浪费。

员工有各自的情况和不同的类型，多数员工的贡献能力不会随着正式退休而结束。组织如果需要相关的人员，可以以兼职、顾问等形式优先聘用他们。由于其能力、经历、原来的社会声望、身体状况、兴趣爱好等不同，在管理上应该对不同的员工实行有差别的管理。对于事业上有成就的员工，如果其身体允许，则应该采取适当的措施，为其提供发挥余热的机会，比如指导年轻员工、继续退休前尚未完成的研究工作、协助审查新的立项项目等，将这些员工的智慧充分利用起来。

2. 真诚关心原则

许多人为组织工作了一辈子，心里总是惦记着组织。特别是人总有惯性，工作习惯了，一下子离开组织，总是有些不适应。为了解决这种问题，有些组织采取了一些有人情味的做法，比如让将要退休的员工外出旅游、疗养；有些组织则让员工延聘一年，在这一年中逐渐减少他们的活动，特别是有些会议、重要工作可以适当地减少，给他们一些时间，让其逐步处于半工作、半退休的状态，这样他们到了真正退休的时候，就习惯多了。此外，如果有些员工尚有项目没有完成，则可以让他们继续工作，但对他们的要求可以逐步降低，给他们更大的自主权，比如不一定非要他们按时上班，只要能按计划完成工作即可。

日本有一种生活设计教育，对我们开展职业生涯管理也有启发意义。这种生活设计教育产生的背景是日本经济复苏时期，对劳动力有比较大的需求，需要老年人继续发挥余热，利用自己的知识和经验为社会服务。其基本做法是：让接近退休年龄的员工假设自己面临退休，考虑如何安排自己的时间——是接受延聘，还是退休或者换岗位？如果选择退休，那么如何丰富自己的退休生活？如何选择保健活动？等等。在结束教育培训后，员工要结合自己的实际，制定各自的退休生活开发计划及日常生活规划书。如果合理，就用此来指导自己的退休生活。组织要以多种形式关心退休员工。例如，对于希望丰富老年生活，弥补过去由于工作太忙而没有时间休闲的员工，可组织他们去一些地方度假、旅游，充实晚年生活。有一些员工，希望健康地度过晚年，对保健比较重视，可为其提供锻炼的场地，开展丰富多彩的、适合老年人的体育活动。很多退休员工对组织有很深的感情，非常关心组织的发展。组织可以以退休员工座谈会、联谊会等形式，向退休员工通报组织发展情况，互通信息；征求退休员工对组织的意见和建议；加强退休员工之间的沟通、联系。

3. 发挥经验优势的原则

根据马斯洛的需求层次理论，人有尊重需求。特别是年纪大的人，对晚辈的尊重更加在意。这涉及这些年长的员工对自己一生价值的评价。特别是这些员工逐步从重要岗位退下来之后，本身就有一些失落，如果不对他们的贡献以适当的形式予以认可，就会让他们心理不平衡。另外，这些员工工作了一辈子，的确有许多的经验或教训，这些经验或教训都是宝贵的财富，如果将这些传授给年轻员工，让年轻员工吸取成功的经验和失败的教训，则无疑有利于年轻员工顺利成长，为组织培养优秀的员工创造条件。

在知识经济时代，知识的价值日益得到肯定。许多技术工人、专业技术人员经过几十年的磨炼，积累了许多有价值的经验。这些经验如果没有后人学习和挖掘，就会被浪费掉。现在许多西方国家十分重视这些隐性知识的价值，专门对这些优秀员工的知识进行研究，寻求开发途径，加以有效地利用。过去，这些隐性知识是通过师父带徒弟而逐步地传下来的，现在有人认为有了自动化、数字化的设施，这些老经验就已经过时了，不注重对其进行发掘和开发，等到需要的时候，又得重新探索，有可能重走弯路。

7.4.2 退休管理

1. 退休计划管理

在员工的职业生涯后期，组织和员工都必然面临退休管理问题。退休是一个人停止自己工作的时间点，员工退休是组织进行人力资源更新的重要措施，但由于一些组织实行提前退休激励方案，提前退休的人越来越多。大量事实表明，退休很可能会伤害员工，对组织的工作也会产生影响。对于大多数员工来说，退休是一种苦乐参半的经历。对于某些人来说，退休是他们职业生涯的顶点，退休意味着他们能够放松下来，享受自己的劳动果实，同时又不需要再为工作上的问题操心着急。然而，对于另外一些人来说，退休本身却是种痛苦，因为忙碌了一生的员工在突然之间不得不面对每天无所事事地待在家中这种陌生的、“没有生产率”的生活。事实上，对于许多退休者来说，在不从事全日工作的情况下维持一种归属感和自我价值感是他们需要面对的一项最为重要的挑战。因此，为了减少和避免可能的伤害与影响，作为职业管理过程在逻辑上的最后一个步骤，对员工退休事宜加以细致周到的计划和管理非常必要。许多组织也越来越注重开展退休计划帮助要退休的员工应对这一问题。

退休计划是组织向处于职业生涯后期的员工提供的、用于帮助他们准备结束职业工作、适应退休生活的计划。员工退休是组织进行新陈代谢、保持活力、稳定员工职业生活的必然需要。良好的退休计划，可以使员工尽快顺利地适应退休生活，维持正常的退休秩序，最终达到稳定组织从业人员心理、保持组织员工年龄结构、提供更多的工作和晋升机会的目的。以下是根据成功的退休计划所得出的一些结论：

（1）退休计划应该集中于退休的内外部因素两个方面。外部因素包括财产的安全、住房的变化、法律问题等；内部因素包括脱离工作后所带来的各种各样的心理问题。有研究建议，进行现实的退休准备能提供一种平衡、准确的退休蓝图。

（2）退休计划应该按照小组规模组织，以鼓励组织、员工双向交流并为咨询提供机会。由此，退休带来的社会的、心理的后果都能以更坦率的方式得到讨论。

（3）更为理想的是，退休员工的退休计划至少在退休五年前就开始执行，这样就能使他们有充足的时间面对所有的问题。咨询活动也应该在员工退休后的一段特殊时间内持续进行。

（4）以前的退休员工可以作为退休计划中的信息来源和模范榜样。

（5）在退休计划中配偶的参与更有益处，更受到鼓励。

（6）对于那些对工作有强烈忠诚感的员工，需要为其提供特殊的退休计划。这些员工在处理退休事宜时可能面临一个特别困难的时期。

（7）退休计划的拟定应该有助于保持准备退休人员的积极态度和工作绩效，允许组织挽留仍需要的老员工，并鼓励其他人提前退休。但是，退休计划必须仔细评估组织和员工两方面的情况，以满足双方的需要。

2. 退休管理的方法和措施

即将退休的员工会面临财务、住房、家庭等各方面的实际问题，同时又要应对结束工作开始休闲生活的角色转换和心理转换。因此，退休者需要同时面对社会和心理方面的调节。通过适当的退休计划和管理措施满足退休人员情绪和发展方面的需要，是组织应承担的一项重要工作。

在退休计划中，组织协助解决员工面临的相关问题的方法和措施有：

（1）帮助员工树立正确观念，坦然面对退休。长江后浪推前浪是自然规律，员工到了职业生涯后期，年老体衰，甚至丧失了劳动能力，结束职业生活是不可避免的。组织有责任帮助员工认识并从心底接受这一客观现实。组织可以通过开展退休咨询、召开退休座谈会、组织退休研讨会等，了解员工对退休的认识和想法，讨论应如何认识和对待退休，交流退休后的打算，以及过好退休生活的经验等，使即将退休的员工有充分的思想准备，以消除其退休后所产生的迷茫和失落感。

（2）开展退休咨询，实施退休行动。退休咨询就是向即将和已经退休的人提供财务、住房、搬迁、家庭和法律、再就业等方面的咨询服务。在西方，大约30%的组织制定有正式的退休准备计划，以帮助员工顺利完成退休过程。最为常见的退休准备计划的一些基本做法包括：

- 说明各项社会保障福利（97%）；
- 休闲咨询（86%）；
- 财务与投资咨询（84%）；
- 健康咨询（82%）；
- 生活安排（59%）；
- 心理咨询（35%）；
- 组织外第二职业咨询（31%）；
- 组织内第二职业咨询（4%）。

组织开展的递减工作量、试退休等适应退休生活的退休行动，对员工适应退休生活也具有重要的作用。递减工作量是针对即将退休的员工，逐渐减少其工作量。例如：逐渐减少其日工作时、周工作日或年工作周，使其逐渐适应没有工作的退休生活。试退休是安排即将达到退休年龄的员工离开工作一段时间去体验退休的感受，然后决定是继续工作一段时间还是退休。

(3) 做好退休员工的职业工作衔接。员工退休后组织的职业工作仍要正常运转，因此，组织要有计划地分期分批安排应当退休的人员退休，切不可因为员工退休影响工作正常进行。在退休计划中，选好退休员工职业工作的接替人，及早进行接替人的培养工作，是非常重要的。组织可以采取多种形式对接替人进行职业岗位的培训与学习。如让其与即将退休的员工一道工作一段时间，进行实地学习，请老员工传帮带等。帮助退休员工与其接替人做好具体的交接工作，在新老员工职业更替之时衔接好，保证工作正常顺利进行。

(4) 采取多种措施，做好员工退休后的生活安排。

第一，因人而异地帮助每一个即将退休者制定具体的退休计划，尽可能地把其退休生活安排得丰富多彩而又有意义。例如，鼓励退休员工进入老年大学，发展多种兴趣爱好，多参加社会公益活动和老年群体的集体活动等；也可通过组织提供适当的方便组建余热团体，将虽已退休但仍有心有力的员工组织起来，通过团队内部交流和鼓励他们为组织和社区服务来满足他们的特殊情感需要和社会需要。通过这些活动，达到广交朋友、增进身心健康的目的。

第二，组织可以通过经常召开退休员工座谈会的方式，增进退休员工与组织的互动。

- 向退休员工通报组织发展情况，互通信息。
- 征求退休员工对组织发展的意见和建议。
- 加强退休员工之间的沟通、联系。

同时，组织要以多种形式关心退休员工。例如，为退休员工办好养老保险和医药保健保险；关心退休员工的疾苦，切实解决其实际困难和问题；每逢节日、生日之际，慰问安抚退休员工；等等。

第三，如果退休员工个人身体和家庭情况允许，尚可继续参加工作，那么组织可以以兼职、顾问等方式聘用他们，使其发挥余热。允许应当退休的员工兼职工作，以此作为对正式退休的一种变通做法。国外最近所做的几项以蓝领和白领工人为对象的调查都表明，55 岁以上的员工中有一半以上的人都愿意在退休后继续从事兼职工作，组织也很可能将这种做法吸收到其职业生涯管理过程之中。

案例 7-1

乔治的退休烦恼

乔治不知道自己在想什么，他的世界一片混乱，他不知道自己是该感到愤怒还是解脱，精疲力竭还是失望。

乔治拥有一份人人都羡慕的好职业：奥伯莱斯克银行（Obelisk Bank）会计部副经理。奥伯莱斯克是一家中等规模的地区性银行，存款额超过 20 亿美元。乔治 23 岁起开始在奥伯莱斯克银行工作。他在银行的早期职业生涯发展相当顺利，但他在目前的职位上已经干了 8 年了。虽然 45 岁以后他有过困惑甚至迷惘感，但他对自己的工作以及工作成就总体上还是感到自豪的。他知道没有 MBA 学历阻止了自己的进一步晋升，在过去 4

年中他已经失去了两次被提拔的机会。他曾经想过重回学校去读 MBA，但毕竟年龄不饶人，他也没有下定决心，读 MBA 的想法也就不了了之。现在 54 岁了，乔治相信再过几年自己就能够舒适地从奥伯莱斯克银行退休。

乔治的大女儿今年刚刚从大学毕业，正准备秋季去考研究生，他的小女儿也正在上大学。乔治曾经自豪地向同事介绍他把两个女儿送进大学的经验。乔治的妻子 5 年前重新开始工作，在经营一间礼品店，其工资可以补贴家用，但远远不够应付所有开销。

这一天下午，他接到人力资源部秘书的电话，告诉他人力资源部领导要立刻约见他。当他前往后，人力资源部副经理告诉他，为了避免被兼并，奥伯莱斯克银行准备解聘一批员工以缩减开支。乔治被告知有两种选择：银行或者名义上给他另外 3 年的服务期，以便他可以提前退休但在 59 岁半后还能获得全额退休金；或者给他相当于 1 年工资的解雇红包、6 个月的医疗补助费，以及 3 个月的找新工作服务期。乔治被告知必须在第二天做出选择。

下班后，乔治不知道自己是怎么回到家的。进了家，房子里空无一人，他的两个女儿出去了，妻子要到晚上 10 点才下班。乔治下班后很少喝酒，但今晚例外。他靠在沙发椅上，边呷酒边想心事。20 多年前，他的大学同桌曾经邀请他加入自己的公司，工资与他原公司一样，但给他报销读 MBA 的费用。同时，这是一个他增强实力，离开会计岗位进入更高的管理层的难得的机会。12 年前，乔治的外甥鼓励他加入自己新成立的 CPA 公司，乔治可以作为他的合伙人，收入可能少一些但分红与他在奥伯莱斯克银行相当。此外，乔治还有多次离开奥伯莱斯克银行的机会，可是每一次他都贪图奥伯莱斯克银行工作的稳定性和舒适性而放弃了。现在，他为此深感懊悔。

乔治越想越感到痛苦。他把自己的一生给了奥伯莱斯克银行，每当需要时心甘情愿地牺牲晚上和周末的时间加班加点工作。他想起自己为了银行的工作而错过女儿放学的接送时间；他休假从来没有超过一周，因为那时他认为自己应该在办公室干更多的活。现在，奥伯莱斯克银行突然要他退休，他心里没有任何准备。未来 4 年里女儿的学费要多少钱？我还能活多少年？我和妻子还能够像计划好的那样周游世界吗？哪一个公司愿意再雇用一个已经 54 岁而且工作范围有限的老员工？解雇红包的更深层含义是什么？我是不是应该自己办公司？我是否需要雇律师与奥伯莱斯克银行打官司，控告他们的年龄歧视？我的家庭会认为我是一个失败者吗？我们是否需要卖掉房子搬到另一个地方去住？

乔治一口气喝干了另一杯酒。这时，他听到车库的关门声，随后一声熟悉的声音传进来："亲爱的，今天过得怎么样？"

7.4.3 继任管理

小辞典

继任管理是组织为保障其内部重要岗位有一批优秀的人才能够继任而制定和实施相应的人力资源开发培训、晋升与管理方面的制度与措施的过程。

对于一个组织而言，如果没有继任管理，组织将不知道该如何去开发、培养人力资源；在现任领导人和其他担任重要职务的人退休或离职后，组织也不知道如何保证有一批高素质的人才及时填补这些空缺。

1. 继任管理的功能

组织继任管理的功能主要体现在以下五个方面：

（1）可以确保在组织内有一批训练有素、经验丰富、善于自我激励的优秀人才接任未来的重要岗位；

（2）可以有效地调整组织的未来之需以及现有的资源；

（3）可以为组织的关键员工订立更高的目标，把他们留住以确保重要岗位都有称职的人可以继任；

（4）可以帮助员工规划职业生涯发展道路，这有助于组织吸引、留住更好的人才；

（5）可以改进组织内部程序，优化组织的产品和服务。

2. 继任管理的实施

要想有效地实施继任管理，必须考虑以下几个方面的问题：组织的长期发展方向是什么？在哪些主要领域和环节需要不断补充和培养高素质的人力资源？哪些人是你想重点培养以备未来之需的？这些人应走怎样的职业生涯发展道路？这些职业生涯发展道路是否适合这些人的具体情况？

组织在进行继任管理时应注意以下两方面问题：

（1）组织应积极主动地制定和实施继任规划。组织应提前主动地制定和实施继任规划。组织不要等到出现了职位空缺后才临时抱佛脚，急急忙忙地找人接替；而要在需要填补重要职位之前就开始进行培训或轮岗以便使继任者获取更多的经验和知识。接班人和有潜力的候补人员都应在继任规划实施的早期选定。这样不但对当事人有帮助，而且还有助于避免其他主要候选人因失望或提升得不够快而离开。

在继任规划的实施过程中，要根据组织的具体情况采用不同的方式，切忌千篇一律。有些时候，组织可能需要让接班人较快地在很多不同岗位上轮换，以获取更广泛的经验和知识。另一些情况下，组织可能让接班人更深入地参与到某些特定部门的工作。因此，不同的职位应采取不同的继任方式和路线。

继任规划不需要普及到每一个职位，但一定要考虑到那些重要职位，具体情况还需根据不同行业和不同组织的特点而定。作为组织战略思考的一个组成部分，每个组织都需要针对一些重要职位制定有计划的继任规划，且每年都应至少重新审视一次继任规划，如果有需要还应更频繁些。

无论是对整个继任规划，还是对接班人的个人职业生涯规划，组织都不必按照一个模式去做。要分析组织和个人的具体需要，并据此拟定并优化相关规划。另外，组织要留出足够的时间去培养接班人，不要期望他们一夜之间学会所有东西。足够的时间可以使继任管理进行得更顺利、更有效。

（2）要意识到继任管理的复杂性与长期性。跟其他许多人力资源管理流程一样，在制定继任规划的过程中也容易犯很多的错误。主要有以下几种：对重要的个人或职位没有一个正规的书面发展规划；规划过于笼统，缺乏弹性，没有考虑到个人的能力和需要；正式提升等待时间过长；把一些不合格或没有进取心的人放进了继任名单中。

在部署和利用战略资源时，必须考虑培养关键人才以备未来之需。值得花大量时间和精力去讨论组织的需要和目前的能力，并把这些放到战略位置上。如果组织目前还没有一套正规的继任流程，则可以建立一系列制定继任规划的目标，以满足组织发展的需要。这些目标包括：组织怎样才能让员工发挥最大的潜能？怎样去定位他们、教育他们，使他们为组织的发展和他们自己的长远利益做出最大贡献？怎样才能确保组织的未来会有一批高素质、受过良好教育、富有实践经验的精英？

实际上，继任管理是一个永无止境的过程。需要定期审视组织的资源，确定哪些位置需要接班人，或者需要有人开始学习必要的知识。弄清楚需要多长时间培养接班人，定出每个人为达到既定目标该走的职业生涯路线。这条路线也许会因需要而改变，因此组织的监控和更新是继任管理的重要组成部分。

案例 7-2

摩托罗拉的继任规划

在摩托罗拉，每一个职位一般有三个接班人：第一个（A）是直接接班的，第二个（B）计划在3～5年内接班，第三个（C）要么是少数民族要么是女性。第三个接班人涉及摩托罗拉公司目前实施的员工多样性发展计划——摩托罗拉公司计划形成如下表所示的多民族、多种族和性别平衡的人员发展结构。公司将所有的接班人根据其工作表现和发展潜力进行排名，然后针对不同排名给予相应的培训，以满足其未来发展的需要。

摩托罗拉的人员配置与继任模型

<table>
<tr><th colspan="7">员工</th><th colspan="8">继任人员</th></tr>
<tr><th rowspan="2">职务</th><th rowspan="2">任职者姓名</th><th rowspan="2">任职时间</th><th rowspan="2">级别</th><th rowspan="2">业绩表现</th><th rowspan="2">潜能</th><th rowspan="2">特殊群体</th><th rowspan="2">姓名</th><th rowspan="2">职务</th><th rowspan="2">任职时间</th><th colspan="2">目前情况</th><th rowspan="2">潜能</th><th rowspan="2">特殊群体</th><th rowspan="2">处所或单位</th></tr>
<tr><th>业绩</th><th>级别</th></tr>
<tr><td></td><td></td><td></td><td></td><td></td><td></td><td></td><td>A</td><td></td><td></td><td></td><td></td><td></td><td></td><td></td></tr>
<tr><td></td><td></td><td></td><td></td><td></td><td></td><td></td><td>B</td><td></td><td></td><td></td><td></td><td></td><td></td><td></td></tr>
<tr><td></td><td></td><td></td><td></td><td></td><td></td><td></td><td>C</td><td></td><td></td><td></td><td></td><td></td><td></td><td></td></tr>
<tr><td></td><td></td><td></td><td></td><td></td><td></td><td></td><td></td><td></td><td></td><td></td><td></td><td></td><td></td><td></td></tr>
</table>

资料来源：摩托罗拉公司人力资源管理培训资料。

对于继任规划中继任人选的选拔一般采用下图所示的业绩—潜能分析法进行分析。根据员工的工作业绩和潜能，将员工分为九类，然后根据员工的业绩与潜能的总体情况，决定继任人选，并对不同情况的员工采取不同的激励与培训开发措施。

从员工的角度而言，每个员工在每个季度都可以同各自的主管就“你在组织是否有明确的个人发展前途？”“你是否因性别和文化传统等因素受到歧视？”等问题进行沟通，或者是在组织的计算机系统上对这些问题进行回答。同时，员工个人在每季度同主管进行绩效评估的时候，也可以讨论自己的职业生涯发展机会，每次绩效评估的最终结果都会包括员工及其主管达成共识的员工个人职业生涯发展规划的内容。这些信息都会汇总上报，供组织据以对员工的职业生涯规划和继任规划进行必要的调整。此外，员工还可以通过组织的内部职业机会系统，查询各个部门的人员招聘信息。一旦发现有新的机会，如果觉得自己也符合条件，那么随时可以提出申请，而且在申请的时候，不需要经过自己主管的同意。

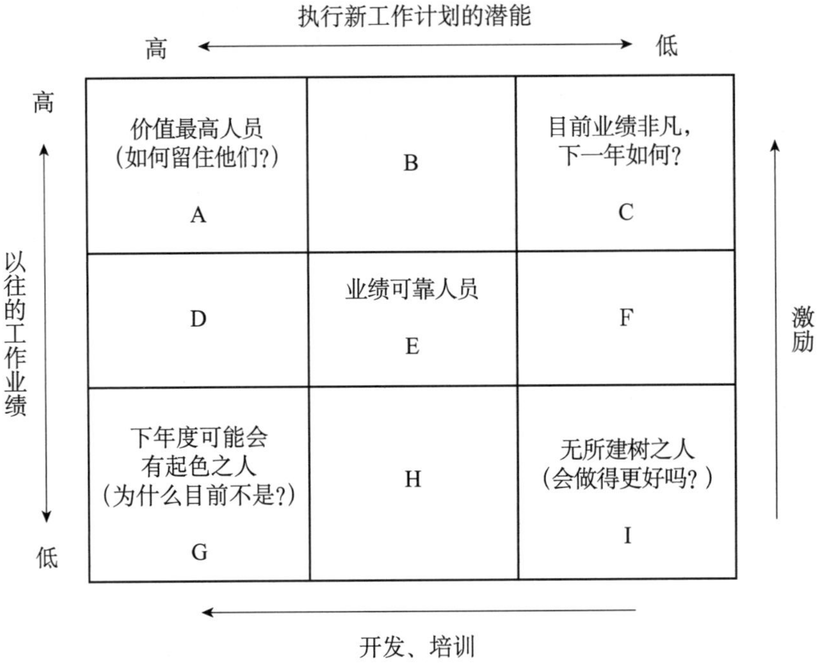

摩托罗拉的业绩—潜能分析表

7.4.4 离职管理

随着市场经济的发展和国家人事制度的改革，人们自由择业的空间越来越大，跳槽、辞职等词语对于中国人来说不再陌生。如何做好员工的离职管理工作，也就成为组织不得不认真对待的一件大事。

1. 离职的含义和影响

小辞典

离职是指员工根据本人意愿，并经所在组织同意，与所在组织解除劳动契约关系的行为。它是建立在员工自愿基础上的，是员工自由择业权利的一种体现。

从总体上说，离职制度的建立有利于人才的合理流动，有利于岗位与人员更好地结合。不过具体到组织来说，它的影响既可能是积极的，也可能是消极的。例如，员工因能力或健康状况不能胜任工作，要求调离，可以减轻组织的负担；离职人数保持在正常的范围内，还可以促进组织吸收新生力量，保持员工队伍正常的新陈代谢。但是，离职人数超过正常范围，或者骨干管理人员、专业技术人员离职往往会给组织正常的生产经营带来不利的影响。

2. 员工离职的原因

一般来说，员工离职的原因是多方面的、复杂的，可以概括为三个方面：

（1）个人原因。个人原因包括个人追求物质利益最大化、追求良好的人际关系、寻求自我价值的实现等，还可能包括个人职业兴趣、能力水平与现组织和岗位有不符，如个人的能力或健康状况使其不胜任工作，现有的工作不符合个人的职业取向等。假如员工认为所在组织埋没人才、浪费人才、压制人才，特别是感到工作中的“小气候”无法让他满意，人际关系不和谐，甚至工作环境已经挫伤了他的工作积极性、上进心和理想，那么人力资源主管很有可能会收到他递来的辞职报告。

（2）组织内部原因。如果组织内部存在制度、管理上的问题，那么不但会延缓组织自身的发展，还会在一定程度上对离职者产生一种推力。组织内部原因一般包括薪酬福利不佳、不满上司的领导风格、缺乏晋升机会、工作负荷过重压力大、不受重视无法发挥才能等。如由于管理不善导致员工的不满情绪上升，当人才在公司感到个性受压抑、自身潜力难以得到充分发挥时，其往往容易产生寻找更能使自身价值和潜力得到发挥的工作的念头，促使员工辞职。

（3）组织外部原因。外部原因是指组织外部环境因素，如社会价值观、竞争对手、政策法规、经济、交通等因素。这些因素不为组织所决定，却对组织的生存发展有重大影响。如其他组织以优厚的条件吸引人才，当员工感到同样的付出将会在另外一家组织获得更高的收入和福利待遇时，他可能会跳槽，从而促使员工辞职。

在上述三方面的因素的影响下，员工就可能产生离职的想法。用经济学的理论来解释，这就是人才是否会流动、怎样流动，既取决于他在某组织中或岗位上能否发挥才能，也取决于其能否得到与其贡献相适应的劳动报酬。人才在综合考虑自身发展、才能的发挥、对社会和组织的贡献，以及工作和生活条件的改善等方面因素，并全面衡量流动将给自身带来的效用后，最终将以效用最大化来确定自身流动与否及流动目标取向。

案例7-3

小王为什么跳槽

小王从计算机专业本科毕业后，应聘到一家私营企业从事软件开发工作。他满腔热情地投入工作中，不分昼夜地潜心研究，用三个月的时间精心设计出一套高级数据库系统。他满怀希望地把该软件交给总经理，在之后的一周内每日盼着总经理对他的软件的评价，但总经理一直没有任何表示，他很失望。到了月底，财务部门突然通知他：由于他设计的软件系统解决了企业面临的一项技术难关，所以企业奖励了他1万元，请他领奖。然而此时，小王已经决定跳槽到另一家软件企业工作，尽管那里的工资没有这边高。他对朋友说：“这家企业领导没有人情味。如果我交给他设计好的软件后，他能表扬我一句，不给我奖金，我也不会跳槽。”

小王潜心编程，他主要看重的并不是得到奖金，而是希望由此展示自己的才华，得到领导的肯定和表扬，满足尊重需求和自我实现需求。可是小王的领导把物质奖励视为唯一的激励手段，而忽略了员工的高级情感需求，其管理方式是典型的泰勒式科学管理，缺乏人情味，由此导致了员工的不满。

3. 员工离职的程序

员工离职一般遵循如下程序：

（1）员工向所在组织人力资源部门提出书面申请；

（2）所在组织按照有关规定对申请进行审查，同意离职的，发给离职申请表；

（3）所在组织在接到离职者填好的离职申请表后，在规定期限内进行审批或转报；

（4）对审批同意离职的，通知所在部门办理移交工作、归还公物等手续；

（5）人事部门进行离职面谈；

（6）离职者去人事等部门办理相关手续。

4. 离职面谈的内容和技巧

如果组织想要确定员工离职的真正原因，可以用离职面谈的形式。一般而言，员工往往因为两个并存的原因而离职：一个是推力，即在组织工作不顺心；另一个是来自另一家组织的拉力，即这山望着那山高。离职面谈通常是员工与组织的最后一次重要接触。离职面谈鼓励员工公开、自由地陈述离职的原因，而员工在与其主管面谈时可能不愿意自由地发表意见，因此离职面谈通常由人力资源专业人员来进行。

（1）离职面谈的内容。离职面谈一般包括以下内容：建立融洽关系、面谈的目的、对原来工作的意见、探究离职的原因、新旧工作的比较、改进意见、结论等。对于人力资源部来说，离职面谈关注与工作有关的因素，并试图了解员工离开的真正原因。通过离职面谈可以对员工离职的原因有更深入的了解，并能揭示出组织人力资源管理系统存在的问题。只有了解了问题，才能采取行动加以纠正。

（2）离职面谈的技巧。

● 离职面谈的准备。面谈地点应选择轻松、明亮的房间，面谈时间以 20～40 分钟为宜。另外，还应准备好离职者的个人基本资料、离职申请表、以往考核记录表，掌握其离职的真正原因，让离职者感受到面谈者对当事人的重视。

● 离职面谈中的咨询技巧。为营造一种轻松的气氛，可以先为对方倒杯茶水，以善意的动作打消彼此对立的情绪，建立相互信赖的关系，让离职者真正说出心中的想法。同时，在离职面谈过程中，应随时察言观色，从员工的角度出发，专注倾听员工所抱怨的人或事。当离职者产生抵触情绪时，要及时地关心其感受，不要唐突地介入问题，更不可做任何的承诺，最重要的是要将面谈重点记录下来，便于以后分析整理。

● 离职面谈后的作业。离职面谈结束之后，应将面谈记录汇总，针对内容分析整理出员工离职的真正原因，并且提出改善建议以防止类似情况再度发生。从员工身上了解到的情况要原封不动地向上级汇报，即使其中有对经理的微词。另外，还要了解员工看中了另一家组织的哪些方面，是环境更好、待遇更优厚，还是工作节奏更符合其要求；员工对事业的看法是否发生了根本转变。

员工离职对组织会造成很多影响。一旦离职的事实发生，双方都应以开阔的胸襟坦然面对，共同找出问题症结。即使组织与员工双方无法再继续共事下去，也不应发生伤害对方的情况。由于离职者多半对组织有不满，其离开后可能会诋毁组织，对组织形象会有很大的影响，因此做好离职面谈可以防止很多不利于组织的行为发生。

案例 7-4

松下幸之助的离职面谈

日本松下公司的电器产品以精工制作、品质优良而行销于世界各地，公司总经理松下幸之助却冷静地把注意力集中在听取逆耳之言上，他对待跳槽员工的态度就表现出了这一点。松下幸之助认为跳槽员工总是希望到更高更强的公司就职，是有进取心的优秀员工，他们往往已经发现了松下公司的某些弊端。为此，松下幸之助对主动脱离该公司另有高就的员工不仅热忱欢送并表示祝贺，还十分诚恳地请求他们留下批评意见。在曾经跟随他26年的后藤清一离开公司时，他花了一个多小时时间认真倾听后藤清一的见解。松下公司的许多决策就是根据跳槽员工临走时留下的意见重新修正的。

5. 离职管理中的注意事项

当员工提出离职时，要注意以下几个问题：

（1）快速做出反应。如果组织十分想留住这位员工，那么就没有什么事比立即对离职做出反应更重要。主管应该中止预定活动，任何延误（例如"开完会我再和你谈"之类的话）都会使离职不可挽回。快速做出反应，可以向员工表明他的确比日常工作更重要，并尽最大的努力去改变员工的想法。

（2）保密。绝对封锁离职的消息，对双方都很重要。对员工来说，这为他改变主意继续留在组织清除了一个主要障碍，这个障碍有可能使他在重新决定时犹豫不决。如果其他人毫不知情，他就不必面对公开反悔的尴尬处境。而组织在消息公布之前，则能有更大的回旋余地。

（3）帮助员工解决困难，把他争取回来。如果挽留的措施得力，又确实能纠正造成员工想要离职的那些问题，员工可能会改变想法，除非离职员工确实已下定决心。多数情况下，他们只是不满工作中某些方面，或不喜欢直接上司。当他们能在别的组织找到工作时，这些问题就被放大了，因为乍一看，那家组织好像挺能满足其相应的要求。通过缓和员工与本组织的矛盾，突出那家组织的不足之处，员工往往会同意留下来，这是最佳结果。

案例7-5

要离职的员工还给机会吗？

1995年博福—益普生中国联络处成立秘书部，准备提拔第一个地区办公室秘书做秘书部主任。当她得到这个消息时流露出似乎很为难的表情，首席代表问她有什么为难情况。她说："我的先生去了美国，如果我不去美国的话，家庭生活将会受影响，可是现在有这样的发展机会确实挺难得，心里感觉很矛盾。"了解到这一情况后，首席代表建议：把家庭放在第一位，工作丢了还可以再找，幸福的家庭更为重要。但在她出国前，仍给她机会。当时宣布的是：她出国以前升职的机会不减，增加工资的机会不减，培训的机会不减。她很受感动。最后的结果是：她在她出国之前的半年是参加工作六七年以来最努力的半年，作为秘书部主任，她不但出色地组织了公司第一次秘书培训，而且还培养了另外一个优秀的办公室秘书。临出国的时候，公司给她开了欢送会，送了礼物，大家都特别高兴。她去美国以后给公司写过一封信，说最后几个月的锻炼提高使她终生受用。

我们培养人才应该时常想：是为谁培养？如果是为某个人培养，或者是为某个组织培养，那么这不是为了人的全面发展。我们培养人才首先是为他本人，也是为社会培养。想想看，如果你的领导跟你说“我培养你不容易，你得跟我好好干一辈子。别翅膀硬了就想飞”，你愿意跟他干一辈子吗？如果领导说“你在这儿好好干，如果哪天你的能力增长了，这里不能给你创造更好的空间，你到别处发展我也为你高兴”，你是怎样的心情？不要害怕人才流失。与其害怕人才流失，不如想办法吸引人才。如果你的组织能培养出一些国家级、世界级的企业家，那你的组织就能吸引更多的人才。

7.4.5 裁员下岗管理

下岗现象是我国20世纪80年代后期，特别是90年代以来，伴随着改革开放不断深入，社会主义市场经济体制进一步确立而出现的一个日益严重而又十分棘手的社会问题。随着国有企业改革的深化和市场经济竞争的加剧，企业进行改组、裁员、合并、兼并、接管或企业倒闭，都会造成许多工人、技术人员以及管理人员裁员下岗。因此，做好员工的裁员下岗管理工作，也是组织人力资源管理部门的一项任务。

当裁员下岗不可避免时，组织应该给员工提供外部安置服务，提前让员工做好准备，以减轻裁员下岗可能产生的负面效应。

1. 组织安排员工裁员下岗的程序

（1）在组织领导集体研究的基础上，至少提前15日向工会或者职代会说明组织的生产经营状况以及员工裁员下岗分流的意见；

（2）制定员工裁员下岗及再就业方案，内容主要包括拟安排裁员下岗的人数、实施步骤、促进再就业的措施，并征求工会或职代会的意见，做好宣传和准备工作；

（3）由组织填报员工裁员下岗登记表，内容应包括员工基本情况、组织工会或职代会意见，报送地方劳动和社会保障部门或其委托的主管部门，由其核实、认定并备案。

2. 组织对裁员下岗员工的安排措施

（1）提前通知和解释裁员下岗问题。在裁员下岗问题不可避免时，组织应提前告诉员工实际情况，解释裁员下岗问题，让员工了解组织的困难，让他们感觉到裁员下岗不是人为因素导致的而是组织无力再提供更多的发展机会，得到他们的谅解和支持。

（2）提供心理、经济和职业方面的咨询。裁员下岗会给员工带来不理解、愤怒和埋怨等情绪，也会给员工造成经济上的困难。组织及时地给裁员下岗员工提供心理、经济和职业方面的咨询，可以使员工以平静的心态面对裁员下岗，寻求新的职业。

（3）提供能力和兴趣方面的评定。在员工面临下岗时，组织向员工提供能力和兴趣方面的测定，使员工重新审视自身的职业潜能和职业兴趣，设定新的职业目标和职业实现道路，重新获得职业生涯的发展。

（4）提高再就业竞争方面的服务。许多裁员下岗员工都存在着知识老化或职业高原现象，很难适应新经济和新变革的要求。组织应提供裁员下岗再就业培训或专门技术培训等方面的服务，使得他们掌握一技之长，重新获得工作。

（5）搜集通过各种传播媒介得到的职业信息。组织及时通过各种传播媒介，包括报刊、广播电视、书籍、网络等广泛地搜集各种职业信息，为裁员下岗员工提供再就业的信息服务，有助于裁员下岗员工的再就业。

总之，组织安排员工裁员下岗，应坚持公开、公正的原则，要说明原因，讲清政策，做出计划，认真组织。要做好员工群众的思想工作，保证下岗分流工作的顺利进行。组织通过提前做出裁员下岗安排措施，可以预防或减少裁员下岗带来的混乱状况，保证组织的正常运营。

7.5　个人职业生涯后期管理

由于组织发展遇到许多问题，特别是改革开放初期遗留下来的问题，为了组织的生存和发展，许多组织实施了减负政策。由于老组织和新组织运行机制不同，老组织负担相对过重，为了减轻负担，大多数组织都不大关心老年人的福利，而将组织的利益杠杆向能给组织带来希望的员工（主要是年轻人）倾斜。为此，除了希望组织重视职业生涯发展后期的员工的利益外，个人也应该主动地担负起职业生涯后期管理的责任，避免没有责任人所造成的后果。因为承受这些后果的不是组织，而是员工自己。

7.5.1　调整心态，迎接变化

在变革期总会存在受益者和受损者。年轻人由于把握的是现在和未来，成了当然的受益者；而对于年纪大的人，过去美好的时光已经成为历史，其只能面对现实，并接受现实。如果你对自己过去工作了一生的组织还有感情，还希望它生存、发展和繁荣，那就只能寄希望于年轻人。有健康的心态，才会有健康的生活。如果总觉得社会不公平，成天生气，生活质量就高不起来；同样的日子，不同的心态，感受会截然不同。与其埋怨、生气，还不如调整自己的心态，接受现实，充实自己，安度晚年。

因此，处在职业生涯后期的员工要勇敢地面对和欣然接受生理机能衰退及其所导致的竞争力、进取心下降的客观现实，另辟新径，寻求适合于自己的新职业角色，以发挥个人的专长与优势。在现实工作中，当导师，带徒弟，培养新员工，充任教练，对员工进行技能培训，扮演参谋、顾问等角色，出谋划策，提供咨询，从事力所能及的事务性工作，等等，均不失为适宜职业生涯后期的良好角色。

7.5.2　学会和接受权力、责任的减少和地位的下降

首先，要从思想上认识和接受“长江后浪推前浪”是必然规律，从心底认可个人职业工作权力、责任的减少，以及地位的下降，以求得心理上的平衡。

其次，将思想重心和生活重心逐渐从工作转移到个人活动和家庭生活方面，善于在业余爱好、家庭、社交、社区活动和非全日工作等方面寻找新的满足源。例如，通过钓鱼、养花、收藏、旅游、与老朋友相聚畅谈、参加社会治安和交通治理等活动，或者从事新职业等，来充实自己的生活，满足自己的需求。

7.5.3 学会如何应对“空巢”问题

在员工职业生涯后期，“空巢”的出现是家庭生活的一大变化，也是人生的一大转折。应对好这一变动，对于员工职业生涯后期的工作和个人发展都很重要。

（1）员工思想重心应向家庭倾斜，多给配偶些时间，通过多种方式方法密切同配偶的关系。

（2）随着生活重心转移，个人时间增多，员工有条件发展个人业余爱好和兴趣，满足以前难以实现的个人需求，也可以充实和丰富个人的“空巢”家庭生活。

（3）注重社会人际交往，增进亲情和友情。

（4）积极参加社会活动，寻找适宜的新职业。

7.5.4 回顾自己的整个职业生涯，着手退休准备

有些人在退休之前心理准备比较充分，对自己将来的生活有计划和打算，能很快适应退休后的生活；而有些人尚没有意识到未来的生活与现在工作的区别，没有充分的心理准备，特别是缺乏必要的爱好和活动安排，一旦退休，就会感到严重的不适应，觉得寂寞、空虚，度日如年，以致身体也迅速衰退。

如果组织没有人替员工着想，员工就应该主动地为自己的生活做打算。如果身体好，工作还能延续，则可以找一个理想的新组织，继续自己的事业。如果觉得自己忙碌了一辈子，生活太单一，精力允许、经济上有保障，则可以选择旅游。如果身体较差，则可以选择比较安静的生活方式，比如上老年大学，学习写字、绘画，学习电脑知识、上网，也可以选择一些适合老年人的体育运动，如打门球、慢跑、打太极、跳健身操等。如果子女需要帮助，自己也愿意，那么可以和子女生活在一起，共享天伦之乐。

7.5.5 培养年轻人

许多组织从感情上承认老员工的贡献，在实际生活中关心老员工的利益，并希望老员工能发挥自己的经验优势，帮助培养年轻人。

培养年轻人，也是一门学问。要将自己的感受、理解以科学的方式和方法传递给年轻人，就像教师和教练一样。为了达到培养年轻人的目的，既需要了解年轻人的心理，与年轻人和谐相处，又需要讲究方式方法，使受教育者能轻松地理解。因此，如果个人有这个愿望，则还应该继续学习一些相关的知识和技能，以便将自己的经验和教训传授给未来的接班人。

□ 本章小结

1. 职业生涯后期，在西方通常是指在 45～60 岁之间的一段时间；在我国指退休前的 5～10 年这一时间段。

2. 退休管理的方法和措施包括：(1) 帮助员工树立正确观念，坦然面对退休；(2) 开展退休咨询，实施退休行动；(3) 做好退休员工的职业工作衔接；(4) 采取多种措施，做好员工退休后的生活安排。

3. 继任管理是组织为保障其内部重要岗位有一批优秀的人才能够继任而制定和实施相应的人力资源开发培训、晋升与管理方面的制度与措施的过程。

4. 离职管理中的注意事项包括：(1) 快速做出反应；(2) 保密；(3) 帮助员工解决困难，把他争取回来。

5. 组织对裁员下岗员工的安排措施包括：(1) 提前通知和解释裁员下岗问题；(2) 提供心理、经济和职业方面的咨询；(3) 提供能力和兴趣方面的评定；(4) 提高再就业竞争方面的服务；(5) 搜集通过各种传播媒介得到的职业信息。

6. 个人职业生涯后期管理措施包括：(1) 调整心态，迎接变化；(2) 学会和接受权力、责任的减少和地位的下降；(3) 学会如何应对"空巢"问题；(4) 回顾自己的整个职业生涯，着手退休准备；(5) 培养年轻人。

□ 重要术语、概念

职业生涯后期　退休管理　继任管理　离职管理　裁员下岗管理

□ 本章问题

1. 职业生涯后期的个人特征是什么？
2. 职业生涯后期的问题有哪些？
3. 组织职业生涯后期管理的原则是什么？
4. 如何进行退休管理、继任管理、离职管理、裁员下岗管理？
5. 个人如何进行自我职业生涯后期管理？

第 8 章

大学生职业生涯规划与管理

| 本章要点 |

- 大学生职业生涯规划与管理的步骤
- 设定职业目标的 PE-SMART 原则
- 职业目标的分解与组合
- 职业生涯规划具体实施

职业生涯规划是指个人对职业的选择、职业的适应和职业的发展所进行的设计和规划。职业生涯规划能够为自己确立职业方向和职业目标，选择职业发展的道路，确定达成职业生涯目标的行动时间和行动方案。因此，职业生涯规划可以使自己找到最能发挥自己长处的位置，可以最大限度地实现自我价值。本章具体介绍大学生如何自我设计职业生涯规划方案。

8.1 确立目标

8.1.1 有目标才会成功

目标（goal）一词最早来源于体育界，最开始它的意思是指足球比赛中的球门。后来，目标泛指努力或奋斗所要达到的目的。

人生中我们会有很多美好的愿望："我想生活幸福。""我想爱情甜蜜。""我想有体面的工作。""我想事业辉煌。"……这些愿望如同蓝天上的朵朵白云，虽然美丽，但飘忽不定、变幻无常，一阵狂风就会把它们吹得无影无踪，多年后这些美好的愿望只能成为美丽的遗憾。

人生中我们也会有很多梦寐以求的理想："我想成为像比尔·盖茨那样的亿万富翁。""我想成为像鲁迅那样的文学大师。""我想成为像马可·波罗那样的环球旅行家。"这些理想虽然美好，但是它们往往也像水中月、镜中花，清晰可见却不可企及。

美好的愿望和理想只有具体化为可以落实的行动，并加入时间坐标，才能成为一个明确的目标，如"我想使自己今年的推销额比去年翻一番"，"我想在获得 MBA 学位两年后创办自己的公司"。对于漆黑的夜晚颠簸在风暴中的轮船，远处港口的航标灯就是它的目标和希望，尽管到达这一目标有许多坎坷，需要尽力拼搏，但这个目标并非遥不可及。只要我们坚定这个目标，一直向它靠拢，就一定可以回到港湾温暖的怀抱。

当一个目标或任务被确立之后，那些模糊不清的理想也就变得明确而且具体了。你过去或者现在的情况如何并不重要，将来想要获得什么样的成就才是最重要的。也就是说，你必须要有一个理想，一个有关未来的理想，否则你将平平庸庸走过一生，做不出任何一件大事来。

正如空气对于生命一样，目标对于成功也是绝对必要的。如果没有了空气，那么世界上没有人能够生存；同样，如果没有目标，就没有任何人能够取得成功。所以，对你自己想要去的地方，先要有个清楚的范围才行。

哈佛大学有一个非常著名的关于目标对人生影响的跟踪调查，对象是一群智力、学历、环境等条件都差不多的年轻人，调查结果如图 8－1 所示。

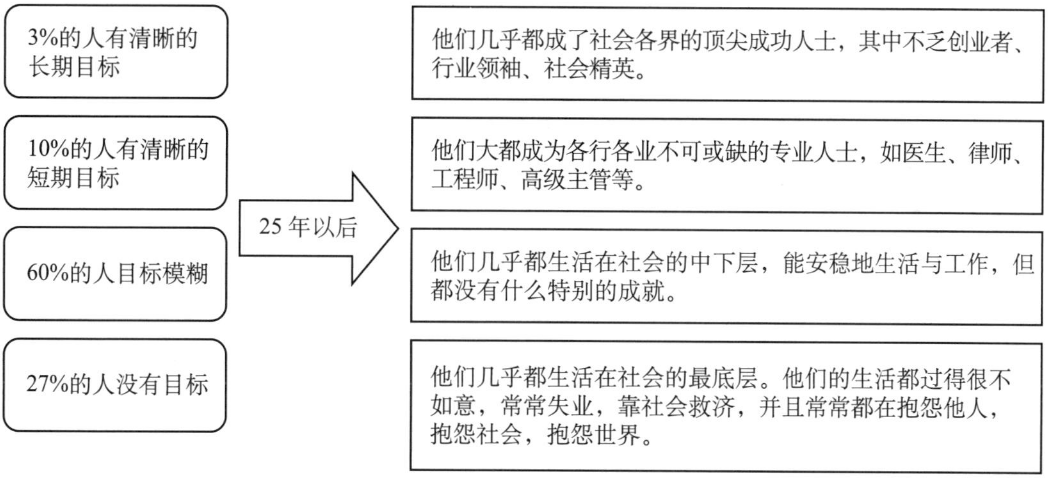

图 8－1　目标与人生成功关系

资料来源：程社明，卜欣欣，戴洁．人生发展与职业生涯规划．北京：团结出版社，2003.

调查者因此得出结论：目标对人生有巨大的导向性作用。

案例 8－1

某年轻人的职业困惑

一个年轻人由于职业出现了一些问题来找职业咨询师。这位年轻人举止大方、聪明，没有结婚，他大学毕业已经有四年了。谈话先谈到了年轻人目前的工作，以及他所受过的教育，还有他的家庭背景和他对做事情的态度。经过初步的了解之后，咨询师对年轻人说："你来找我帮你换工作，那么你喜欢哪一种类型的工作呢?""什么?"年轻人说，

“这正是我来找你的目的，我真的不知道自己想要做些什么。”

像这个年轻人这样的问题十分普遍，其实咨询师替他接洽几个公司的老板面谈倒不难，但这对年轻人并没有什么好处和帮助。咨询师希望年轻人能够明白在找到理想的职业之前，必须对自己想从事的行业有一个较为深入的了解，这样去应聘才能够得心应手，而且容易得到公司的赏识。

于是，咨询师对年轻人说：“这是一个很自然的现象，你现在的情形就像是一个人冒冒失失地跑到航空公司里说‘给我一张机票’一样，除非你能够说出你的目的地，否则人家根本无法把机票卖给你。所以除非我知道你的目标，否则我无法帮你找到工作，因为只有你自己才知道你的目的地。”接下来他们又讨论了各种职业的酬金。大约谈了两小时。咨询师相信这个年轻人已经学到了最为重要的一课，即一个人在出发之前，一定要有目标。一个人必须有目标才能够取得成功。

8.1.2 确立职业生涯目标

根据自己的实际，设定职业生涯目标，并逐步实现目标，确立自己的职业地位和竞争力，是每个人走向职业成功的必要条件。这一切都有赖于职业生涯规划工作。

小辞典

职业生涯规划是指将自己设定的长远的职业生涯主目标分解成一些子目标，按子目标的落实思路和策略制定具体的日程表，再分析实现的步骤、程序、检查办法等，最终通过实现子目标来实现主目标。

一个职业生涯规划图例如图 8－2 所示。图 8－2 中的职业规划者长远的职业生涯追求即主目标，就是活得有价值或有声望，而获得价值或声望有多种职业生涯道路可走，其中政府官员、工作或事业成功、学者教授等都是可能的选择，如果选择了工作或事业成功，就需要努力做好目前的工作、在工作领域内保持活跃、加强管理能力，最后将这些短程规划付诸实施。在生活和工作中，人们每天都在进行这样的规划。如果子目标能很好地与主目标结合起来，最终就可能取得职业生涯的成功。

在制定了长远的职业生涯主目标后，往往会生成许多具体的职业生涯子目标，如何有效地实现这些子目标，也需要精心地规划和设计。通常实现具体子目标要经历如下阶段（见图 8－3）。

从图 8－3 中可知，职业生涯规划中首先确定职业生涯子目标，如果该目标符合整个的长远职业生涯主目标，则将该目标具体化，并设计成可以执行和操作的行动以及程序；如果有多种供选择的程序，则可通过比较，挑选一种最理想的方案，然后实施，并检查实施的结果，如果符合该目标，就进入下一个子目标，否则可能需要重新评价实施方案，如果还有问题，那么还应该从目标出发进行总结、修正。特别值得注意的是，在进入组织后，员工的所有职业生涯都会受到组织的约束，开明的组织可能会提供比较宽松的、

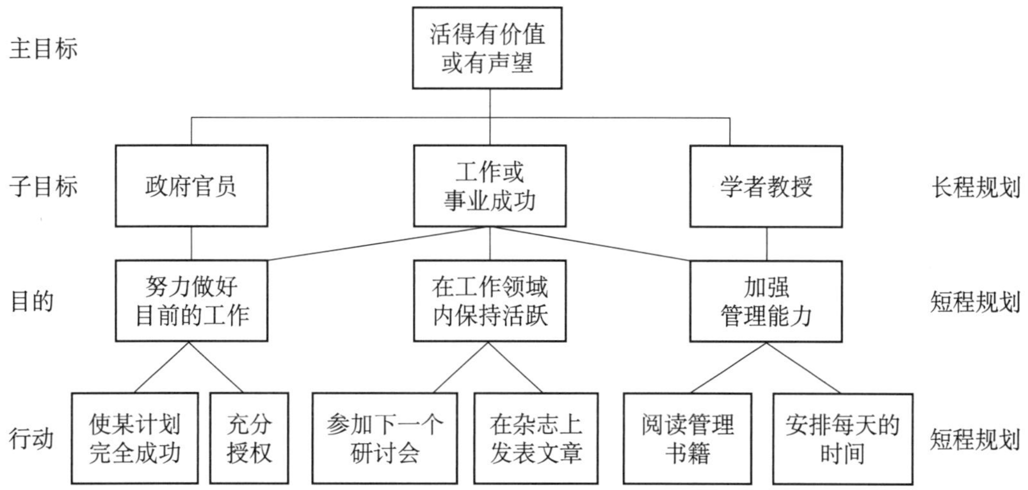

图 8－2　职业生涯规划图例

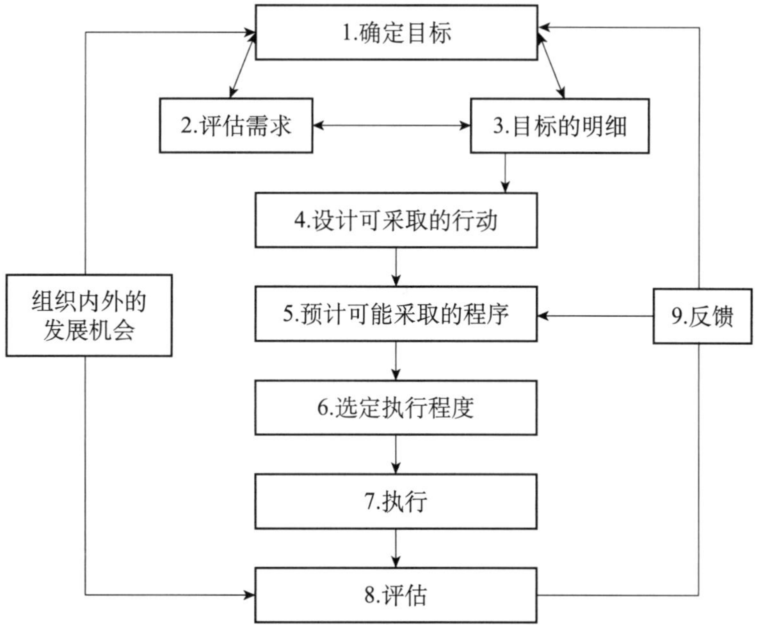

图 8－3　职业生涯目标规划实施过程

有利于员工职业生涯子目标实现的条件和机会，但仍然有许多组织虽然不反对员工的自我发展，但也可能不会为他们的发展创造条件。

目标有两个基本属性，即明确度和难度，它们共同影响人的行为结果。目标设定理论（goal setting theory）指出，具有一定难度且具体的目标一旦被接受，就会比容易实现的目标更能激发高水平的工作绩效。有关目标设定的研究表明，使工作指向目标的主要原因来自工作动机，而设定恰当而具有挑战性的目标能够产生强烈的激励作用。通常，明确的目标可使人们更清楚要做什么、怎样做、付出多大的努力才能达到目标，而且能让人们清楚自己是否达到了各个阶段的目标，以便调整自己的行为，减少行为的盲目性，提高行为的自我控制水平。难度取决于人和目标之间的关系。同样的目标，对某些人来说是容易的，而对另一些人来说，就可能是难的。这取决于他们各自的能力和经验。一般来说，目标的绝对难度越高，人们就越难实现它。明确的、有挑战性的目标完成得最好；而模糊的、有挑战性的目标的完成水平居中等；模糊的、没有挑战性的目标导致最低水平的表现。

明确的目标和一定的难度，能使员工的行为表现成绩（绩效）提高，主要是因为它们能使指向目标的个人努力程度增加。当然，指向目标的努力并非只受目标本身的影响，还受与完成目标相关的其他因素的影响，这些因素主要是目标承诺、自我效能感、反馈和完成任务的策略等。

所谓目标承诺是指个人被目标吸引，认为目标重要。因此，合理的目标（目标有吸引力，也有可能达到）会被个体接受，并对其产生激励作用。自我效能感是指个体在处理具体问题时对自己处理问题能力的自我估计，它是以个体的能力、经验、所接受的培训、过去的绩效为基础的。当对某个任务的自我效能感强时，目标承诺会增加，所付出的努力也会增加，最后可能提高工作成绩。反馈是告诉人们在实现目标时，哪些方面完成得好，哪些方面有待改善。将反馈与目标实现状况结合时，效果特别好。

设定并早日实现目标的六个要点是：

（1）考虑目标。无论是学习、就业，还是生活，都要先把目标建立起来。记住，设定目标的首要任务是有理想、有志向。不要过多地考虑细节问题，同时还应区分近期目标和长远目标。

（2）不要把实现目标的期限定死。目标的最终实现，不完全取决于个人的主观愿望。它还受各种客观条件的制约。最要紧的是坚持不懈地努力，并应善于把握各种时机。

（3）做好眼前的工作。俗话说："滴水穿石。"眼前的具体工作是长远的较高目标的基础，是取得更大成功的基础和保证，万里长征也得从第一步开始。

（4）遇挫折不气馁。人生的道路不止一条，可供选择的道路很多，绝不要因为一次挫折而灰心丧气，踌躇犹豫，空生烦恼。应时时勉励自己，鼓起勇气前进。

（5）不可轻率地决定事情。任何问题摆在面前时，应先冷静地用头脑去思考分析，厘清来龙去脉及可能出现的结果，然后再确定解决的办法。

（6）对未来抱有坚定的信心。一个人只要有信心，幸运之神就会眷顾。信心坚定的人，即使陷于逆境，也有可能化险为夷，加速实现自己的目标。

新视点

麦格劳博士的目标具体化"七步策略"

第一步：用具体的事件或行为来表达自己的目标。

第二步：用可以度量的语言来表达目标。

第三步：给目标定一个时间期限。

第四步：选择一个你能够控制的目标。

第五步：计划和确定一个能够帮你实现目标的策略。

第六步：从实施步骤的角度确定自己的目标。

第七步：为朝向目标的进程确立一个考评办法。

8.1.3　目标设定的 PE-SMART 原则

既然有目标才会成功，那么我们应当设定一个怎样的目标呢？一般来说，一个有效的目标应该具备七项元素：用正面词语描述、符合整体平衡原则、清楚明确、可以度量、努力可达成、达成后有足够的满足感、有时间限制。将这些元素的英文首字母连起来，就是 PE-SMART，我们称之为目标设定的 PE-SMART 原则。

第一，用正面词语描述（positively phrased）。生活中，我们常常见到这样的现象，比如面对考试，我们若以“我不要紧张、我不要紧张……”来宽慰自己，往往会导致更紧张。这是因为像“不”这样的否定词语，会通过负强化的方式使我们陷于问题之中，而使问题无法得到解决。反过来，若在紧张时告诉自己“放松……放松……”，内心则可以慢慢平静下来。因此，在设定目标时应避免使用负面词语，尽量使用正面词语，增加正面的强化。

第二，符合整体平衡（ecologically sound）原则。目标需要考虑与自己关系密切者的关注点。如果只从自身考虑，那么不是半途而废就是在达到目标的同时产生很多问题，得不偿失。人生是一个渐进的过程，难以一步到位，而应一步一个脚印地积累。

第三，清楚明确（specific）。面对理想时，很多人喜欢说“我要做一个歌手”或者“我要做一位大学教师”，但是“歌手”“大学教师”等职业只是泛指的名词，其中又包含着许许多多具体的工作。我们在选择职业时，也是在选择这些具体的工作，比如唱民歌、唱女高音，或者从事生物科研、心理教育……因此，在设定目标时，我们不能仅限于设定泛泛的概念性目标，更重要也更有实际价值的是设定一些具体的操作性目标。在职业的旅途中，操作性目标定得好不好直接决定着职业的选择和今后的工作的质量好不好。因此，制定明确清楚的操作性目标至关重要。

第四，可以度量（measurable）。在前面的元素都具备的情况下，要进一步提升目标的质量，还需要将目标制定得可以度量。怎样才算可以度量呢？比如把“我要做一位大学教师”改为“我要成为 211 工程重点大学的社会心理学教师，在本科带两门课，每年发表三篇论文”就好多了。对于这样细化了的目标，就可以明确地知道能否达成。

第五，努力可达成（achievable）。工作中，有我们能力范围以内、可以轻松完成的事，也有在我们能力边缘、需要付出努力才可以完成的事，还有我们能力以外无法完成的事。在制定目标时，我们应该选择哪一类事呢？苏联心理学家维果斯基提出过最近发展区的概念，认为人的发展有两种水平：一种是现有水平，另一种是可能的发展水平，两者之间的差距就是最近发展区。同样，目标的设定也应遵照最近发展区的原则，设定具有一定难度但通过努力可以完成的目标，充分调动自己的积极性，发挥潜能，完成目标，拓展自己的能力。目标太高，不利于完成；目标太低，人会失去奋进的动力。

第六，达成后有足够的满足感（rewarding）。我们设定的目标中，有很多是自己极其渴望达成并且达成后有很强的满足感的。这样的目标制定以后，我们才有激情和信心向着它前进。如果我们对制定的目标本身兴趣就不高，即便达成也不会有很强的满足感，那这样的目标我们就不可能有足够的激情去完成它。

第七，有时间限制（time-frame set）。如果我们设定了清晰的目标，但没有时间限制，就会一拖再拖，万事蹉跎。有了时间期限，才有紧迫的感觉，所付诸的行动才会有节奏。另外，目标太遥远会让人感到遥遥无期，可能中途放弃，而把目标进行分解，然后进行时间界定，则可以有效地促进总目标的达成。

比如一个专业技术人员心中的职业理想是总工程师，但他不可能一开始就直接达到总工程师的水平，必须经过一系列的子阶段：先成为助理工程师，再成为高级工程师，最后成为总工程师。而要尽快成为总工程师，一般必须具有硕士或博士学位。如果现在自己的学历是本科，只有学士学位，那就要准备报考研究生。此外，总工程师必须能独立地承担、组织完成重大的科研或技术项目，要独立承担这种项目，必须有较强的领导、组织、协调能力。如果自己这方面的能力目前还不是很强，就需要在实践中有意识地培养，充分地发现、利用各种机会锻炼自己的能力。最后，随着时代的发展，工程制图基本上计算机化了，从事科学研究也需要计算机和网络的知识。如果自己在这方面的知识和技能还准备不足，就需要系统地学习。

再比如，一个人想成为职业管理者。职业管理者除了要有实践经验外，还要有理论素养。实践经验可以通过在工作中做有心人，不断地观察、思考、总结，逐步积累；理论素养方面，可以通过自学书籍、阅读报纸和杂志、参加相关培训等夯实，但培训一是需要时间，二是花费较高，而且学习不系统、不现实。经过反复思考，个人可能觉得读MBA比较理想，通过学习可以系统了解国内外管理理论和经典案例，还可以结合国内的实际，和许多有共同爱好、兴趣的人探讨，结交许多同行、朋友，而且攻读MBA时间上有保障，于是最终决定采取这种方式。如果一个人希望考在职的MBA，就要了解：报名有什么要求？自己是否符合要求？（如学历是否符合要求？组织是否同意？经费从哪里筹集？家庭是否同意？子女或老人由谁来照顾等？）考什么？如何准备？（如考外语、数学、管理学等课程，过去有什么基础，有没有学习过这样的课程？自己有没有竞争力？有没有这样的参考书籍？有没有相关的考前辅导班等？）

上述目标设定是否合理，可以根据PE-SMART原则予以评估。如果符合相关标准，目标设定就可能合理规范，否则就需要修正。

8.1.4 写出职业生涯规划表

1. 职业生涯规划表的内容

许多人心中虽有一个大致、模糊的设想，但没有形成文字性的东西，而且计划不清晰、不具体，也缺乏操作性，随意性过大，影响了职业生涯发展的进程。成功的人往往是确定了职业生涯目标就按照计划逐步落实的人。

在制定实施达到职业生涯目标的规划时，需要考虑以下几个方面内容：

（1）达到该目标的途径；

（2）达到该目标所需的能力、培训及教育；

（3）达到该目标的积极力量；

（4）达到该目标的阻力。

好的职业生涯规划的内容应该有具体的措施。比如：达到目标的途径是关系，还是能力和业绩，或是文凭？教育和培训如何获得？谁支付培训和教育的费用？什么时间培训？到哪个机构获得培训？获得培训的主要阻力是什么？如何克服？获得教育的优势是什么？这些问题都应该想清楚。

通常，长远的职业生涯目标比较粗糙、不具体，可能随着组织内外部形势的变化而变化，在设计时宜勾画轮廓为主。中期目标为 2 年以上、10 年以下目标，相对于长远职业生涯目标要具体一些，如获得硕士学位，参加一些旨在提高技术水平的培训并获得等级证书等。近期目标是最清楚的，可以以年、月、周为规划单位，比较具体。短期服从于中期，中期服从于长期，这样一层一层地嵌套，形成一个完整的规划。

2. 良好的职业生涯规划表的特点

良好的职业生涯规划表应该具备以下特点：

（1）可行性，即规划是根据实际情况（自己的能力、兴趣、气质、性格、竞争力，组织的发展状况和机会等）做出的，不是脱离实际的幻想；

（2）适时性，即设定的目标符合当时的情况，所进行的各种活动都有实施的措施和时间表；

（3）适应性，即适当地考虑环境变化的因素，有一定的弹性；

（4）持续性，即规划的各种活动在不同年龄阶段要有共同的目标，按一定的逻辑顺序进行。

3. 职业生涯目标规划设计图

职业生涯目标规划应从一生的发展写起，然后分别定出 10 年、5 年、3 年、1 年计划，以及定出 1 月、1 周、1 日计划。计划定好后，再从 1 日、1 周、1 月计划实行下去，直至实现你的 1 年目标、3 年目标、5 年目标、10 年目标。

（1）定出未来发展目标。今生今世，你想干什么？想成为什么样的人？想取得什么成就？想成为哪一专业的佼佼者？把这些问题确定之后，你的人生目标也就确定了。

（2）定出今后 10 年的计划。20 年计划太长，容易令人泄气，10 年正合适，而且 10 年时间足够成就一件大事。今后 10 年，你希望自己成为什么样子？有什么样的事业？将有多少收入？计划进行哪些家庭固定资产投资？要过上什么样的生活？你的家庭与健康水平如何？把它们仔细地想清楚，一条一条地计划好，记录在案。

（3）定出 5 年计划。定出 5 年计划的目的是将 10 年计划分阶段实施，即将计划进一步具体化、详细化，将目标进一步分解。

（4）定出 3 年计划。俗话说，5 年计划看头 3 年。计划是你的行动准则。因此，你的 3 年计划要比 5 年计划更具体、更详细。

（5）定出明年计划。定出明年的计划，以及实现计划的步骤、方法与时间表。务必具体、切实可行。如果从现在开始制定目标，则应单独定出今年的计划。

（6）下月计划。下月计划应包括下月计划做的工作、应完成的任务及其质和量方面的要求、财务上的收支、计划学习的新知识和有关信息、计划结识的新朋友等。

（7）下周计划。计划的内容与上一条相同，重点在于必须具体、详细、数字化，切实可行，而且每周末提前做好下周的计划。

（8）明日计划。取最重要的二至五件事，按事情轻重缓急排好队，明日按计划去做。可以避免“捡了芝麻，丢了西瓜”。

新视点

HR 管理者的职业生涯规划

HR 管理正在形成一股热潮，越来越多人开始研究和参与 HR 管理，那么，HR 职业的发展前景到底如何，HR 管理者的职业生涯规划是怎么样的？

HR 管理的前景是非常广阔的，职业生涯的道路也是很宽的，做好了人的管理工作，还有什么管理做不好？这也许正是吸引更多年轻人选择这个职业的原因所在。

一般地讲，一个努力工作的 HR 管理者首先受益的是眼界的开阔，能够有更多的机会接触到最新最前沿的管理理念和管理知识，是管理知识的第一受益人。这也是越来越多的企业设立知识总监的一个原因。可以大胆设想，未来 HR 管理会朝着知识管理发展，知识管理、文化管理将取代现在盛行的 HR 管理。

所以，HR 管理者的第一条出路是知识管理总监。这个职位赋予 HR 管理者更多的内涵、更多的职能，它将涉及更广的范围和更宽的发展道路。届时，HR 管理者不仅是管理专家，更是知识专家，拥有丰富的行业知识和专业知识，经济、政治、法律、微机、网络，无所不包。人力资源部也会是一个知识库，进行信息和知识的收存、分发，随时给各个部门提供相关信息和知识。当然，目前这还只是一个趋势，但可以相信，随着时代的发展和 HR 管理者工作的努力，这一定是一个有光明前途的职业。

HR 管理者的第二条出路是财务总监。财务和 HR 差得很远，两者不搭边，但仔细分析，则可知其详。财务在企业管理中起着越来越重要的作用，企业的每一步发展都离不开财务，不和财务挂钩的 HR 管理是不存在的。在英国，不具备财务知识是做不了中层管理者的。那么，财务总监怎么和 HR 管理联系起来呢？现在越来越多的外企将财权和人事权划到一个人手中，让其直接对总经理负责。企业的最终目的是盈利，所以财务在企业的作用可想而知，HR 总监对财务总监负责也就可以理解了，所以 HR 管理者的出路之一是财务总监。

第三条出路是招聘专家。HR 管理者在企业的人事管理中积累了丰富的招聘和用人知识，培养出自己独特的用人理念和招聘眼光，走出去的一个出路就是作为招聘专家为企业寻找人才，也可以到猎头公司专做猎头工作。

第四条出路是培训专家。HR 的培训职能使他们得到了锻炼，获得了扎实的培训技能。在企业日益注重培训的今天，HR 管理者抽身出来专职做培训工作也不失为一条好的出路。

第五条出路是薪酬福利专家。薪酬在企业的作用不可忽视，HR 管理者丰富的薪酬管理经验和知识，使其作为薪酬专家一定能有所发展。

第六条出路是绩效经理。绩效管理的核心作用使得它可以独成一家，拥有丰富绩效管理经验的 HR 管理者做绩效管理会更有发挥才干的空间，更能提供独特的管理工具和管理经验。

第七条出路是企业管理咨询师。HR 管理者在工作年限积累到一定程度之后，凭借自己的丰富阅历和实践经验，为企业提供管理诊断咨询，应该没有太大的问题，只要他愿意做并善于表达，愿意分享。

第八条出路是企业总经理或者职业经理人。HR 管理者丰富的与人打交道的经验和阅历，使其在遇到机遇时更容易把握和适应，所以 HR 管理者可以做职业经理人，而且更有实践经验和阅历。

第九条出路是劳动争议处理和法规咨询专家。丰富的法律法规知识使他们完全有能力成为这方面的专家。

小练习

<table>
<tr><th colspan="7">职业生涯规划表</th></tr>
<tr><td colspan="2">姓名</td><td></td><td>性别</td><td></td><td>年龄</td><td></td></tr>
<tr><td colspan="2">所在部门</td><td></td><td>政治面貌</td><td></td><td>婚姻状况</td><td></td></tr>
<tr><td colspan="2">职业选择</td><td colspan="2"></td><td>流动意向</td><td colspan="2"></td></tr>
<tr><td rowspan="3">个人简历</td><td>教育经历</td><td colspan="5"></td></tr>
<tr><td>工作经历</td><td colspan="5"></td></tr>
<tr><td>培训经历</td><td colspan="5"></td></tr>
<tr><td colspan="2">个人因素分析</td><td colspan="5"></td></tr>
<tr><td colspan="2">环境因素分析</td><td colspan="5"></td></tr>
<tr><td colspan="2" rowspan="4">职业生涯目标</td><td>人生目标</td><td colspan="4"></td></tr>
<tr><td>长期目标</td><td colspan="4"></td></tr>
<tr><td>中期目标</td><td colspan="4"></td></tr>
<tr><td>短期目标</td><td colspan="4"></td></tr>
<tr><td colspan="2">短期计划与措施</td><td colspan="5"></td></tr>
<tr><td colspan="2">中期计划与措施</td><td colspan="5"></td></tr>
<tr><td colspan="2">长期计划与措施</td><td colspan="5"></td></tr>
<tr><td colspan="2">人生规划与方案</td><td colspan="5"></td></tr>
</table>

8.2 可行性分析

个人职业生涯成功与否，既受到个体各方面条件的影响，同时也受到他所生活的客观环境的影响。一个人只有对“自己喜欢干什么”、“自己能干什么”以及“环境允许我干什么”有清晰的认识，并找到三者的最佳结合点，才可能走向成功。

可行性分析就是对影响个人职业生涯发展的环境因素加以考察的过程。影响职业生涯发展的环境因素可以归结为社会环境因素、行业环境因素和组织环境因素三大类，下面分别加以介绍。

8.2.1 影响职业生涯发展的社会环境因素

社会环境对每个人的职业生涯发展都有重大的影响。个人通过对社会环境进行分析，了解所在国家或地区的经济、法制建设发展方向，寻求各种发展机会。

社会环境涉及面很广，分析起来相当复杂。人们通常把社会环境分为五大类，即经济环境、人口环境、科技环境、政治与法律环境、社会文化环境，如表 8－2 所示。

表 8－2 影响职业生涯发展的社会环境因素

经济环境	经济形势、劳动力市场供求状况、人们的收入水平等
人口环境	人口规模、年龄结构、劳动力质量和专业结构等
科技环境	自动化的冲击、产业结构调整的冲击等
政治与法律环境	政治体制、经济管理体制、人才流动政策等
社会文化环境	崇尚职业的新奇性和变换性，追求工作的安全感和稳定性等

1. 经济环境

经济环境是影响职业选择和职业发展的重要因素。具体来说，经济环境方面的因素主要有：

（1）经济形势。经济形势的变化对职业的影响是最为明显又最为复杂的。当经济处于萧条时期时，组织的效益降低，对人力资源的需求减少，因而个人职业选择和职业发展的机会减少；当经济处于高速发展时期时，组织处于扩张阶段，对人力资源需求量增加，个人职业选择和职业发展的机会增多。

（2）劳动力市场供求状况。劳动力市场的供求状况对个人职业选择和职业发展有着重要影响。某类职业的人力资源供不应求，则相关人才的职业选择和职业发展的机会增多；相反，某类人才供过于求，则其职业选择和职业发展的机会减少。我国普遍的情况是高级管理人才和高级技术人才不足，而没有技能和只有一点初级技能的劳动力供给相对充裕。

（3）人们的收入水平。社会对人力资源的需求是一种派生的需求。当人们的收入水平提高时，对商品消费的需求会增加，组织扩大生产，从而增加对人力资源的需求，个人职业选择和职业发展的机会增多；相反，个人职业选择和职业发展的机会减少。

2. 人口环境

人口环境尤其是个人所在地区的人口因素对个人职业选择与职业发展有重要影响，人口环境方面的因素主要有：

（1）人口规模。社会总人口的多少影响社会人力资源的供给，从而影响职业选择和职业发展的机会。总人口越多，个人职业选择与职业发展机会就越少；反之，个人职业选择与职业发展机会就越多。

（2）年龄结构。不同的年龄段有不同的追求，在收入、生理需要、价值观念、生活方式、社会活动等方面存在差异，这决定了他们的职业价值观不同。不向年龄段人口的多少影响着个人职业选择和职业发展。

（3）劳动力质量和专业结构。社会劳动力的质量和专业结构影响着个人职业选择和职业发展。如在某些地区，未经培训的普通劳动力可能很充裕，然而受过高级培训的劳动力可能不足；某些地区可能某方面人才比较充裕，但另一方面人才相当欠缺。这些因素都会影响个人职业选择和职业发展。

3. 科技环境

科学技术对职业生涯规划的影响是全面的，具体表现在以下两个方面：

（1）自动化的冲击。自动化的普及与自动化程度的提高对工业科学化、技术化的发展起到了促进作用，给就业市场也带来了一定的影响。一方面，自动化增加了新的工作岗位；另一方面，自动化又淘汰了一些旧的工作岗位。从长远看，自动化程度的提高，有利于就业岗位供给的增加；但在短期内，由自动化带来的新增工作岗位的数目有可能小于被淘汰的旧的工作岗位的数目。自动化程度的提高既为大家带来机遇，同时也使就业竞争加剧，带来危机。

（2）产业结构调整的冲击。我们处在一个科学技术迅猛发展的世界里，产业结构在不断地调整。主导产业从劳动密集型产业转变为资本密集型产业再转变为知识密集型产业，给我们人生的发展提出新的挑战。这要求我们根据环境的变化不断地更新自己的知识结构，顺应产业结构的调整和社会的发展。如果不及时地学习新的技能，就会落后于社会的发展，表现为难以胜任工作，导致自己的人生事业失败。产业结构的调整给我们带来危机感，但同时也为我们提供更多的机遇，尤其对创新型人才来说，他们的发展空间更大了。

4. 政治与法律环境

政治与法律环境对个人职业选择和职业发展有着重要影响。影响职业的政治法律因素包括政治体制、经济管理体制、人才流动政策等，如政府有关人员招聘、工时制、最低工资的强制性规定，现行的户籍制度、住房制度、人事制度和社会保障制度等。但从我国的实情来看，政治与法律环境对高级人才的限制比较少，而对低层次的劳动力的限制比较多。

5. 社会文化环境

社会文化是影响人们行为、欲望的基本因素。社会文化反映着个人的基本信念、价值观和规范的变化。如果一个地区的人崇尚职业的新奇性和变换性，那么这个地区的人在各组织之间的流动频率就高，如美国公民普遍喜欢市场的契约制度；如果人们追求工作的安全感和稳定性，那么人力资源在各组织之间的流动就相对较少，如日本公民喜欢终身雇佣制。我国是一个大国，社会文化的复杂性决定个人职业选择与职业发展要考虑组织所在地的社会文化因素，如我国沿海地区的公民可能喜欢与雇主保持契约关系，而内陆地区的公民可能喜欢传统的稳定的雇佣制度。

新视点

影响我国职业的几种主要变化

人口城市化趋势

我国现在的城市化进程在加快，劳动力正在由农业向非农产业转移。这将对我们的就业市场产生重大的影响。户籍制度的改革将会使低素质的劳动力资源供给进一步增加，但由此会导致对高素质劳动力需求的增加。

人口老龄化趋势

人口统计数据表明，我国已经迈入老龄社会。我国老年人口超过 3 亿；到 2050 年将达到 5 亿。老年人占整个社会人口的比例不断上升，这种人口老龄化趋势将推动医疗保健行业和社会服务领域的就业机会增多。

人口流动加速

大量的统计数据表明，我国人口正在由内陆地区流向沿海地区，由经济不发达地区流向发达地区。这种人口的流动将导致沿海大城市的不断扩张。当然，西部大开发战略会对中西部地区的发展起一定的推动作用，不过中西部地区的发展还需要一段时间。就业和职业发展的机会在近期主要还是集中于沿海地区。

教育体制改革

现代教育体制改革让更多的年轻人能有接受高等教育的机会，使高学历人才迅速增加，高素质人才的竞争更为激烈。然而，我国教育体制改革忽略了职业技术教育，将来我们可能会面临技术工人匮乏的问题。

新工作模式出现

计算机网络使工作模式发生重大的改变，一些企业在为员工创造可以兼顾生活各种需要的灵活的工作环境：允许他们利用网络在家办公，为他们安排灵活的工作时间，向他们的家庭提供照料孩子和老人的服务，让受过相同职业培训的配偶从事同样的工作，等等。在职人员现在也有了新想法，职业人士再也不依靠雇主来决定自己的前途命运了。相反，他们认为自己是自由个体，只要有一定的专业技能和实用技能，就能创造自己的职业生涯。

8.2.2 影响职业生涯发展的行业环境因素

组织所处的行业环境将直接影响到组织的发展状况，进而影响到个人职业生涯的发展。行业分析包括对个人目前所在行业和将来想从事的目标行业的环境分析。行业环境分析的主要内容包括：

1. 行业发展现状

进行行业发展现状分析，首先应了解如下情况：现在从事的是什么行业？这个行业在我们国家是怎么样一个发展趋势？是一个逐渐萎缩的行业，比如资源消耗大、环境污染严重的采矿业，还是一个朝阳行业，比如信息技术、管理咨询行业？

2. 国际国内重大事件对行业的影响

国际国内重大事件会影响行业的发展，进而影响到该行业能否提供较多的职业机会。比如，北京 2008 年奥运会的成功申办使北京的建筑业、旅游业和服务业等获得了较大的发展并提供了较多的就业机会。

3. 目前行业优势及问题所在

特别应关注的是行业目前存在的问题：是可以改进或避免的，还是无法消除的？行业是否具有优势和竞争力？这种优势会持续多久？

4. 组织是否跨行业发展

组织是否跨行业发展取决于两方面的条件：第一，外部条件，即外界环境有没有这样的机遇；第二，内部条件，如有没有相应的人才和资金。有的组织一看研发保健品赚钱就赶紧投资保健品，一看干建筑赚钱就赶紧投资建筑业，但别人赚了钱不等于你一定也会赚钱。有没有相关的人才和从事相关行业的专业知识与技能，是决定组织能否跨行业发展的关键因素。

5. 行业发展前景预测

发展前景预测可以从两方面进行：一方面是行业自身的生命力，是否有技术、资金支持等；另一方面也要考虑和研究国家对相关行业的政策。政府会根据经济与社会发展状况针对一些行业发布特定的法规、政策，如对一些行业实施鼓励、扶持政策，而对另一些行业则限制发展、缩小规模。

8.2.3 影响职业生涯发展的组织环境因素

个人所在的组织环境对个人职业发展有着重要的影响。当组织环境适宜个人发展时，个人职业更容易取得成功。但组织环境同社会环境一样，也在不断地变化，这些变化同样对职业提出了不同的要求。因此，在制定职业生涯规划时，个人所在的组织环境也是应考虑的重要因素。

从组织内部环境看，影响职业发展的因素也是多方面的，主要包括组织特征、组织的发展战略、组织文化、组织的人力资源状况与制度、组织的人力资源规划、组织领导者的素质和价值观等等。

1. 组织特征与职业发展

具有不同特征的组织对人力资源有不同的要求，如组织的行业属性、产品的组合结构、生产的自动化程度、产品销售方式等，决定了其员工的发展空间。如传统性产业部门的组织，其生产技术和生产手段都比较规范化和程序化，对员工的要求主要是能掌握熟练的生产技术，这类组织对创新型的高科技人才的发展不利。而一些进行新产品开发的高科技组织，需要技术创新的开发人员，创新型人才的发展空间比较大，职业也易取得发展。同样，劳动密集型组织、资本密集型组织和知识密集型组织对员工都有不同的要求。劳动密集型组织强调员工的体能，资本密集型组织强调员工的技术，知识密集型组织强调员工的科研开发能力。个人在制定职业生涯规划时，应考虑这些因素对自己职业生涯发展的影响。

2. 组织的发展战略与职业发展

每个组织都有自己的发展目标，组织的所有生产经营活动都是围绕组织的发展目标展开的，在人员的安排上同样也要体现组织的发展目标。如果组织的发展目标定为进军新的产品行业，那么组织对新的产品行业的人才需求就会增加，适应新行业要求的员工容易在职业上取得较好的发展。组织生产规模扩大、产品结构调整或升级、采用新生产工艺等，会导致人力资源层次、结构及数量的调整，这些因素会为某类员工的发展提供机会，同样会使某类员工的发展失去机会。因此，个人在制定职业生涯规划时应考虑所在组织的发展目标，把个人的发展与所在组织的发展结合起来。

3. 组织文化与职业发展

组织文化是全体员工在长期的生产经营活动中形成的共同的价值标准、基本信念和行为规范。组织文化是影响组织经营效益的重要因素。如果员工个人的价值观与组织文化有冲突，难以适应组织文化，他在组织中就难以发展。所以，组织文化是个人在制定职业生涯规划时应当考虑的一个因素。

4. 组织的人力资源状况与制度与职业发展

企业的人力资源系统对个人职业的发展有重要的影响。例如，企业年老的管理人员比较多，意味着员工晋升的可能性比较大，发展的机会比较多。当然，企业的晋升制度、绩效考核制度、薪酬制度、培训制度等，都会对员工个人的职业发展产生重要影响。这是员工个人制定职业生涯规划时应当着重考虑的因素。

5. 组织的人力资源规划与职业发展

现在，大型的比较正规的组织一般都制定人力资源规划。通过人力资源规划，可预测组织未来的人力资源需求总量和人力资源供给总量，从而确定组织未来的人力资源净需求量，包括组织未来需要什么类型的人才和各种类型的人才的需求量为多少。如果员工知道组织的人力资源规划，知道组织未来对人力资源的需求，就会知道自己的职业发展是否有机会和有什么样的机会，进而把组织的人力资源需求与自己的职业发展目标结合，制定比较恰当的职业生涯规划。

6. 组织领导者的素质和价值观与职业发展

组织的文化和管理风格与其领导者的素质和价值观有直接的关系，组织经营哲学往往就是企业家的价值观，组织主要领导者的抱负及能力是组织发展的确定因素。

案例 8－2

某证券公司发展前景分析

某公司为证券公司，属于金融证券行业。该公司在 2024 年增资扩股后，注册资本为 22 亿元人民币，2022 年公司完成了由有限责任公司到股份有限公司的转型，为发行股票公开上市做好了准备。该公司目前在全国证券业综合业绩排名第九，未来五年要实现全国证券业综合业绩排名进前三的战略目标，同时实现国际化经营的目标。

公司的组织文化

公司的核心价值观是“诚信、稳健、服务、创新”。

- “诚信”是公司立业之本；
- “稳健”是公司的经营风格；
- “服务”是公司存在、发展的理由；
- “创新”是公司不断发展的动力。

公司主要领导者的抱负和能力

公司主要领导者来自商业银行，经营风格追求稳健。近十年公司一直保持高速稳步发展。2022 年为公司管理变革年，公司请来国外高级顾问为其制定未来 10 年的发展目标和战略，实施了业务流程和管理架构的重组，并完成了薪酬体系和绩效管理体系改革和优化。

组织制度

公司目前还是一家国有法人全资的国有企业，公司运作及制度方面都很规范，在用人方面以资历、学历、年龄、知识技能等标准选用人才；干部的提拔很谨慎，公司中基本无人员淘汰机制，原有干部下来就更不容易；员工刚刚进入公司就定下级别，以后只有连续两年在考核中评为优秀或获得职务升迁才能变动。

8.3　设计方案

目标是行动的指南，但是如果只有目标而不把它落到实处，那么目标就永远只是海市蜃楼，看似美丽但虚无缥缈，难以达到。因此，一旦明确了自己的职业生涯目标，下一步的工作就是设计具体方案并一步步地落实。

进行职业生涯目标规划时，是从长期、中期到短期，而具体实施规划时，则与制定规划的过程相反，应先从具体的、短期的目标开始实施，等短期目标逐个实现了，就开始实现中期目标，而中期目标实现了，长期目标也就会逐步实现。对于每一阶段的目标，还应该进一步进行目标分解和目标组合。目标分解是为了使实现目标具有可操作性，而目标组合是为了处理好不同目标之间的关系。下面分别讲述这两方面内容。

8.3.1　目标分解

1. 目标分解的含义

小辞典

职业目标分解是根据观念、知识、能力差距，将职业生涯长期的远大目标分解为有时间规定的长、中、短期分目标，直至将目标分解为某确定日期可以采取的具体步骤。

目标分解是将目标清晰化、具体化的过程，是将目标量化成可操作的实施方案的有效手段。目标分解帮助我们在现实环境和美好愿望之间找到可以拾级而上的途径。只有你把自己确立的目标一直分解到你知道今天干什么、明天干什么，你的目标才是真实的、可达到的。如果你不知道你明天应该干什么，那么你十年以后的目标永远是一个美好的愿望，变成不了现实。所以，目标分解是实现目标非常重要的方法。

新视点

脚在门槛内技巧

脚在门槛内技巧（foot-in-the-door technique）是一种分步实施的顺从技巧，第一步先向他人提出一个小的要求，等他人满足该要求之后，再向其提出一个较大的要求，此时对方满足较大要求的可能性也会增加。弗里德曼（Freedman）对家庭主妇交通安全问题的研究证明了这种方法的有效性。在研究中弗里德曼发现：曾经在请愿书上签名的妇女，满足随后在自己家草坪上树牌子的要求的比例（55%）远远高于未签名的妇女（17%）。施瓦茨瓦尔德（Schwarzwald）有关捐钱保护环境问题的研究以及迪拉德（Dillard）对此问题的元分析结果等都证明了这一方法的有效性。

为什么脚在门槛内技巧能增强人们顺从他人的倾向呢？弗里德曼与德容（de Jong）等人认为这与个体自我知觉的改变相关。例如在弗里德曼的研究中，家庭主妇原先可能认为自己是不参加社会活动的人，一旦她们同意了实验者小的要求（即使是难以拒绝才答应的），她们的自我形象就可能会发生变化。既然签了名，那么她就应该属于参加此类活动的人。因此，随后出现一个大的要求的时候，她们会比以前更愿意顺从。也就是说，接受小的要求改变了个体的自我知觉，这种改变削弱了她对以后类似行为的抗拒倾向。

案例 8-3

分段实现大目标

1984 年，在东京国际马拉松邀请赛中，名不见经传的日本选手山田本一出人意料地夺得了世界冠军。当记者问他凭什么取得如此惊人的成绩时，他说了这么一句话：凭智慧战胜对手。

当时许多人都认为这个偶然跑到前面的矮个子选手是在故弄玄虚。马拉松邀请赛是体力和耐力的运动，只要身体素质好又有耐性就有望夺冠，爆发力和速度还都在其次，说用智慧取胜确实有点勉强。

两年后，意大利国际马拉松邀请赛在意大利北部城市米兰举行，山田本一代表日本参加比赛。这一次，他又获得了世界冠军。记者又请他谈谈经验。

山田本一性情木讷，不善言谈，回答的仍是上次那句话：用智慧战胜对手。这回记者在报纸上没有挖苦他，但对他所谓的智慧疑惑不解。

十年后，这个谜终于被解开了。他在他的自传中是这么说的：每次比赛之前，我都要乘车把比赛的线路仔细看一遍，并把沿途比较醒目的标志画下来，比如第一个标志是银行，第二个标志是一棵大树，第三个标志是一座红房子……这样一直画到赛程的终点。比赛开始后，我就奋力地向第一个目标冲去，等到达第一个目标后，我又以同样的速度向第二个目标冲去。40 多公里的赛程，就被我分解成这么几个小目标轻松跑完了。起初，我并不懂这样的道理，我把我的目标定在 40 多公里外终点线的那面旗帜上，结果我跑了十几公里时就疲惫不堪了，我被前面那段遥远的路程给吓倒了。

在现实中，我们做事之所以会半途而废，往往不是因为难度较大，而是因为觉得成功离我们较远。确切地说，我们不是因为失败而放弃，而是因为倦怠而失败。在人生的旅途中，我们稍微具有一点山田本一的智慧，人生中也许会少许多懊悔和惋惜。

我们有的时候失败了，并不是由于我们真的失败了，而是由于我们觉得太疲惫了，于是我们放弃了。你想想马拉松赛跑时，如果跑了 20 多公里，还望不到头，还有 20 多公里，是什么感觉？你会觉得你已经这么累了，可是还有那么远，一种强大的心理负担先把自己击垮了。可是如果你用山田本一目标分解的方法，同样是跑了 20 多公里，又是什么感觉？"我已经实现了一个又一个的目标，而下一个目标已经可以看到，就在几公里之外。我被一次又一次阶段性的成功喜悦激励着！"这就是目标分解的作用。

2. 目标分解的方法

目标分解的方法主要是按性质分解和按时间分解。按性质分解，可分解为外职业生涯目标、内职业生涯目标；按时间分解，可分解为长期目标、中期目标、短期目标。

（1）外职业生涯目标。

小辞典

外职业生涯目标侧重于职业过程的外在标记，包括职务目标、经济收入目标等。

第一，职务目标。许多人在确定职务目标时，定位是很模糊的。例如："我将在两年之内成为公司的人事专员"，这是可以的；但"我将在两年之内成为公司的部门经理"，这就很模糊了。我们必须明确是哪一类专业的职务。因此，职务目标是专业加上职务，如人力资源经理、财务经理、负责销售的地区经理等。

做管理人员是职业生涯的方向，但不是具体的目标。职务目标需要具体化：负责全面工作的管理人员，如总经理；负责某一个部门的管理人员，如财务部门经理或人力资源开发经理；等等。

例如，某管理人员十年职业生涯的职务目标是担任制药公司的经营总监。担任经营总监需要三方面的工作经验：组织建立商业渠道（商业销售部的工作）、组织市场策划（医药学术市场部的工作）、管理推广销售队伍（医药信息服务部的工作）。如果其目前职务是医药信息服务部的地区经理，为了胜任经营总监这一职务，应分别在商业销售部和医药学术市场部工作，取得经验。因此其职务目标可分解为医药学术市场部经理或商业销售部经理，其担任医药学术市场部经理之前还应做产品经理或广告经理。

在职业生涯发展过程中，有时需要降职发展，即为了实现长远的目标主动申请担任某一比现任职务级别低的工作，以便获得相应的知识及管理能力。比如一个管理人员发现自己更有兴趣做人力资源经理，而现在是生产部门经理，为了实现职业生涯总体目标，可以申请辞去生产部门经理的职务，参加人力资源经理的有关教育培训，担任人力资源部门的项目负责人，再寻求进一步的发展。组织根据其资历、贡献等具体情况决定是否保留原工资待遇。以迂为直是分解职业生涯目标、促进职业生涯发展的重要方法，也是我们在职业生涯过程中经常会遇到的一种状况。

第二，经济收入目标。经济目标属于外职业生涯目标，比如 30 岁之前赚取 20 万元，40 岁之前赚取 100 万元，要敢于制定经济收入目标。

（2）内职业生涯目标。

小辞典

内职业生涯目标侧重于职业生涯过程中知识、经验的积累，观念、能力的提高和内心感受。

有的人一生都在追求外职业生涯目标，关注的是在哪个组织上班、每天的工作是什么、职务是什么、工资是多少、上班的地点是哪儿、工作环境如何、几点上班、几点下班等。其着眼点是外职业生涯的各个因素，但忽略了内职业生涯的发展。

通常，外职业生涯的因素多数是别人给予的，尤其是在职业生涯早期，别人给的这些外在因素是很容易再把它们拿回去、把它们夺走的。我们如果只是去追求那些外职业生涯的内容，就会经常陷于痛苦之中，总是会怀疑上级对自己不公，甚至会担心下岗名单里有自己。

内职业生涯的内容即知识、经验、能力、观念、心理素质、内心感受，这些因素不是别人给予的，而是我们通过努力自己获得、自己掌握的，而且一旦获得别人就不能从我们的头脑中拿走的。内职业生涯的各个因素是我们的无价之宝。

因此，我们在分解和组合自己的职业生涯目标时，外职业生涯目标与内职业生涯目标是同时进行的，而且内职业生涯目标是应该重点关注的内容。

第一，工作能力目标。工作能力是对处理职业生涯中各种工作问题的能力的统称，如和上级领导无障碍沟通的能力、组织大型公共关系活动的能力等。

如果将职业生涯定义为职务的连续晋升，就很容易导致一个错误的观念：似乎只有职务的不断晋升才能代表职业生涯的发展；而职务没有变化，则代表职业生涯停滞不前。实际上，职业生涯发展的着眼点可以分为如下三个方面：

- 在现有的职务上是否能将工作做得更好；
- 现有职务的职责、权力是否能进一步扩大；
- 职务晋升。

在前两种情况下，虽然没有职务晋升，但是组织管理人员仍然可能以更新的观念、更丰富的知识、更有效的手段来进行工作，进而得到更令人满意的工作结果。一个管理人员只有具备从日常工作中总结管理工作规律的能力，才能为其管理职务的晋升打下基础。因此在制定职业生涯规划时，工作能力目标应优于职务目标。在实际工作中新职务的设立、职务的晋升不完全取决于管理人员本人，但其能否获得新的知识和能力、能否用更有效率的方法做出更优异的工作成绩则主要取决于本人。对工作能力目标的设定比对职务目标的设定更能够让管理人员感觉到自己是职业生涯的主人。在组织方面，也应该淡化由职务晋升引起的各种待遇变化，应更加重视因管理人员工作能力提高、工作结果改善而提高其待遇。职务晋升是职业生涯发展的一个标志，但不是唯一的标志，也不是最为重要的标志。正像具有同样头衔的教授、律师，他们的职业生涯成功与否取决于他们工作结果的好坏，而不取决于他们的头衔是否变化。职务职称可以作为职业生涯成功的一种标记，但不是职业生涯的最终目标。

法国人力资源开发专家拉包雷（Laborey）指出："在职业生涯规划中，在本职工作范围内发展职业生涯与职务晋升具有同等重要的意义"。他认为个人在既定的职务上发展会经历以下四个阶段：学习阶段、进步阶段、掌握阶段、例行程序阶段。他认为，至少在前三个阶段，比较明智的做法是面对获得更高职务的可能性时，总结一下目前职务上各项工作的情况，包括对工作的兴趣和自己从中可以再发展的能力和潜力。每个管理人员在把目光放在下一个职务目标之前，都可以自我检查在目前职务上处于哪个能力阶段：情况不熟，能力不足——学习阶段；积极主动，知错改错——进步阶段；了解过程，方法得当——掌握阶段；运作自如，有所创新——例行程序阶段。

学习阶段：主要工作是辅助他人，在组织中的主要角色是初学者，基本心理状态是依赖性强。

进步阶段：主要工作是做出自己的成绩，在组织中的主要角色是同事，基本心理状态是独立。

掌握阶段：主要工作是培训和指导，在同事之间起到联系作用，角色是师长，基本心理状态是对他人负责。

例行程序阶段：进入组织领导层，主要工作是决定组织的未来发展，主要角色是领导者，基本心理状态是行使权力。

每个人应该认真思考自己在组织当中处于哪个阶段，在具体职位上处于哪个阶段，然后制定具体的工作能力目标。

第二，工作成果目标。工作成果目标指发现和应用新的管理方法、发表管理方面的文章、创造新的业绩等。工作成果目标既有外职业生涯内容，又有内职业生涯内容。工作成果目标本身属于外职业生涯目标，如创造每年 1 000 万元的销量。但在实现工作成果目标的过程中增长知识和经验、提高心理素质和能力，属于内职业生涯目标。

工作成果目标举例：

- 秘书部主任计划用两年时间编写一本详细的《秘书工作手册》；
- 销售经理计划用一年时间建立组织的营销网络管理体制；
- 培训中心主任计划在年底前建立新的组织培训管理制度。

第三，提高心理素质目标。最终能够实现职业生涯目标的人和最终没能实现职业生涯目标的人之间的区别并不在于是否在实现的过程当中遇到困难，而是在于心理素质不同。前者认真寻找真正的不足所在，并努力学习和掌握克服这些不足的方法；而后者或者根本没有找到不能实现目标的原因，或者虽然发现了一些困难，却没有勇气找到合适的方法解决这些困难。

心理素质可以通过情绪智力培训加以提高。提高心理素质目标包括能够承受住挫折，能够淡然对待成功，能够做到临危不惧、宠辱不惊等。

第四，观念目标。观念是对人对事的态度、价值观。

下面是和职业生涯相关的一些观念，你认同吗？

● 只有还没有找到解决方法的困难，没有解决不了的困难。

● 职业生涯的每一次飞跃发展都是以学习新知识、建立新观念为前提条件的。

● 成功的人和不成功的人就差一点点：成功的人可以无数次修改方法，但绝不轻易放弃目标；而不成功的人总改目标，就是不改方法。

● 在职业生涯发展的道路上，重要的不是你现在所处的位置，而是迈出下一步的方向。

● 职业生涯开发与管理：只要开始，就永远不晚；只要进步，就总有空间。

● 在职业生涯早期，对自己锻炼最大的工作就是好工作。

● 在职业生涯后期，实现人生价值最大的工作就是最好的工作。

● 在职业生涯发展的进程中，什么时候你的工作热情、努力程度不因工资待遇不高、上级评价不公而下降，什么时候你就开始为自己打工了。

● 确定你的职业锚之日，就是你由从事一项职业变为从事一项事业之时。

● 在职业生涯发展的道路上没有空白点；每一种环境、每一种工作都是一种锻炼。

● 在职业生涯早期，我们往往做的是自己不喜欢而且并不想从事一生的工作；要认识到喜欢不喜欢这份工作是一件事，应该不应该做好这份工作、是否有能力做好这份工作是另一件事。

● 职业生涯发展是从做好本职工作开始的。

● 在职业生涯发展的道路上，只要不放弃目标，每一次挫折、每一次失败就都是有价值的。

案例 8-4

某公司营销部经理的目标分解

职务目标：金牌营销总监。

2002—2004 年，公司营销总监；

2004—2007 年，行业争相追捧的职业经理人；

2007—2008 年，金牌营销总监。

工作能力目标：能顺畅清晰地进行即兴演讲，能冷静利落地处理突发事件，能游刃有余地协调各方面的关系。

工作成果目标：能获得中国营销界的金鼎奖，能在国内权威营销类刊物上发表自己的心得和见解。

经济收入目标：前三年年薪以 30%的年增长率递增，到 2008 年达到年薪 30 万元。

分析：这份职业目标设定清晰，时间坐标也非常明确，内外职业生涯目标如经济收入目标、职务目标等都很具体明确。

（3）长期目标。

小辞典

长期目标指10年左右的目标。

确立长期目标要求目光远大，不要囿于现实和近期。也就是说，要放眼未来，预测可能的职业进步，寻找自己最渴望和追求的东西，用心去思考和发现自己的长远职业目标。

看清自己的欲望，是个人进行谋划的重要前提。只有心存念想，才可能真正拥有。如果你深深地渴望某件东西，你实际争取的劲头就大，成功的可能性就会增加。员工的长期目标，一靠员工的思考、反思，需要员工对自己的价值观、信念、能力、特性及理想或志向进行分析，把可能性与志向做一个新的组合；二靠员工的创意，员工异乎寻常的创意，使其突破现实思想限制，获得更广阔的眼界，有利于长期目标的确定。确定长期目标，明确自己的事业和职业发展需要，必须能够契合工作环境的需求。能从市场角度探求人生的人，必可得到明晰的目标。

制定职业生涯长期目标应符合七个标准：

- 是自由选择的；
- 是从几个选择中挑出来的；
- 每种选择的结果，都一一做过评估；
- 所做的选择都应受珍视，而且感觉上“不错”；
- 你对之感到骄傲，而且愿意告诉别人；
- 你打算以行动完成你的职业生涯远景计划图；
- 它适合你整个生活模式。

（4）中期目标。

小辞典

中期目标指2年以上、10年以下的目标。

中期目标的特征是：

- 结合自己的志愿和组织的环境及要求制定目标；
- 基本符合自己的价值观，充满信心，且愿意将其公之于众；
- 目标切合实际并有所创新；
- 能用明确的语言定量说明；
- 有比较明确的时间，且可做适当的调整；
- 对目标的实现可能性做过评估；
- 可以利用环境；
- 具有全局眼光；
- 与长期目标一致；
- 改变有可能改变的事情。

（5）短期目标。

小辞典

短期目标指1～2年的目标，它把长期目标具体化、现实化、可操作化，它是结果和行动之间的桥梁。

长期目标与短期目标有机联系，构成一个金字塔形目标网，塔尖是长期目标，底部是无数个短期目标，如图8-4所示。

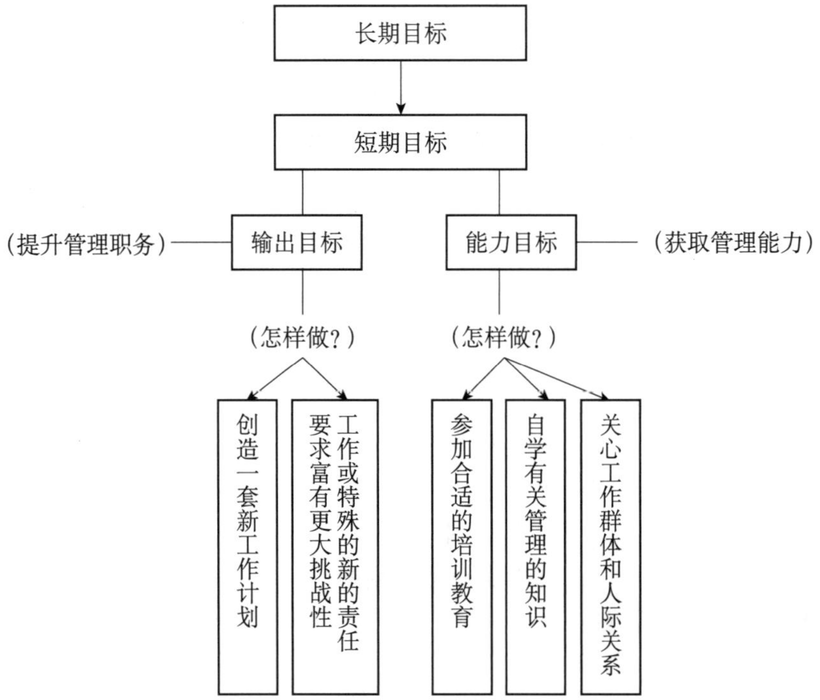

图8-4　长期目标和短期目标的关系

短期目标可以进一步细化为输出目标和能力目标。所谓输出目标，即为达到长期目标而设定的具体实施目标，是能以某种标准衡量是否完成的目标。能力目标，则是为达到输出目标所需要的相应能力，是对于“为了达成我的输出目标，我必须擅长什么”这一问题的回答。输出目标与能力目标是携手并进、互相支持的。

一个好的个人职业短期目标应当符合下列要求：

- 目标清晰、明白、确定；
- 目标不是幻想，要切实可行；
- 目标对于本人应有意义，同时与自我价值和长期目标一致；
- 顾及组织内外环境，目标要实际；
- 辨别和衡量各短期目标的重要性，依其重要程度和可能实现的时间，排列目标实施顺序；
- 辨认输出目标中隐含的能力目标，找出差距，明确增强能力的努力方向；
- 规定目标完成时限，包括起始时间和终结时间；
- 预测目标实现与否、实现的程度；

- 目标简明，不可过多过滥，要明白 3 个深刻的目标胜过 30 个琐碎目标的道理；
- 目标应用明确而恰当的语句予以说明。

8.3.2　目标组合

目标组合是处理不同目标间相互关系的有效方法。如果只看到目标之间的排斥性，就只能在不同目标之间做出排他性选择；如果能看到目标之间的因果关系与互补性，就会积极地进行不同目标的组合。目标组合包括时间组合、功能组合和全方位组合（见图 8－5）。

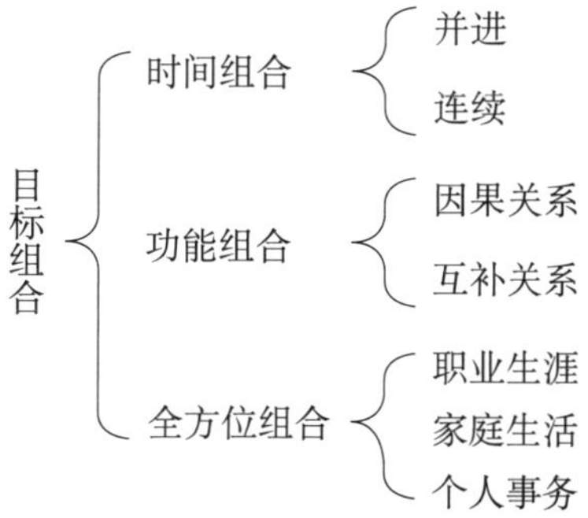

图 8－5　目标组合的分类

1. 时间组合

职业生涯目标的时间组合可分为并进和连续两种情况。

（1）目标并进。

小辞典

目标并进或者指同时着手实现两个现行工作目标，或者指设定和实现与目前工作内容不相关的预备职业生涯目标。

目标并进的第一种情况，如有的组织行政总监实际上同时开展人力资源管理和行政管理两项工作；第二种情况，如一个秘书为了今后的发展在做好本职工作的同时，业余学习新闻专业的硕士课程。设定和实现本职工作外的目标是居安思危、未雨绸缪，是具有长远眼光的表现，需要具备较强的时间管理能力和学习上的毅力。

一个管理人员在管理专业和相关技术专业上同时发展，也属于目标并进。比如财务经理实际上一身兼二职：一个是财务专业人员的职业，一个是管理人员的职业。财务经理在这两个职业上同时学习、同时提高，既要做优秀的财务工作人员，又要做成功的管理人员。这两个并不矛盾的职业目标同时进行，即目标并进。

（2）目标连续。

小辞典

目标连续指目标之间的前后衔接，即实现一个目标后再实现下一个目标。

一般而言，短期目标是实现长期目标的支持条件。目标的期限性是相对的：随着时间的推移，长期目标成为中期目标，中期目标成为短期目标。只有完成好每一个近期目标才能实现最终目标。

职业生涯的阶段目标与职业生涯的最终目标相关联，但应更为明确，它是一个在一段特定的时间内想要达到的明确结果。若要将职业生涯的阶段目标转变为职业生涯最终目标，则只需将各个阶段目标衔接起来，加上一个时间表，再加上一个衡量目标达成结果的评估方式。如果你想念完 MBA 以后当两年财务经理，再去当人力资源经理，那么这种目标组合方法就叫作目标连续。

2. 功能组合

职业生涯目标的功能组合可以产生因果关系、互补作用。

（1）因果关系。有些目标之间有非常明显的因果关系，比如工作能力目标实现（原因），将有利于职务目标的实现（结果）；职务目标的实现（原因），会带来经济收入目标的实现（结果）。

通常情况下，内职业生涯是原因，外职业生涯是结果。例如经济收入目标设定为五年以后年薪达到 70 万元。要想使这一目标变成现实，有两种可能：一种是业绩非常优秀；一种是职务有很大的提高。就是使职务提升，或者使业绩提高。要想职务提升或者业绩提高，必要条件是能力提升。如果想得到能力提升这个结果，就必须更新知识、树立新的观念，然后去实践。如果你的知识、观念更新了，实践能力提高了，职务提升了，业绩突出了，那么你得到更多的报酬则是顺理成章的事。

（2）互补作用。一个管理人员希望在成为一个优秀的部门经理的同时得到 MBA 证书，这两个目标之间存在着直接的互补作用：实际管理工作为 MBA 学习提供实践经验；而 MBA 学习又为实际管理工作提供理论和方法指导。

3. 全方位组合

全方位组合指职业生涯、家庭生活和个人事务的均衡发展、相互促进。

在设定职业生涯目标时，应考虑自己在职业生涯、家庭生活和个人事务方面的各种愿望。

生活中我们最常见的愿望涉及如下方面：

（1）职业生涯。

- 有自豪感和成就感的职业；
- 有趣、心仪的工作内容，满意的工作环境；
- 具有很强的责任心；
- 个人发展；
- 良好的同事关系。

（2）社会尊重和社会权力。

- 自由，成为自己命运的主宰；
- 与他人建立联系；
- 自身价值得到承认，受尊重；
- 慷慨，帮助他人；

- 有良好的声誉。

(3) 感情生活和家庭生活。

- 有好朋友；
- 能遇到生命中的伴侣；
- 生活在稳定的亲情关系中；
- 有可爱的孩子；
- 协调职业生活与家庭生活；
- 家庭幸福。

(4) 物质成功。

- 有足够的收入，花费不必苦心计算；
- 成为一定物质财富的所有者，如汽车、住房等；
- 满意的物质生活条件。

(5) 个人事务。

- 继续受教育，不断学习；
- 具有个人生活计划；
- 保留思考时间；
- 掌握生活常识和技能；
- 旅游；
- 继续锻炼；
- 保证有空闲时间休息和娱乐；
- 欣赏音乐、美术作品和文化作品；
- 发展个人爱好，如集邮。

完美的职业生涯规划并不把生活中的其他内容排斥在外，而应在生活中建立不同目标间的协调关系。

案例 8－5

某大学毕业生的职业生涯目标组合

职务目标：三年内做大型国企总经理助理，五年后成为一家商学院的讲师并成立自己的企业，担任总经理。

工作能力目标：三年内精通电子、电器和网络技术。了解、掌握通信及与计算机网络技术相关的最新技术的发展趋势，协助总经理领导并管理企业，不断取得发展，成为行业内著名的成功企业家。

工作成果目标：在两年后完成题目为“企业与企业环境改造”的课题并出版专著。

经济收入目标：三年后年薪达到 50 万元，五年后年薪达到 80 万元。

从上述职业生涯目标中可以看出，该学生有全面发展的志向，既想成为一位企业家，又想成为一位优秀的管理方面的讲师，这是一个很好的目标组合。因为成为讲师是一个很好的总结思考的过程，成为总经理是一个实践的过程，工作能力目标、工作成果目标

和经济收入目标比较协调统一。

8.4 实施方案

有了一个好的规划，还要利用该规划，督促自己严格地按照规划行动，这样才能实现自己的最终目标。

实施职业生涯规划可以分为三个步骤：一是寻找差距；二是弥补差距；三是具体实施。下面分别介绍这三方面的知识。

8.4.1 寻找差距

实现目标的过程就是缩小自身同目标之间的差距的过程。只有明确自己的能力、知识、观念等与实现所确定的职业生涯目标的要求之间的差距，才可能有的放矢地采取措施弥补差距，保证目标的最终实现。

1. 思想观念差距

思想观念是个人在一定时期形成的对事物相对稳定的认识和看法。不同的思想观念会导致不同的行为方式。只有和管理层面相适应的思想观念，才能有效地促进个人的职业目标按规划实现。

管理者所需的管理技能可以分为三个方面：概念技能、技术技能、人际技能。概念技能是指把观点设想出来并加以处理以及将关系抽象化的精神能力；技术技能是指运用管理者所监督的专业领域中的惯例、技术和工具的能力；人际技能（有时称为人际关系技能）是指成功地与别人打交道并与别人沟通的能力。各种层次的管理人员所需要的管理技能比例有所差异，如图 8－6 所示。

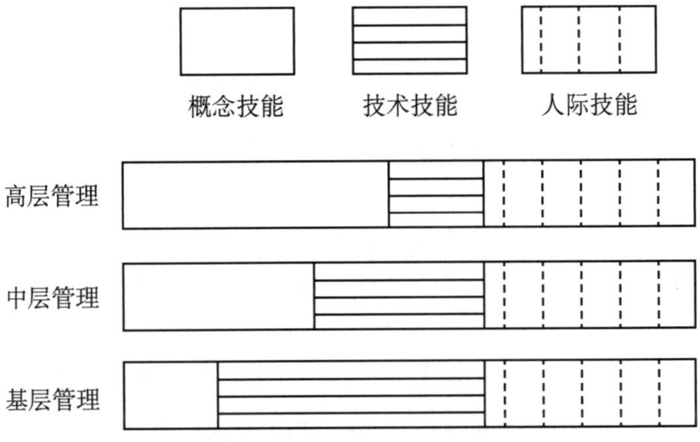

图 8－6 各种层次管理人员所需要的管理技能比例

从图 8－6 可以看出，无论哪个层次的管理人员，对处理人际关系的能力要求都是非常高的。而对概念技能来说，越是高层管理人员，对其的需求越大。基层管理人员的主要任务是把事情做对，而高层管理人员的主要任务是决定做对的事情。只有在正确的组织管理伦理理念指导下，基于对事业的追求、对组织的感情、对社会的责任、对同事的关心而发挥优异的工作技能，才能取得符合员工、组织、社会共同利益的结果。

新视点

83 家美国企业的道德准则

类型一：做可靠的企业公民

1. 遵守安全、健康和保障规则；
2. 表现出礼貌、尊敬、诚实和公平；
3. 禁止生产非法药品和酒精；
4. 管理好个人财务；
5. 出勤率高和准时；
6. 听从监督人员的指挥；
7. 不说粗话；
8. 穿工作服；
9. 禁止上班携带武器。

类型二：不做任何损害企业的不合法或不恰当的事情

1. 合法经营；
2. 禁止付给法定范围之外的报酬；
3. 禁止行贿；
4. 避免做有损职责的活动；
5. 保守秘密；
6. 遵守所有的反托拉斯法规和贸易规则；
7. 遵守会计准则和管制措施；
8. 不以企业财产谋取私利；
9. 对企业基金负有个人责任；
10. 不发布和传播虚假和误导性信息；
11. 制定决策不考虑个人利益。

类型三：为顾客着想

1. 在产品广告中传递真实的信息；
2. 以你的最大能力履行分派的职责；
3. 提供最优质的产品和服务。

2. 知识差距

随着科学技术的进步，人类进入了知识经济时代。农业经济时代的资源是土地和劳动力，工业经济时代的资源是能源、机械和劳动力，而知识经济时代的主要资源则转变为知识。土地、能源等自然资源是有限的、不可再生的，按收益递减规律运作；知识是无限的、可以再生的，按收益倍增规律运作。知识是知识经济时代的生产要素，而且是第一生产要素。工业经济时代是生产集中、资本集中；知识经济时代是知识集中、人才集中、教育集中和科技集中。工业经济时代的财富流向石油大王、汽车大王、钢铁大王；知识经济时代的财富流向信息大王、软件大王、数码大王、基因大王等，比如比尔·盖茨造就了3 000个百万富翁。知识膨胀的速度，过去是每30年翻1倍，现在是1～2年翻1倍。知识更新的周期，在18世纪是80～90年，19世纪是30～40年，20世纪初至20世纪50年代为15～20年，70年代以后为5～10年，90年代缩短到3～5年。知识如此重要，而知识的更新周期又如此之短，文凭不再是一张永久的通行证，如果还像过去一样，一次学习管一生，是一定会落伍的。我们必须不断地进行知识更新，分析了解自己的知识水平和实现现实职业目标的要求，找出二者之间的差距，然后通过培训、进修等方式补充新知识，不断提高学习新知识的能力并将其应用到工作实践中，才可能跟得上时代的步伐。

3. 能力差距

能力差距是指自己目前具有的能力与实际工作需求之间的距离。王重鸣提出了管理胜任力结构模型，如图8-7所示。对照该模型，我们可以判断一下自己的能力与作为管理者应该具备的能力之间的差距。

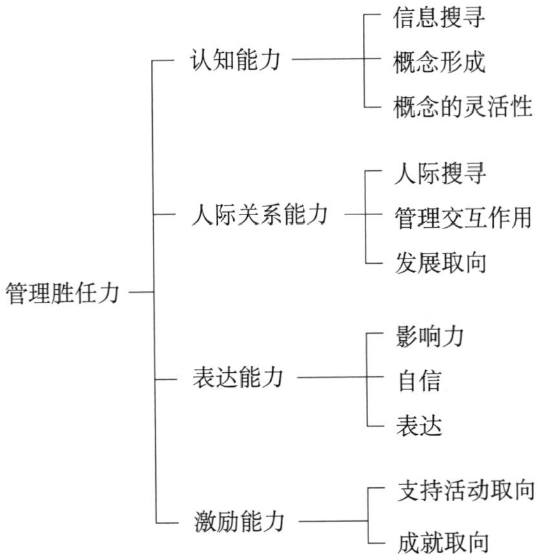

图8-7　管理胜任力结构图

资料来源：王重鸣．管理心理学．北京：人民教育出版社，2000.

4. 心理素质差距

心理素质差距涉及一个人的毅力、面对变故和挫折时的心理承受能力和情绪智力等。良好的心理素质能够使人在各种关键时刻仍保持冷静的头脑、平和的心态，制定出正确的战略和实施规划。

新视点

成就大业者的十种心理素质

美国人类行为学家丹尼斯·维特利博士根据自己多年的研究，认为成就大业者应具备十种心理素质。

1. 现实的自我觉察

- 觉察到周围事物的细微变化；
- 觉察到遗传和环境给自己造成的缺陷；
- 觉察到大量对自己有益的事物；
- 觉察到自己的潜力；
- 觉察到为实现目标应付出的时间和努力。

2. 现实的自我尊重

- 我愿意成为我自己，而不愿意是历史上任何时代的人；
- 自我接受——心甘情愿地成为自己。

3. 现实的自我控制

- 成功者的自我控制是主动的；
- 自我控制意味着有个人选择的自由和掌握自己的命运；
- 坚定地坐在驾驶员的位置上，控制自己的思想、日常工作、目标和生命。

4. 现实的自我动机

- 有奔向他们所制定的目标的能力；
- 有扮演他们想去扮演的角色的能力。

5. 现实的自我期望

- 他们懂得，所谓的运气是准备和觉察的结合；
- 现实的自我期望使他们做好了迎接机会的准备；
- 成功者总是把问题看作向能力和决心挑战的机会。

6. 现实的自我意向

- 积极地考虑和发挥现实的自我意向；
- 表现出成功者的样子以此来展示自己的吸引力；
- 着急、轻率、敌意和失望对创造性的想象具有消极和破坏作用；
- 积极的自我意向可以改变人的精神状态。

7. 现实的自我调节

- 有着合理的生活计划、总体目的和明确的任务；
- 每一天的具体工作明确，并又日复一日地努力；
- 现实的自我调节的秘诀在于制定一系列清晰的、具有规定性的目标。

8. 现实的自我修养

- 成功者们善于进行现实的自我修养；
- 自我修养就是思想实践，即思想的锻炼，产生新的思想感情；
- 废弃贮存在潜意识的记忆体中的陈旧东西。

9. 现实的人际范围

- 珍惜每一分钟，把每一分钟都看作自己的最后时刻，经常去寻求更为美好的东西；
- 要具有赢得别人爱戴和尊重的品质；
- 成功并不意味着胜利了就把对手踩在脚下；

- 向奋斗者、探索者以及坚忍不拔的人伸出援助的手，与他人相互帮助而非相互利用；
- 懂得一个人真正的永生，是怀着热心和同情心去帮助别人生活得更好。

10. 现实的交际能力

- 具有一种使人消除敌意的艺术；
- 向人们投射发自内心的火热激情；
- 成功者们是坦率和友好的；
- 作为听者，他们全神贯注地去捕捉你的意见；
- 作为讲话者，他们千方百计地让你听懂他们所讲的内容；
- 生活中的成功者在生活中投射建设性的、积极的想象。

8.4.2 弥补差距

明确了自己与实现目标的要求之间的差距后，下一步的工作就是采取措施弥补差距。通常，弥补差距的策略可以分为练内功策略、练外功策略和关系策略。

1. 练内功策略

练内功策略，主要是通过培训提高自己的竞争力，并在实际工作中取得业绩，获得外界认可。

（1）根据自身条件，选择培训渠道。改革开放以后，我国成人教育发展比较快，多层次、多形式的培训体系基本建立，从大专、本科到研究生都有，门类也比较多，理科、工科、经济、管理、教育、法律、医学等领域都有针对成人的学习渠道。

根据市场经济的法则，不同的专业、学校，教育的成本也不尽一致。比较便宜的是各种高校的本科及以下的成人教育，包括自学考试、函授、电大、夜大学等；贵一点的是硕士学位的学习和教育，如 MBA、MPA、教育硕士、法律硕士等。另外，还有一些短期的非学历教育，主要是针对经济、管理热点问题进行的培训。最昂贵的要数外国品牌培训公司的培训，不过它们多数不是针对个人，而是针对组织。

现在的高校及其各院系的培训处、教育培训中心已成为培训市场的主体。个人获得培训十分容易。而且从学历教育、短期工商管理培训到律师、注册会计师等资格证书考前辅导，以及各种应组织需求而设的短期培训，都有培训机构可以提供。

（2）根据培训目的，挑选合适的培训方法。根据培训的目的，选择合适的培训方法，是增强培训效果的根本。在我国，受传统教育方法的影响，培训似乎就是讲课，教师或培训师讲授，被培训的人听讲。有些内容如股份制改造问题、国有企业资产流失问题、银行呆账和坏账的原因及对策、国企改革抓大放小及其思想基础等，其讲授效果是比较理想的。但如果所有的培训都采取讲授的方法，可能效果就会受影响。随着人们年龄的增长，机械记忆能力逐步下降，适合成人学习的形式是理解、体验式学习。西方培训公司因此发明了游戏培训法、角色扮演法等培训形式，很受欢迎，效果也非常好。

小辞典

游戏培训法是指由两个或多个受训者在一定规则的约束下，相互竞争或合作以达到某种培训目标的培训方法。

通常，不同的培训目的有不同的游戏活动设计。比如，为了建立员工之间的相互信任，将参加培训的学员两人分成一个小组，将其中一个人的眼睛蒙起来，没有蒙眼睛的人带领蒙上眼睛的人在楼房、教室等有各种障碍的地方行走，经过一段时间后，再互换位置进行游戏，游戏结束后，这些参加活动的学员一起讨论：在生活和工作中，如何建立信任？信任有何作用？如何检验？还有一种背摔游戏：一个人站在 1.5 米高的台子上，下面站着 10 个人，让站在台子上的人站在台子边上，直接向后倒下，要求下面站着的 10 个员工 2 人一对，相互手拉手，接住直立倒下的人。这里的 11 个人，如果不互相信任、合作，此游戏就没法进行；如果不相互合作，那么后果也不堪设想。由此，参与人员可以切身体验团队成员之间相互信任的重要性。

小辞典

角色扮演法是在一个模拟的真实情境中，由两个以上的学员相互配合，通过扮演不同的角色，并做出自己认为适合某一角色的行为和情感，达到掌握必要的技能的目的。

角色扮演可以使管理者和员工认识到自己身上存在的一些不恰当的行为习惯，并通过训练，逐步改掉这些不良习惯。比如对专制的领导的自我意识和民主精神的培养，通常是经过精心设计，了解该专制的领导的行为表现，然后请一个有一定表演能力的员工与领导互换角色，即让原来的领导扮演下属，而让原来的下属扮演领导。通过一系列的游戏，如旅游、接待客人、完成某一项工作等，下属完全以领导的行为风格行事，通过一段时间，如几天到一周的角色扮演，让专制的领导意识到自己的行为表现，然后再进行训练，逐步改掉一些专制的做法和行为。还可以用这种方法，让一些不称职的服务员或职能部门的经理、下属等参与各种活动，模拟他们在工作中的行为表现，逐步让他们产生感受，并评价自己的感受，使其在消极的感受中逐步认识到自己存在的问题，最终产生改变的动力，向积极的方向转变。

2. 练外功策略

练外功策略主要是指个人通过充分地开发自己、主动地展示自己，为自己的职业生涯发展创造更为有利的条件。

在西方，教师和家长总是以表扬为主，所以人们对自己总是信心十足，有信心就有动力，就会找到施展自己才华的领域；在中国，传统文化崇尚谦虚、谨慎，并将此视为美德，因此人们习惯于隐藏自己的优势，除非不得以，否则不愿轻易地表现自己。

然而，自尊是我们每个人的立身之本，保持高度自尊是每一个人格成熟的人最为看重的，而获得自尊的途径有两条：一是个体有控制环境的成功经验；二是他人对自己有积极的评价。要获得他人的积极评价，首先必须让他人充分地了解自己、认识自己，这就需要向他人进行自我展示。所以，自我展示是我们必须具备的一种赢得自尊的生存之道。

自我展示的内容包括两个方面：一是自己的职业理想和追求；二是自己的实际工作表现。职业生涯的开发少不了组织领导的支持。由于我国的管理者在识人、用人方面还有不少的缺陷，因此，毛遂自荐也不失为一种可取的策略。只要能根据组织的实际，合理地展现自己的职业理想和追求，相信就不会受到歧视和压制。当然，如果提出的要求过高，对自己的评价不切实际，那么也可能会造成负面的印象，对职业生涯发展造成消极的影响。有许多领导或上级会认为员工过于狂妄，似乎是在威胁自己的地位，从而产生防卫性反应，给员工“穿小鞋”。至于工作成绩，特别是上司不怎么熟悉的领域，应该通过交流呈现给上司，让他们认识到你的工作及你的重要性。

自我展示是把双刃剑：用得好，能促进自己的职业生涯发展；用得不好，则可能成为自己在组织中发展的障碍。因此，自我表现要讲究策略和艺术。

首先，应如实地向上司反映自己的情况。如实地向上司展示自己的情况，在日益注重自我价值的今天，已经得到许多人的认可。“酒香也怕巷子深”，合理地推销自己已经不是什么坏事；但处理得不好，很容易让人感到与上级交往过密，似乎在巴结上司，结果让同事感到讨厌。让同事产生反感，既不利于自己的升迁，也有损于自己的人际工作环境。一方面，随着管理的民主化，群众的意见变得更加重要，如果失去了群众，就失去了重要的支持力量；另一方面，每个人都处在与他人的交往之中，如果与成天交往、共事的人关系紧张，就会影响自己的工作心情，影响相互的合作，最终影响自己的工作表现。

其次，注意上司的个性特征。如果上司是一个开明的领导，那么你不妨大胆地展示自己，因为这些领导本身有很强的自信心，不害怕竞争；如果是气量较小、心胸狭窄的领导，则应该注意表达形式和机会，否则不仅得不到发展机会，还可能会失去机会。越是无能的领导，越怕任用能干的下属。

最后，在展示自我时，注意以展示自己的客观表现为主，少谈愿望和态度。客观表现是实实在在的，即使上级认为你有表现欲，也仅此而已，不至于让上司感到你有权力欲，感受到潜在的威胁，从而对你进行约束。

3. 关系策略

有人说中国是一个“关系社会”。中国人的人际或社会关系依亲疏程度可以分成三类，即家人关系、熟人关系及生人关系。家人关系是指个人与其家人（父母、子女、兄弟姐妹及其他家人）之间的关系；熟人关系是指个人与其熟人（亲戚、朋友、邻居、师生、同事、同学及同乡等）之间的关系；生人关系是指个人与生人（与自己无任何直接或间接的持久性社会关系之人）之间的关系。

国人强调内外有别。与熟人和生人相比，家人是自己人，熟人及生人是外人；与生人相比，家人及熟人是自己人，生人是外人。而家人关系中又可依对象的不同分为亲疏不等的关系，熟人与生人关系也是如此。这种以自我为参考点，向外圈扩散（愈向外关系愈疏远）的类似同心波纹的人际或社会关系网，费孝通先生称之为差序格局。这三种社会关系中的人际对待原则、方式、效果等都不同，具体见表 8-3。

表 8-3　三种社会关系在人际对待原则、方式和效果上的差异

关系类别	对待原则	对待方式	互依形态	互动效果	
				正向情绪	负向情绪
家人关系	讲责任	全力保护	无条件互相依赖	无条件信任 亲爱之情	罪感、沮丧、焦虑、愤怒或敌意
熟人关系	讲人情	设法通融	有条件互相依赖	有条件信任 喜好之情	耻感、焦虑、愤怒或敌意
生人关系	讲利害	便宜行事	无任何互相依赖	有缘之感 投好之情	愤怒或敌意、耻感

由于人与人之间在不同的关系上处理方式是不同的，因此，为了在社会交换上取得优势，人们可能会想办法处理好这些关系，不让人与人之间成为生人关系，至少要转化为熟人关系，有时甚至转化成家人关系（通过联姻的方法）。在家人关系中，彼此要讲责任，即责任原则，关系双方尽可能尽自己的责任，而不那么期望对方做对等的回报（社会交换的预期最低），如父母亲对子女很少想到回报，而子女对父母也是理所当然，没有想到父母的回报。在熟人关系中，相互要讲人情，即人情原则，以双方过去所储存的已有人情为基础，以自己觉得合适的方式与程度，进行进一步的人情来往。因无血缘关系，人情的亏空或赊欠是有限度的，自然会期待对方回报，社会交换的预期中等。比如朋友之间，如果不频繁往来，关系就会疏远，而这在兄弟姐妹之间出现的可能性相对较低。如果是生人关系，即相互之间没有任何实质性关系，彼此相遇或打交道，只能依照当时的实际利害情形而行事，即利害原则，在交往时会精打细算、斤斤计较，对给与取的平衡或公道相当敏感，对回报的期望也很高，社会交换的预期最高。在这三类关系中，个人所受到的待遇差异极大：家人所受的待遇最好，熟人次之，生人更次之。因此，关系是决定待遇的重要影响因素，关系本身就是一种极其重要的资源。人们以认关系、拉关系、套关系等手段，从无关系（生人关系）转变为有关系（熟人关系），以获得享受对熟人的较好待遇的机会；以认干亲、结金兰、联姻及过继等方法，从熟人关系转变为家人关系或准家人关系，以获得享受对家人特殊待遇的机会。

既然关系可以看成一种重要的资源，而在职业生涯发展中，培训、晋升、轮岗等又是需要社会资源支持的，那么，关系就成为人们关注的问题。特别是在当今社会，我国在人力资源管理方面，由于受体制的制约，组织管理者的责任、权利、义务不统一，组织管理的好坏不是判断其管理水平的最重要因素，因此，许多人在任人唯贤还是任人唯亲问题上，很难摆脱人情或关系的束缚。尽管我们反对拉关系、走人情，但为组织利益和个人利益考虑，如果你有能力也有成绩，那么适当注意关系，更有利于发挥你的潜力。

8.4.3　具体实施

职业生涯目标确立后，必须严格按照自己所设定的计划，每日、每周、每月、每年一步步地去落实。但是生活中由于种种原因，在许多情况下，可能会出现许多紧急的工

作，让人无法一一应对，这时就应该分轻重缓急予以解决。不能埋头干活，而忘记了努力的方向。职业生涯规划就是努力的方向。为了保证自己的行动能与努力的目标一致，就需要最大限度地根据你的个人职业生涯规划约束自己的行为。下面提出了几项帮助你实施职业生涯规划的措施。

1. 保证经常回顾你的构想和行动规划

有些人有规划，但总是不将规划放在心上，只要有事做，就不知道自己努力的方向在哪里；缺乏时间观念，结果贻误发展机会。

2. 对规划加以灵活调整

如果你的理想蓝图已经发生变化，那么你的构想和行动规划也要做出相应的变动，目标和策略也应随之改变。规划毕竟是规划，往往需要和现实结合起来，动态性地管理，否则，缺乏灵活性也会导致规划落空。

3. 把你的构想和任务方案放在可经常看见的地方

为了避免自己忘记重要的工作及时间表，最好将这些内容放在自己经常能看见的地方，如写在日历上，贴在床头，或存放在电脑桌面，时刻提醒自己。特别是随着年龄的增大，事情增多，记忆力下降，尤其要注意利用日程表。

4. 根据你的计划来做出重大决策

当你做出一个对生活和工作极其重要的决定时，请考虑一下你的构想和行动规划，并确保你正在仔细考虑的决策与你的本意相符。在有些情况下，可能有一些重要的机会能让你获得短期利益，但从长期来看有损失。比如你是一个项目的主管，辉煌的事业正在逐步地推进，但有一个出国的机会，个人的短期利益可以得到满足，但你的出国很可能导致事业上的损失，如何处理？如果项目成功了，可能以后有很多机会出国，但项目不成，则可能失去出国的机会。这种时候需要冷静地思考，权衡利弊，“两利相权取其重，两害相权取其轻”，做出符合职业生涯发展利益的决策。

5. 与好朋友讨论你的构想和行动方案，并询问实现构想的途径

向好朋友公开自己的规划，往往能督促自己行动。如果规划只是自己知道，那么往往在遇到困难时，人们容易退步，而且心理上没有压力，因为规划只有自己知道，别人不知道。如果你想考博士，但担心考不上，一听说竞争很激烈，有可能失败，你可能就退却了；而聪明的人，会事先将自己的设想告诉家人和朋友，先征求别人的意见和建议，再采取行动。一方面，“三个臭皮匠，顶个诸葛亮”，可以集集体的智慧设计最佳的策略和方案；另一方面，可对自己进行约束，增强责任心及激励力量。

6. 注意抓住机遇以实现你的目标

开发自我职业生涯的渠道很多，除了个人自己创造的机会外，个人还应该注意抓住组织所提供的机会，为实现自己的职业目标打基础。如果你所在的岗位有培训机会，千万不要因为工作太忙、家庭事务太多、身体状况不佳、今后还有机会等理由而放弃。也许机会失去就永不再来，也许失去此次机会，就失去了一个晋升或者选择更有挑战性的职业的机会。

7. 保证至少每三个月检查一次你的工作进度

过程监督十分重要，监督可以发现规划的问题，可以考察规划的落实情况，可以有针对性地提出解决方案。如果感到工作和生活过于舒适，那就意味着目标定低了，要进行调整，适时适当地调高目标。这样可以使自己的目标难度更合理，使成就水平更高。如果感到自己的生活节奏很慢、效率很低，没有实现原计划的职业生涯目标，那么首先要考虑自己的动机水平是否足够高。如果不是职业目标太难，就应该增强紧迫感，使自己不要脱离职业生涯规划的轨道。一旦长期偏离，个人就会放弃原来的规划，使规划成为一纸空文。可能有时应酬太多，应该学会拒绝，增加在职业生涯目标上的精力投入。

8. 要有毅力

参加工作后，学习和技能培训与纯粹的学生时代不同了，可能要谈婚论嫁，可能工作十分繁忙，可能朋友非常多，这些都会影响到自我职业生涯发展的规划，时间不再是整块的，而是要靠自己去挤，通常较多的是牺牲节假日和八小时之外的时间，这就需要毅力，需要亲戚、朋友的理解。

8.4.4 克服职业生涯规划实施中的困难

虽然目标定了，但在实现过程中不可能总是一帆风顺，总要面对挫折与失败，有的人可以克服重重困难取得成功，有的人却半途而废、一事无成。能够有效地克服职业生涯规划实施中的困难，对于完成目标、取得成功至关重要。

大学毕业生实现目标的阻力主要有目标设置不合理、制定目标的当事人缺乏执行力等。

1. 目标设置不合理

就业、出国、创业均可以作为大学期间的发展目标，但必须具体、现实。如选择先就业，那就要想清楚去什么地方就业、在什么行业就业、从事什么性质的工作、希望拿多少工资等；如选择出国留学，那就要考虑家庭经济承受能力、个人学习成绩尤其是外语水平等；如琢磨着毕业后自主创业，那就必须积累经验、学会分析市场行情、制定创业计划等。如果没有充分地考虑自身情况，设置了不合理的目标，就必然会导致结果难以令人满意。

2. 制定目标的当事人缺乏执行力

我们前面讲过，制定目标的同时要制定详细的执行路线。如果目标制定了不执行，成功就必然无望。然而目标是遥远的，有人说人生就是一场马拉松赛，坚持到底才会取得最终胜利，开始跑在最前面，却不能坚持，最终也只能失败。坚持不懈地去敲梦想的大门，最终必会如愿以偿。

案例 8－6

某先生的职业生涯目标实施方案

差距：沟通能力和沟通技巧需要提高和锻炼；欠缺快速适应能力。

缩小差距的方法和实施方案：

一、提高沟通能力的方法和实施方案

1. 在公司内部同其他部门的同事多联系和接触，从各个方面和角度了解他们，与他们成为朋友；每个星期抽2～3小时同公司的部门主管交流，了解他们对工作、对公司、对自己的待遇、对自己的职业发展规划的想法。

2. 同客户进行电话交流，熟悉他们每个人不同的特征，采用不同的谈话方式；每个星期主动同至少5个以前没有谋面的客户进行电话沟通；认真对待每一个主动打来电话反映情况的客户，了解他们的需求。

3. 积极解决市场上的棘手问题，从问题的本质出发，与谈判方进行换位思考并提出解决问题的方案；一旦市场上有异常情况，第一时间了解异常情况的来龙去脉并定下谈判的基调，到时再作适时调整。

4. 与自己的上级多沟通，表达自己的想法、观点，进而克服不能坚持自己观点的缺点（当然，很多时候这些观点都是正确的）。只要自己的观点是经过验证并正确的，就可以通过一些技巧性的言辞让对方尤其是自己的上级接受自己的观点。

5. 耐心地听取那些不善于表达自己观点的下属的意见，同他们一起讨论他们提出的观点和理论，剖析这些观点的正确与错误。在工作中时时提醒自己，在听取下属的意见和看法时要认真细致。

6. 多看些关于沟通技巧的书，用理论来指导自己，再把这些理论应用于实际工作过程。

二、快速适应能力的训练

1. 锻炼自己的注意力，使自己在嘈杂的环境里也能思考问题。先将自己置身于大的办公室，练习在此起彼伏的电话声中静下心来思考和解决问题。

2. 锻炼自己在公众场合即兴发言的能力，不但表情要自然得体，而且言辞更要顺畅并能切中主题。在公司开会或主持节目时事先做好准备，克服怯场心理，并锻炼自己的反应速度和能力。

□本章小结

1. 大学生的职业规划与管理的步骤包括：确立目标、可行性分析、设计方案和实施方案。

2. 职业目标对于职业成功很重要，可以遵循PE-SMART原则设定职业目标。

3. 可行性分析包括社会环境因素分析、行业环境因素分析和组织环境因素分析。

4. 职业生涯目标的时间组合可分为目标并进和目标连续。

5. 职业生涯目标的功能组合可以产生因果关系、互补作用。

6. 职业生涯规划实施的步骤是寻找差距、弥补差距、具体实施。

7. 弥补职业生涯目标与现实的差距的策略分为练内功策略、练外功策略和关系策略。

□重要术语、概念

职业生涯规划　目标并进　目标连续　练内功策略　练外功策略　关系策略

□ 本章问题

1. 如何确立职业目标？
2. 影响职业生涯发展的社会环境因素、行业环境因素及组织环境因素有哪些？
3. 如何进行目标分解和目标组合？
4. 职业生涯规划实施的步骤有哪些？

主要参考文献

贝瑞特．职业测试手册：帮你找到理想工作．刘悦欣，译．北京：中央编译出版社，2003.

谌新民，唐东方．职业生涯规划．广州：广东经济出版社，2002.

程社明，卜欣欣，戴洁．人生发展与职业生涯规划．北京：团结出版社，2003.

德斯勒．人力资源管理．刘昕，吴雯芳，等译．北京：中国人民大学出版社，1999.

格林豪斯，卡拉南，戈德谢克．职业生涯管理：第 3 版．王伟，译．北京：清华大学出版社，2003.

金树人．生涯咨询与辅导．北京：高等教育出版社，2007.

廖泉文．人力资源管理．北京：高等教育出版社，2003.

龙立荣，李晔．职业生涯管理．北京：中国纺织出版社，2003.

施恩．职业的有效管理．仇海清，译．北京：生活·读书·新知三联书店，1992.

施恩．职业锚．北森测评网，译．北京：中国财政经济出版社，2004.

斯隆克．人格测验．李剑峰，译．北京：华夏出版社，2003.

吴芝仪．生涯辅导与咨商：理论与实务．台北：涛石文化事业有限公司，2000.

徐娅纬．职业生涯管理．深圳：海天出版社，2002.

张德．人力资源开发与管理案例精选．北京：清华大学出版社，2002.

张莹．如何进行职业生涯规划与管理．北京：北京大学出版社，2004.

张再生．职业生涯管理．北京：经济管理出版社，2002.

赵效．工作鸡汤．北京：中央编译出版社，2003.

周文霞．职业生涯管理．2 版．上海：复旦大学出版社，2020.

周文霞．职业生涯管理教程．2 版．北京：中国人民大学出版社，2024.

后记

职业生涯管理是人力资源管理中的一个重要领域，无论是对组织还是对个人而言，它都具有举足轻重的作用。但是，在实践中，职业生涯管理又最容易被组织和个人所忽视。我们经常看到的是：企业在招聘—流失—招聘的旋涡中循环，而员工在求职—辞职—求职的旋涡中循环，由此造成的恶果是：企业不断地流失优秀的员工，而员工丧失了持久、稳定发展的机会。这是对企业和员工双方都不利的双输结局。而良好的职业生涯管理，则可以带来企业和员工的双赢局面，这也正是目前国内外职业生涯管理越来越受到企业和个人欢迎、其应用越发广泛的重要原因。

本书原是“企业人力资源管理丛书”（河海大学商学院赵永乐教授任总主编，上海交通大学出版社 2006 年出版）中的一本。随着时间的推移，原书中的一些观点、材料已经显得陈旧，而一些新的职业生涯管理的理论和方法等也亟待补充。因此，作者对该书进行了修订。首先，针对大学生职业生涯规划的需要和特点，把原书最后一章“经理人职业生涯管理”修改为“大学生职业生涯规划与管理”，具体讲述大学生如何运用职业生涯管理的理论和方法，制定个体职业生涯规划方案，包括确立目标、可行性分析、设计方案、实施方案等。其次，根据教学需求，每一章开篇增添了“本章要点”，结尾增添了“本章小结”“重要术语、概念”“本章问题”等栏目，帮助读者提纲挈领式把握该章知识点。再次，删除一些陈旧的观点和资料，补充、完善职业生涯管理理论和方法的新资料。

在写作本书的过程中，我参阅了大量国内外同行有关职业生涯管理知识的著述，这里对他们表示诚挚感谢！如果没有他们前期丰富、精彩的理论和实践工作，我的写作就无异于无源之水、无本之木。同时，我也深深感谢中国人民大学出版社的领导和编辑，正因他们的慧眼识才和英明决策，我才可能有这样一个机会来撷取职业生涯管理知识宝库中的朵朵浪花。

由于时间仓促以及自身水平所限，本书可能存在不少问题，也有不少需要进一步深入探讨的地方，请读者朋友多提宝贵意见。

著者

2024 年 3 月于兰州

图书在版编目（CIP）数据

职业生涯开发与管理/杜林致编著．--北京：中国人民大学出版社，2024.12. --（高等学校经济管理类主干课程教材）. -- ISBN 978-7-300-33444-8

Ⅰ.G647.38

中国国家版本馆 CIP 数据核字第 20242L8W60 号

高等学校经济管理类主干课程教材·人力资源管理系列

职业生涯开发与管理

杜林致　编著

Zhiye Shengya Kaifa yu Guanli

出版发行	中国人民大学出版社		
社　　址	北京中关村大街 31 号	**邮政编码**	100080
电　　话	010－62511242（总编室）		010－62511770（质管部）
	010－82501766（邮购部）		010－62514148（门市部）
	010－62511173（发行公司）		010－62515275（盗版举报）
网　　址	http://www.crup.com.cn		
经　　销	新华书店		
印　　刷	天津鑫丰华印务有限公司		
开　　本	787 mm×1092 mm　1/16	**版　　次**	2024 年 12 月第 1 版
印　　张	15 插页 1	**印　　次**	2024 年 12 月第 1 次印刷
字　　数	342 000	**定　　价**	49.00 元

中国人民大学出版社　管理分社

教师教学服务说明

中国人民大学出版社管理分社以出版工商管理和公共管理类精品图书为宗旨。为更好地服务一线教师，我们着力建设了一批数字化、立体化的网络教学资源。教师可以通过以下方式获得免费下载教学资源的权限：

- ★ 在中国人民大学出版社网站 www.crup.com.cn 进行注册，注册后进入“会员中心”，在左侧点击“我的教师认证”，填写相关信息，提交后等待审核。我们将在一个工作日内为您开通相关资源的下载权限。

- ★ 如您急需教学资源或需要其他帮助，请加入教师 QQ 群或在工作时间与我们联络。

中国人民大学出版社　管理分社

教师 QQ 群：648333426(工商管理)　114970332(财会)　648117133(公共管理)
教师群仅限教师加入，入群请备注(学校+姓名)

联系电话：010-62515735，62515987，62515782，82501048，62514760

电子邮箱：glcbfs@crup.com.cn

通讯地址：北京市海淀区中关村大街甲 59 号文化大厦 1501 室（100872）

管理书社　　人大社财会　　公共管理与政治学悦读坊